In und um Russland herum

Reiseerlebnisse und Geschichten aus Russland und seinen Nachbarländern

Manfred Stuhrmann-Spangenberg

neobooks

Impressum

Texte:	© Copyright by Manfred Stuhrmann-Spangenberg
Umschlag:	© Copyright by Manfred Stuhrmann-Spangenberg
Verlag:	Manfred Stuhrmann-Spangenberg Hessenweg 28 30900 Wedemark www.stuhrmann-spangenberg.de stuhrmann-spangenberg@mail.de
Druck:	epubli, ein Service der neopubli GmbH, Berlin

Printed in Germany

Es empfiehlt sich, seinen Platz mehrere Tage vorher zu bestellen, da die Züge namentlich im Frühling und Herbst, der besten Zeit für eine solche Reise, stark besetzt sind. Ein Platz in der ersten Klasse kostet für die sechzehntägige Fahrt von Berlin bis zum Stillen Ozean, nach Wladiwostok oder der neuen Stadt Dalny gegen sechshundert Mark.

Eugen Zabel, Auf der sibirischen Bahn nach China, 1904

Für Astrid, Lina, Bastian und Käthe

Inhalt

Eine Begegnung in Sibirien: Auf zum Baikalsee

Ich sitze auf der Bank an der Plattform 9 des Irkutsker Busbahnhofes und warte auf den Kleinbus, der mich in 20 Minuten nach Listvianka zum Baikalsee bringen soll – da kommt er leicht schwankend auf mich zu: ein kleiner alter Mann mit zwei großen Plastiktüten. Unter dem Käppi hängen fettige Haare, die, wie der ganze Mann, wohl schon länger kein Waschwasser gesehen haben. Also genau die Sorte Gesprächspartner, auf die ich eher nicht gewartet habe.

„Fährt hier der Bus nach Listvianka?“ Was soll ich auf diese Frage denn antworten? Ich versuche es mit „wie bitte, ich spreche leider nur wenig Russisch.“ Und schon ist das Gespräch im Gange.

Als Nächstes kommt ein „do you speak English“, worauf mir nichts übrig bleibt, als diese Frage zu bejahen. Der Mann denkt ein wenig nach, schüttelt dann den Kopf und fährt auf Russisch fort: „Schade, ich habe alles vergessen. Früher konnte ich gut Englisch, das war auch wichtig.“ Mein fragender Blick ist Aufforderung genug. „Ich bin Maschinist und war viel auf Schiffen unterwegs.“

Ich erfahre, dass Vladimir, so heißt mein neuer Bekannter, in Wladiwostok an der Marineakademie gelernt hat und dann bei der Hochseefischereiflotte der UdSSR als Maschinist tätig war. Und während kaum einer meiner russischen Gesprächspartner überhaupt jemals im Ausland, bzw. in anderen Ländern gewesen ist als in ehemaligen

Sowjetrepubliken oder in der Türkei, war der Seemann Vladimir zu Sowjetzeiten in Peru, Kuba, China, Japan, Korea, auf den Philippinen und in Australien.

Wie es der liebe Gott oder der Zufall will, sitzen wir im Kleinbus natürlich nebeneinander. Der strenge Geruch, den Vladimir abgibt, wird vom Fahrtwind nach hinten geweht, was durchaus mein Gefallen findet.

„Hast Du Durst?" Vladimir holt eine Zweiliterflasche mit einer braunen Brühe aus einer der Plastiktüten, und beim Öffnen der Flasche wird mir schnell klar, dass in dieser kein Eistee ist. Dankend lehne ich ab, obwohl Vladimir noch mehrere Versuche unternimmt, mir das offensichtlich hochprozentige Gebräu anzubieten.

Natürlich sprechen wir beiden Freunde jetzt auch über unsere Familien und zeigen die üblichen Handy-Fotos. Vladimir ist stolz auf seine Enkeltochter und freut sich, dass die Frau seines einzigen Sohnes wieder schwanger ist. „Ich hätte ja gerne mehr Kinder gehabt, aber wenn man immer auf See ist, da geht die Ehe leider kaputt."

Inzwischen ist Vladimir auf Betriebstemperatur, da fallen ihm auch einige englische und spanische Wörter (und Sätze) wieder ein, die ich im Sinne des Jugendschutzes hier aber lieber nicht wiedergebe. Der Mann war halt viel in Hafenkneipen unterwegs, da wird weniger Oxford-Englisch oder Salamanca-Spanisch gesprochen, und auch die Gesprächsthemen wären einer englischen Königin unbekannt (bei spanischen Königen bin ich mir da nicht so sicher).

Vladimir ist Burjate, gehört also der einheimischen Urbevölkerung an. „Leider spreche ich nur noch ein paar Wörter unserer Sprache, mein Sohn kann überhaupt nichts mehr. Unsere Sprache wird aussterben."

Wir stellen noch fest, dass wir vor knapp 40 Jahren beide zur gleichen Zeit in Australien waren, aber als ich Vladimir mitteile, dass ich dort keine Hafenkneipen aufgesucht hätte, muss er lachen: „Damals war auch ich noch viel zu jung für so etwas!" Und auf diese Weise erfahre ich, dass der alte Mann fast genau ein Jahr jünger ist als ich.

Die Fahrt vergeht leider viel zu schnell, denn die Straße nach Listvianka hat nichts mehr mit der Schlaglochpiste von vor 40 Jahren zu tun, auf der mein Kumpel Jockel und ich damals unterwegs waren. Am Ortseingang von Listvianka muss mein Freund aussteigen, denn von hier aus fährt die Fähre über die Angara nach Port Baikal. „Ich arbeite dort wieder als Maschinist, komm doch mal rüber!", mit diesen Worten verabschiedet sich Vladimir von mir und drückt mit festem Druck meine Hand.

Das Projekt

40 Jahre nach meiner ersten Reise mit der Transsibirischen Eisenbahn mache ich mich am 1.Mai 2017 auf, Russland, das größte Land der Erde, erneut zu bereisen, von der Ostsee bis zum Pazifik, vom Polarmeer bis zum Schwarzen Meer. Im Gepäck: mein Tagebuch der eigenen Reise durch die Sowjetunion des Jahres 1977 und der Reisebericht des Berliner Schriftstellers und Journalisten Eugen Zabel, der 1903 als erster Deutscher *auf der sibirischen Bahn nach China* reiste.

Was ist geblieben vom Zarenreich des beginnenden 20. Jahrhunderts und der nach der Oktoberrevolution vor 100 Jahren entstandenen und 1991 untergegangenen kommunistischen Weltmacht Sowjetunion? Wie sieht es aus, das heutige Russland, und wie ticken seine Einwohner? Und was ist mit Russlands Nachbarn?

Um das herauszufinden bereise ich außer Russland auch alle 14 Länder, die eine Landesgrenze mit Russland haben, von Norwegen im Nordwesten bis Nordkorea im Südosten. Und dann gibt es ja noch einige Länder, die zwar nicht direkt an Russland angrenzen, die aber aus der Konkursmasse der Sowjetunion hervorgegangen sind. Diese ehemaligen Sowjetrepubliken vervollständigen das Projekt *in und um Russland herum*.

Unterwegs sammle ich Geschichten. Von Menschen, mit denen ich mich entweder vorher verabredet habe, oder die mir zufällig über den Weg laufen - so wie Vladimir auf dem Weg zum Baikalsee. Aber auch von Ländern, Landschaften, Städten, Gebäuden. So entsteht nach und nach ein Bild, harmonisch oder chaotisch? Lesen Sie selbst! Apropos Bild: Bilder zum Buch und Filme zur Reise finden Sie auf meiner Homepage www.stuhrmann-spangenberg.de.

Mit dem Zug von Berlin gen Osten

Russland ist weit weg? Weit gefehlt. Von Berlin nach Kaliningrad, der westlichsten russischen Gebietshauptstadt, sind es gerade einmal 528 Kilometer Luftlinie, also nicht ganz so weit wie von Berlin nach Aachen (542 km). Und das westlichste Nachbarland Russlands, Polen, erreicht der Eurocity Berlin-Warschau bereits eine Stunde und 15 Minuten nach der Abfahrt vom Berliner Hauptbahnhof, denn länger dauert es nicht, bis die Brücke über die Oder überquert ist.

Kaliningrad war auch Eugen Zabels erste Etappe, als er sich im Sommer 1903 auf den Weg machte, um die kürzlich fertiggestellte transsibirische Bahn bis zum Pazifik zu bereisen. Nur hieß Kaliningrad damals noch Königsberg und Zabel hatte auf seiner Zugreise von Berlin, Zoologischer Garten, nach Königsberg in Ostpreußen keine einzige Grenze zu überqueren. Und nicht weit hinter Königsberg lag damals die Grenze zum russischen Zarenreich. Das Deutsche Reich war schließlich bis zum Ende des ersten Weltkrieges das westlichste Nachbarland Russlands.

Als sich im Sommer 1977 zwei West-Berliner Jungs (mein Schulfreund Jockel und ich) aufmachten, zwischen Abitur und Studium, auf Zabels Spuren per Bahn quer durch Sibirien bis zum Pazifik zu reisen, verlief die erste zu überquerende Landesgrenze mitten durch Berlin. Übergang Berlin-Friedrichsstraße, Ausreise aus Berlin (West), Einreise in Berlin (Ost), Hauptstadt der Deutschen Demokratischen Republik (DDR, in einigen Zeitungen der Bundesrepublik Deutschland oder West-Berlins allerdings konsequent als *sogenannte DDR* bezeichnet oder mit Anführungszeichen versehen).

Vom Ostbahnhof ging dann der Zug Berlin-Moskau ebenfalls über Warschau, bevor er in Brest-Litovsk an der polnisch-weißrussischen Grenze komplett hochgehoben wurde, damit, natürlich mitten in der Nacht, kräftige Arbeiter mit lauten Hammerschlägen den Radabstand der Waggons verbreitern konnten. Danach wurde der Zug mit den nunmehr hellwachen Passagieren vorsichtig auf die spurbreiteren russischen Gleise heruntergelassen und die Einreise in die Sowjetunion (Union der sozialistischen Sowjetrepubliken, UdSSR) konnte beginnen. So gesehen hat sich seit 40 Jahren ja kaum etwas verändert: Polen war auch 1977 das westlichste Nachbarland der UdSSR.

Polen

Polen ist also Russlands westlichster Nachbar. Laut Wikipedia haben Polen und die Russische Föderation, wie Russland seit 1991 heißt, eine 206 Kilometer lange gemeinsame Landesgrenze, die fast in ganzer Länge seit Ende des zweiten Weltkrieges das alte Ostpreußen recht willkürlich trennt. Stalin zog 1945 einfach eine fast gerade Linie auf einer Karte Ostpreußens, dieses in einen nördlichen Teil, die heutige russische Exklave Kaliningrad, und einen südlichen Teil, die heutige nordpolnische Woiwodschaft Warminsko-Mazurskie (Ermland und Masuren), aufteilend.

Warschau

Besagter Eurocity Berlin-Warschau trifft (wenn es nicht zu außerplanmäßigen Verspätungen kommt) fünfeinhalb Stunden nach seiner Abfahrt aus Berlin auf dem Bahnhof Warszawa-Centralna ein. Warschau, da denkt ein fast 60-jähriger Deutscher vor allem an Dreierlei: an das Warschauer Ghetto, den Warschauer Aufstand und an den Warschauer Pakt (oder auch Warschauer Vertrag).
Heute ist Warschau eine attraktive Großstadt mit wohl deutlich mehr Wolkenkratzern als Berlin (was freilich keine Kunst ist, welche Großstadt hat das nicht?), aber auch einer – wieder aufgebauten – Altstadt, die das Prädikat UNESCO-Weltkulturerbe hoch verdient hat. Wäre das

hier ein Reiseführer, dann müsste jetzt eine Aufzählung der vielen Sehenswürdigkeiten Warschaus folgen. Aber, um das mal gleich am Anfang klarzustellen, damit will ich mich nun wirklich nicht aufhalten. Natürlich wird die geneigte Leserschaft viele, viele Sehenswürdigkeiten, die ich auf dieser Reise besichtige, näher beschrieben bekommen. Doch für die Darstellung der unzähligen touristischen Attraktionen sei auf die klassischen Reiseführer und das Internet verwiesen.

Warschau also, an einem sonnigen, aber recht kühlen 2. Mai. Die Stadt ist mit unzähligen polnischen Fahnen und Wimpeln geschmückt, Feiertag. Die Menschen zieht es, wie auch mich, hinaus in die Parks. Der Eintritt in die Alte Orangerie im Lazienki Park ist heute frei, entsprechend lang ist die Warteschlange. Neugierig vorbei stolzierende Pfauen verkürzen die Wartezeit, aber die Sonne scheint ja, was sich noch als besonders angenehm erweist, als ich später die Liegestühle hinter dem Belvedere entdecke. Prima, so kann es weitergehen.
Ein langer Spaziergang (na, ich habe ja Zeit und bin gut zu Fuß) führt mich am Botanischen Garten und am Chopin-Denkmal vorbei zurück in die Innenstadt, immer die mit vielen Cafés, Restaurants und Kneipen gesegnete Nowy Swiat entlang zur Stare Miasta, der Altstadt. Nach einem Blick zum Marktplatz kehre ich zurück zum Schlossplatz mit der Säule und den Hundertschaften chinesischer Touristen (nein, die langen Stäbe werden von meinen asiatischen Mitbesuchern Warschaus nicht zum Freikämpfen der Wegstrecke, sondern zum Montieren der Kameras für die Milliarden von Selfies genutzt, die offenbar von den

Zuhausegebliebenen schon mit Spannung erwartet werden, oh, jetzt schweife ich aber ab).
An der Säule also wende ich mich nach links und überquere die Weichsel, recht zugiger Wind, aber schöner Blick nach rechts zum Stadion, das für die Fußball-Europameisterschaft 2012 neu errichtet wurde und nach links zum vor dem Zoo befindlichen sandigen Weichselstrand, der herrlich in der Sonne gelegen gerade recht kommt, um dort windgeschützt Pause zu machen und die beeindruckende Kulisse der Altstadt am anderen Weichselufer zu bestaunen.
Jetzt noch ein kurzer Spaziergang durch den Park und dann bin ich auch schon in der Galeria Wilenska, einem modernen Einkaufszentrum im Stadtteil Praga. Hier bin ich in der zweiten Etage vor einem Kebab-Stand mit Krzysiek verabredet, der auch punktgenau auftaucht.

Krzysiek, Jahrgang 1992, kommt direkt von seiner Arbeit im Ingenieurbüro, in dem er schon angestellt ist, obwohl seine Masterarbeit noch nicht fertiggestellt ist. Wie alle jungen Männer hat Krzysiek erst einmal Hunger und lädt mich zum Kebab ein. Meine Versuche, die Rechnung zu übernehmen, scheitern kläglich. Zwar war ich es, der über den Freund eines Freundes… um das Treffen gebeten hat, aber schließlich sind wir ja in Polen, unmöglich also, dass ich das Essen zahle. Gut gestärkt ziehen wir weiter in eine Kneipe, und bei Bier aus der Flasche geht unser Gespräch in die zweite Runde: nach der Aufwärm- und Vorstellungsphase kommen wir nun zum Thema *Polen und Russen*, dem Anlass unseres Treffens.

Ich erzähle Krzysiek, dass ich am Vortage im Museum des Warschauer Aufstandes etwas überrascht war, wie schlecht die Sowjetarmee dort dabei wegkommt, wenn es um die Darstellung ihrer Rolle beim Warschauer Aufstand geht. Immerhin stand ja diese Armee schon im Juli 1944 in Praga, als die polnische Heimatarmee den offenen Aufstand gegen die deutschen Besatzer anstrebte.
„Ja, vielleicht ist das ja auch nicht meine eigene Meinung, sondern die meiner Lehrer. Es gab immer zwei oder mehr Meinungen. Also, als die Russen näher kamen, hatten viele Polen die Idee, dass wir zuerst selber etwas machen müssen, einen Aufstand, sonst können wir nicht unser Land befreien. Ja, wir müssen die großen Städte selber befreien, und wenn dann die Russen kommen, könnten wir sagen: hier, das ist unser Land, geht weiter nach Deutschland, wir sind schon frei! Der russische General oder so, der hat dann aber verboten, dass wir uns selber befreien, es gab keine Hilfe, nur Behinderungen durch die Russen. Ich habe auch die Meinung, dass – wenn diese russische Armee nicht gewartet, sondern uns geholfen hätte - dann wäre Warschau nicht komplett zerstört worden."
Dieser Groll gegen die Russen ist auch im Museum überall greifbar, auch wenn es ja schließlich die Deutschen waren, die den Warschauer Aufstand nicht nur niedergeschlagen, sondern die ganze Stadt völlig zerstört haben (wovon man sich im Museum mit einem 3D-Film - ein Flug über die Ruinenlandschaft Warschaus - ein verstörendes Bild machen kann).
Mit dem Ende des zweiten Weltkrieges hatte sich die Lage Polens mal wieder gründlich verändert. Polen war natürlich ein eigener Staat und nicht völlig von der Landkarte ver-

schwunden wie nach der dritten polnischen Teilung 1795, als Warschau nach Moskau und St. Petersburg zur drittgrößten „russischen“ Stadt wurde, aber „viele Polen, ich auch, sind der Ansicht, dass damals der eine Besatzer durch den nächsten Besatzer ersetzt wurde“, so Krzysiek.
„Nach den 90er Jahren haben wir uns gefreut, dass wir jetzt frei sind. Vorher war das nicht so. Aber ich kann nicht so viel dazu sagen, ich bin ja erst danach geboren. Ich habe aber viel gelesen. Und das war zwar eine polnische Regierung, aber die war von Russland bestimmt.“ Als ich einwerfe, dass Polen ja in der Geschichte immer wieder von Deutschen von der einen und Russen von der anderen Seite angegriffen und nach etlichen Teilungen sogar als Staat verschwunden war, gibt mir Krzysiek zwar Recht, verweist aber sogleich darauf, dass „in Polen aber auch viele Leute an die Zeiten denken, als Polen sehr groß war, an Zeiten, als Polen vielleicht das größte Land in Europa war. Auch jetzt gibt es ein paar Leute, die immer nur sagen, dass wir dahin zurück kommen müssen, das ist aber verrückt.“
Krzysiek ist angesichts der Brüsseler Bürokratie eher skeptisch, was die EU angeht und kritisiert die zu großen Einflüsse Deutschlands in der EU und die der USA in der NATO: „Wir müssen mit den anderen kleinen Ländern wie Ungarn zusammen arbeiten und auch mit den USA ist das Verhältnis nicht so einfach. Donald Trump will, dass wir 2% unseres Bruttoinlandsproduktes für Rüstung ausgeben, aber das ist zu viel. Wir brauchen nicht so viele Soldaten, auch nicht mehr Amerikaner. Jetzt sind viel mehr amerikanische Soldaten gekommen, aber mir ist das egal. Als der Konflikt mit der Ukraine war, habe ich gedacht,

dass es nicht gut für Polen ist, dass Russland die Ukraine begraben wollte. Nun, viele Polen sagen, dass die Ukrainer damals, im zweiten Weltkrieg, die schlimmsten waren. Aber für mich persönlich ist das anders. Die Ukraine ist ein großes Land und ich meine, ein Teil davon ist wie Polen und ein Teil wie Russland.“

Krzysiek hat jedenfalls keine Angst davor, dass die Russen kommen könnten. „Wenn ich über Kaliningrad nachdenke, habe ich keine Assoziationen mit Russland. Viele Polen denken sogar, dass wir keine richtige Grenze mit Russland haben, nur zum Gebiet Kaliningrad, aber da haben wir auch unsere Nachbarn auf der anderen Seite. Es gibt atomare Waffen in Kaliningrad, aber was können wir machen, wenn die jemand benutzt? Nichts! Ich denke andererseits auch nicht, dass die NATO Kaliningrad angreifen will, aber ich kann da auch nicht sicher sein. In den Medien erfahren wir vielleicht nicht die ganze Wahrheit. Das habe ich auch gemerkt, als ich bei einem Studententreffen in Deutschland war, da waren auch Russen, Ukrainer und viele andere Ausländer, auch aus China. Alle schauen ihre eigenen TV-Sender, aber alle bekommen andere Informationen. Alle wussten, dass da russische Soldaten auf der Krim waren, nur die Russin hatte in den russischen Nachrichten nichts davon gehört.“

Auf meine Frage, ob er nicht auch mal nach Kaliningrad reisen und Russen treffen möchte, antwortet Krzysiek eher ausweichend: „Ja, ich habe immer Lust, irgendwo hin zu fahren, aber das Problem ist immer Geld und Zeit. Aber ich bin offen für Kaliningrad. Ich habe auch Familie in Augustow, das ist ganz in der Nähe von der Grenze, und ich war auch in einem kleinen Städtchen direkt an der

Grenze, dort kannst du rüber laufen und merkst nicht, dass Du im Kaliningrader Gebiet bist." Ach ja, wenn es so einfach wäre. Einfach so über die Grenze. Zeit also, sich der Grenze zu nähern.

Warminsko-Mazurskie

Am nächsten Tag bringt mich der Zug nach Olsztyn, dem alten Allenstein. Ich bin somit im ehemaligen Ostpreußen angekommen. Bei Tannenberg, nicht weit von Allenstein, hat der Deutsche Ritterorden 1410 eine heftige Niederlage erlitten. Als im ersten Weltkrieg dann die Deutschen unter Hindenburgs Kommando die Russen im August 1914 bei Allenstein besiegten, war *diese Schmach endlich getilgt*, und 1927 konnte der fast 80-jährige Hindenburg das Tannenberg-Nationaldenkmal feierlich einweihen.
Lange konnte sich die Bevölkerung allerdings nicht an dem monströsen Denkmal erfreuen, denn deutsche Pioniere leisteten vor der Eroberung Ostpreußens durch die Sowjetarmee ganze Arbeit und sprengten das Denkmal. Immerhin konnten einige der Steine später beim Wiederaufbau von Warschau genutzt werden.

Olsztyn ist heute die schmucke Hauptstadt der polnischen Wojwodschaft Warminsko-Mazurskie (Ermland-Masuren). Die historische Altstadt ist in wenigen Minuten durchschritten, das Cafe *si si* ist mein Ziel, hier kann man bei Kaffee und Kuchen nach vorne hin den Marktplatz, oder –

noch mehr zu empfehlen – nach hinten raus die Burg betrachten.
Auf dem Weg zur Burg trifft man auf das unvermeidliche Nikolaus Kopernikus-Denkmal. Auf den kleinlichen Streit darüber, ob der weltberühmte Astronom Kopernikus denn nun Deutscher oder Pole gewesen sei, soll hier nicht weiter eingegangen werden. Hier in Allenstein wirkte der spätere Frauenburger Domherr Kopernikus als Administrator und wohnte in der Burg, worauf man heute im polnischen Olsztyn genauso stolz ist wie man es früher im preußischen Allenstein war.

Kopernikus lebte übrigens auch im weiter nördlich gelegenen Heilsberger Schloss, wo er offiziell als Arzt seines Onkels, des ermländischen Bischofs Lucas Watzenrode, tätig war. Inoffiziell allerdings arbeitete er hier an den ersten wesentlichen Schriften seines wahrlich astronomischen Werkes. Und warum lasse ich nun den Leser an diesem historischen Wissen teilhaben?
Nun, am nächsten Tag fahre ich nach Lidzbark-Warminski, wie Heilsberg heute heißt. Dort treffe ich mich im Schloss, dem früheren Bischofssitz und heutigen Museum, mit Beata. Beata ist eine Frau in den besten Jahren, seit 23 Jahren mit einem Deutschen, Jens, verheiratet und hat ihren Arbeitsplatz im Nordflügel des Museums, in dem bis 1936 auch das hiesige Waisenhaus untergebracht war.
Über die deutsche Vergangenheit Heilsbergs hatten wir bei früheren Besuchen schon viel diskutiert, auch über die Sehnsuchtstouristen, die inzwischen fast ausgestorben sind. Jetzt kommt die nächste Generation, so wie ich, auf den Spuren ihrer Eltern: mein Vater ist hier im Schloss

aufgewachsen, allerdings nicht als künftiger Schlossherr, sondern als Waisenkind. Im Nordflügel, dritter Stock, unter dem Dach, waren die Schlafsäle.

Und wie ist es so mit den Russen? „Na klar“, erläutert Beata lachend, „es kommen viele russische Touristen (aus dem Oblast Kaliningrad, nur ganz wenige aus dem russischen Kernland) nach Heilsberg, aber die gehen vor allem in das Thermalbad. Und die, die in die Burg kommen, haben kein Interesse an der Geschichte, sie wollen nur das *touristische Highlight* Heilsbergs nicht verpassen.“ Und Beata selbst, war sie denn schon mal in Kaliningrad? „Nur einmal, vor fast 25 Jahren. Im Bus nach Kaliningrad waren außer mir nur Schwarzhändler, die öffneten schon gleich nach der Grenze die Wodka-Flaschen und schmuggelten auf der Rückfahrt Unmengen an Zigaretten nach Polen. Kein sehr schöner Ausflug, wirklich nicht.“

Der Schmuggel blüht auch heute noch, auch wenn seit der Einführung der Visumpflicht der kleine Grenzverkehr deutlich zurückgegangen ist, wie mir ein paar Monate vorher der vorsitzende Richter des hier zuständigen Gerichtes in Bartozsyce (früher Bartenstein) berichtet hatte. In den ersten 9 Monaten des Jahres 2016 gab es dort 6000 Verfahren gegen Schmuggler! Wenn man einmal davon ausgeht, dass nur ein kleiner Teil der Schmuggler erwischt wird…

Genug über die Russen geredet, noch ein Gang durch die inzwischen fertig renovierten Räume des Schlosses, die ich noch nicht kenne, und dann lasse ich Beata erst einmal weiter arbeiten und ziehe mich in meine Heilsberger Stammkneipe, dem in der Nähe des Marktes gelegene *Starowka*, zurück, um am Buch zu schreiben und die Zeit bis zum Abendessen im Haus von Beata und Jens zu überbrücken. Natürlich, man ahnt es schon, ist Beatas Menü dann für meinen Magen völlig überdimensioniert, aber das sollte auch bei vielen noch folgenden Essenseinladungen die Regel bleiben. Von wegen Diät und abnehmen, unmöglich auf so einer Reise. Denn nach einer zweiten Nacht in Olsztyn geht es weiter, per Bus nach Kaliningrad, tschüss und *do widzenia, Polska.*

Russland I - Kaliningrad

Es gibt viele gute Gründe dafür, nach Kaliningrad zu reisen. Ein besonders empfehlenswerter Anlass wäre es, in der dortigen Sprachschule einen Russisch-Kursus zu belegen. In Kleinstgruppen wird man hier von exzellenten Lehrerinnen je nach Sprachniveau unterrichtet und hat viel Spaß dabei, das kann ich nach drei mehrwöchigen Kursen in den letzten beiden Jahren garantieren. Und auch wenn danach, mit einigem Training daheim, die Russischkenntnisse eines Spätlerners (der vorher nicht viel mehr als „spassiwo", also „danke", sagen konnte) noch nicht von null auf hundert reichen: mit null auf fünfzig verursacht man zwar mitunter einen Stau auf der Gesprächsautobahn, kommt aber im täglichen Stadtgespräch schon ganz gut zurecht.

Immerhin gelingt es mir schon, mit Hilfe des an der Bushaltestelle sitzenden freundlichen Michael, seines Zeichens schwerer Alkoholiker, wie er sogleich offen erklärt, das etwas versteckt liegende Haus meiner Lehrerin Marina zu finden, die mich, natürlich, zum Abendessen eingeladen hat. Michael hat die nicht ganz leicht auszusprechende Adresse auf Anhieb verstanden und bringt mich die etwa 500 Meter bis an den Gartenzaun, wo mich Marina schon erwartet.

Bisher hielten sich meine Erlebnisse mit russischen Alkoholikern ja sehr in Grenzen, Michael jedenfalls ist ein sehr angenehmer, höflicher Mensch, der mich mit einem einladenden „Bittä schöön!" auffordert, doch vor ihm die Pfüt-

ze zu umgehen, die fast die ganze Breite der unbefestigten Straße einnimmt. Bis wir bei Marina ankommen, erfahre ich, dass Michael sein Haus (wie fast alle Häuser dieser Straße ein altes deutsches Haus mit Giebeldach) an dem wir gerade vorbeikommen, leider verkaufen musste, seine Frau ist auch schon lange weg, mit den Kindern hat er nur noch selten Kontakt. „Na ja, der Alkohol... wie?... Du bist Arzt?, kann ich nicht was machen gegen Alkoholismus? Mein Arzt sagt immer nur, dass ich nicht so viel saufen soll. Da gehe ich jetzt nicht mehr hin. So, da sind wir schon, war mir ein Vergnügen, mit einem so gut Russisch sprechenden Deutschen spazieren zu gehen."
So ein Schmeichler, dieser alte Trunkenbold! Der nette Kerl reicht mir die nicht ganz hygienisch reine Hand und will die meine (die ich dann doch gleich mal waschen werde) gar nicht mehr loslassen, bis Marina mich umarmt und ins Haus bittet. Michael muss aber draußen bleiben.

Es ist ein herrlicher Abend. Wer Marina schon einmal erlebt hat, kann erahnen, dass sie nicht nur eine ehemalige Universitätsdozentin für russische Sprache und Literatur ist, sondern auch eine hervorragende Köchin. Und so kommt, was kommen muss: der Tisch scheint sich unter den vielen Tellern und Schüsseln mit Spezialitäten aus Kirgistan (da stammen Marina und ihr Mann Anatoli her) und nach eigenen Marina-Rezepten bereiteten Speisen bedrohlich zu biegen. Müßig zu erwähnen, dass es natürlich ganz ausgezeichnet schmeckt, besonders die kirgisischen Teigtaschen (die mit Kürbiscreme gefüllten vegetarischen genauso wie die mit Schweinefleisch gefüllten), aber auch die Sommer-Borschtsch-Suppe, die – anders als das

winterliche Pendant, nicht mit roten Beeten sondern Weißkohl bereitet wird und somit auch nicht rot, sondern eher grün-gelb ist.
Zur Gesellschaft haben Marina, Anatoli und Sohn Alex sowie die derzeit bei ihnen als Gast wohnende Amerikanerin Lisa noch die Italo-Schweizerin Fabienne geladen. *Lingua franca* ist Russisch, eine echte Herausforderung, zumal Lisa und Fabienne schon deutlich länger und besser Russisch sprechen als ich. Na, hin und wieder muss ich dann doch auf Englisch ausweichen, als ich mein Projekt *in und um Russland herum* erläutere.
„Und wer soll das Buch dann lesen?“ Alex glaubt nicht recht, dass solch ein Buch in Deutschland viele Leser finden wird, angesichts der politischen Lage. An der angespannten politischen Lage sind natürlich die Amerikaner Schuld, das höre ich jetzt nicht zum ersten Mal in Kaliningrad. Immer wieder wurde mir hier während meiner bisherigen Aufenthalte von vielen Kaliningradern erklärt, dass die Amerikaner bestimmen, was Europa, also Merkel, zu machen hat.

Erst vormittags sagte noch Ruslan[1]*, mit dem ich mir das neue Fußballstadion und später im alten Stadion die Zweitligapartie Baltika Kaliningrad gegen Kuban Krasnodar anschaute, dass es doch ein Unding sei, dass die NSA das Telefon von Merkel abgehört hat. Aber Merkel könne sich nicht dagegen wehren. „Umso wichtiger, dass wir einfache Menschen uns gut verstehen“, so Ruslan, „von den Politi-

---

[1] *= Name geändert

kern ist nicht viel zu erwarten, da geht es vor allem um Macht und Geld."
Er als Geschäftsmann ist wirklich schlecht auf die Politik zu sprechen, hatte er in den späten 90er Jahren schon sein Büro in Berlin bezugsfertig (Holzhandel), als die russische Seite den Vertrag platzen ließ. Jetzt macht er in Immobilien, doch die Versuche, Deutschen einen Wohnungskauf in Kaliningrad schmackhaft zu machen, laufen eher schleppend: „Die politische Großwetterlage ist gerade nicht besonders günstig", meint Ruslan.

Beim Abendessen bemüht sich Marina nach Kräften, dem Gespräch stets dann eine Wende zu geben, wenn es um Politik geht. Als Sprachwissenschaftlerin ist ihr nur allzu sehr bewusst, wie unzulänglich Sprache ist, besonders natürlich, wenn man händeringend nach den möglicherweise richtigen Vokabeln sucht. Dann könnte es ja schnell zu mehr oder weniger lustigen Missverständnissen kommen - dann doch lieber über Puschkin oder Tschechow reden. So sind wir uns schließlich einig, dass vor allem der kulturelle Austausch gepflegt werden muss, und es ist nicht zuletzt die Amerikanerin Lisa, die gerade die kulturellen Errungenschaften Europas sehr zu schätzen weiß.

Auch Eugen Zabel wird sicherlich von der kulturellen Kraft Europas überzeugt gewesen sein, als er sich auf der Pariser Weltausstellung im russischen Pavillon über die anstehende Fertigstellung der sibirischen Bahn informierte: „Die Besucher der letzten Pariser Weltausstellung, Sommer 1900, werden sich erinnern, in welcher geschickten und eindrucksvollen Weise die russische Regierung auf

dem Völkermarkt, der sich damals an der Seine entwickelt hatte, ein Bild von der großen sibirischen Eisenbahn zu geben wusste. …
Dabei war ein Teil des Gebäudes in eine Eisenbahnhalle verwandelt, in der vier Waggons der Internationalen Schlafwagengesellschaft genau in derselben Einrichtung aufgestellt waren, wie sie schon damals zwischen Moskau und Irkutsk wöchentlich einmal verkehrten. Die Ausführung des Zuges, der vollständig gebrauchsfertig zusammengestellt war, sollte das Publikum an die Vorstellung gewöhnen, daß es keine unmögliche Zumutung bilde, achteinhalb Tage von „Mütterchen“ Moskau bis zur Hauptstadt von Mittelsibirien ohne Unterbrechung auf der Eisenbahn zuzubringen. Gegenwärtig genügen dazu sieben Tage und acht Nächte.“

Der Weg nach Russland führte Zabel im Sommer 1903 dann auch über Königsberg, dem heutigen Kaliningrad. „In meiner Vaterstadt Königsberg i. Pr. verlebte ich nach der Abfahrt von der Station Zoologischer Garten in Berlin zunächst einen Sonntag im Kreise meiner Geschwister und lieben Verwandten. Alles, was Russland und die Entwicklung des Zarenreichs betrifft, findet in der alten ostpreußischen Krönungsstadt naturgemäß ein lebhaftes Echo, denn dort ist ein starkes Bollwerk des Deutschtums gegen den Osten, eine feste Burg vaterländischer Gesinnung und Kultur geschaffen. Gerade die Nähe der russischen Grenze bewirkt es, daß im Schatten des ehrwürdigen Schlosses das Nationalitätsgefühl lebhaft pulsiert und eifrig bedacht ist, das von den Vätern Ererbte rein zu erhalten. Damit hängt es aber auch zusammen, daß man in Königsberg bemüht ist, das östliche Nachbarreich nicht, wie es wohl sonst geschieht, mit billigen Redensarten abzuurteilen, sondern es aus der Eigenart des Landes und seiner Bevölkerung, seiner Geschichte und Charakteranlage wirklich zu verstehen."

Zabel, der wirklich ein Russland-Versteher war (heute würde man ihn mit dieser Bezeichnung in eine Schublade mit ehemaligen brandenburgischen Ministerpräsidenten oder Russland-Korrespondentinnen mit Kurzhaarfrisuren stecken, die mit bewundernswertem Einsatz in unzähligen Talkshows und Publikationen dafür werben, mit Russland, also Putin, im Gespräch zu bleiben), musste glücklicherweise nicht mehr miterleben, dass im Sommer 1944 seine Heimatstadt, dieses deutsche Bollwerk, von der Royal Airforce in Schutt und Asche gebombt wurde, auch das Schloss, an dessen Stelle in Kaliningrad jetzt ein neues architektonisches „Meisterwerk" zu besichtigen ist: die Bauruine des monströsen *Haus-der Räte*, dessen Fertigstellung aufgrund statischer Fehlkalkulationen (vielleicht gab es ja sogar gar keine statischen Berechnungen, wer weiß das schon) schon in den 60er Jahren auf den St.-Nimmerleinstag verschoben wurde und dessen Abriss bisher an den zu hohen Kosten scheiterte.

Immerhin wurde der alte Dom auf der nahegelegenen Pregelinsel, dem ehemaligen Stadtteil Kneiphof, wieder aufgebaut, so dass auch das Kant-Mausoleum seinen würdigen Platz hat. Im Dom kann man täglich Orgelkonzerten lauschen, ein unumgänglicher Programmpunkt jeder Kaliningrad-Reise.

Wer einen besonders kundigen Reiseführer für das ganze Gebiet (Oblast) Kaliningrad sucht, der ist mit Sergej Belantschuk bestens bedient. Mit Sergej verbindet mich nicht nur unser fast gleiches Alter und die Nähe der Geburtsorte (Beelitz bei Potsdam bzw. Berlin-Steglitz), sondern auch die Tatsache, dass wir beide unseren Arztberuf irgendwann gegen eine neue Herausforderung eintauschten. Leider hat Sergej am einzigen für mich verbleibenden Abend nur wenig Zeit („Ich bin etwas müde, war gerade 10 Stunden lang mit einer Gruppe unterwegs auf Exkursion“), redet sich dann aber doch langsam warm und ist kaum zu stoppen.

„Diese Russophobie bei Euch ist doch lächerlich. Eure Medien machen Putin für alles verantwortlich, was in der Welt passiert. Wenn irgendwo ein Blitz einschlägt oder jemand stolpert und sich etwas bricht, ist immer Putin Schuld.“ Sergej ist natürlich nicht einseitig informiert, er schaut auch häufig deutsches oder polnisches Fernsehen. „Die Informationen schwingen wie ein Pendel hin und her, die Wahrheit liegt wohl irgendwo in der Mitte.“

Die politische Eiszeit berührt auch Sergejs Tätigkeit als Reiseführer. „In den 90er Jahren gab es noch ein Tragflächenboot von Elbing nach Kaliningrad, da kamen viele Polen. Jetzt sind es viel weniger“. Meine Frage, ob es denen vielleicht zu unsicher in Kaliningrad sei, lässt Sergej offensichtlich an meinem Verstand zweifeln. „Unsicher..., in Polen ist es doch viel unsicherer als bei uns. Lass dort mal so ein teures Auto wie das dort vorne einfach so auf der Straße stehen. Das steht da nicht lange. Hier bei uns gibt es so gut wie keine Diebstähle, auch keine Überfälle. Nein, Kaliningrad ist viel sicherer als Polen. Nur einmal, da hat sich ein Amerikaner eine blutige Nase geholt, der hatte mit Fremden viel Wodka getrunken. Nun, dann hat er Schläge bekommen von irgendwelchen Typen, vielleicht, weil er Amerikaner war."

Mit Polen gibt es aber keine Probleme, mit Litauern sowieso nicht, die ja alle Russisch sprechen und mit dem Auto kommen und somit keine Kundschaft für Sergej sind. Sergej macht auch Touren nach Litauen und Polen. Dabei fällt auf, dass es in der letzten Zeit gerade an der Grenze zu Polen viele Schikanen gibt.

„Neulich an der Grenze nach Goldap, als nur unser Auto dort war, hat es mehr als anderthalb Stunden gedauert. Früher konnte man Scherze machen, ich spreche ja akzentfrei polnisch. Auf die Frage, warum ich so gut Polnisch spräche, habe ich geantwortet, dass ich natürlich ein russischer Spion bin, und alle haben gelacht. Diese Zeiten sind vorbei. Na, statt der Polen kommen jetzt mehr Russen, viele von weit her, Magadan, Wladiwostok, und und und."

Sergej glaubt nicht, dass sich die Lage zwischen Russland und dem Westen in der nächsten Zeit entspannen wird. Auch nicht angesichts der nahenden Fußball-Weltmeisterschaft. „Deswegen erst recht nicht, was war denn 1980? Da haben die Amerikaner – und mit ihnen fast der ganze Westen - die Olympiade in Moskau boykottiert. Das kann bei der WM auch so kommen." Da frage ich mich doch, ob die US-Amerikaner die WM etwa aus politischen Gründen boykottieren und dabei unter anderem von den Italienern und Holländern unterstützt werden?

Wenn es nach ihm ginge sollte Kaliningrad die WM allerdings sowieso lieber absagen. „Eine Schnapsidee, das neue Stadion mitten auf eine Insel im Pregel zu bauen. Das

Ding wird absaufen und wir haben ein neues *Haus der Räte*, Nr. 2. Brauchen tut das Stadion auch keiner, es wird auch nach der WM noch sehr viel Geld kosten. Da werden Milliarden versenkt, während in Afrika Tausende von Kindern verhungern." Nein, auf den Stadionneubau ist Sergej wirklich nicht gut zu sprechen. „Wenigstens kommt jetzt der neue Flughafen, das wurde auch höchste Zeit."
Wir verabreden uns schließlich zu einem guten Abendessen mit Wodka, wenn ich das nächste Mal nach Kaliningrad komme, und dann rauscht Sergej mit seinem Kleinbus davon (nicht, ohne mir vorher noch zu versprechen, dass er mir die Adresse seines Bruders in Wladiwostok mailen wird, „für alle Fälle, sicher ist sicher").

Auf der Kurischen Nehrung

Nach einer eher kurzen Nacht besteige ich am nächsten Morgen kurz vor 7.00 Uhr den Bus nach Klaipeda, Litauen. Eine wunderschöne Strecke, auch wenn auf dem Weg nach Selenogradsk, dem alten Ostseebad Cranz, noch nichts von den wilden Lupinen zu sehen ist, die wohl in wenigen Wochen wieder überall am Wegesrand blühen werden.
Am Ortsrand von Selenogradsk wird man von mehreren Blöcken moderner Neubauten empfangen, eine beliebte Wohngegend vieler Menschen, die täglich nach Kaliningrad zur Arbeit pendeln. Mal mehr, mal weniger Stau! Ansonsten ist Selenogradsk aber ein schönes kleines Städtchen, dessen Altstadt mit einigen guten Hotels und Feri-

enwohnungen sowie dem angrenzenden Stadtpark und dem ostwärts - also Richtung Kurischer Nehrung - liegenden schönen Sandstrand durchaus zu einem Kurzurlaub einlädt.
Mein Bus fährt aber nach kurzem Halt am Bahnhof weiter, jetzt rauf auf die Kurische Nehrung, den schmalen, knapp 100 Kilometer langen Streifen zwischen Ostsee und Haff, der früher ob seiner vielen Sanddünen auch als deutsche Sahara bezeichnet wurde. Wer noch nicht hier war, der sollte schleunigst seine Sachen packen und anreisen. Wer schon hier war, der kommt sowieso wieder.
Das Weltkulturerbe Kurische Nehrung wird ziemlich mittig geteilt, im Süden der russische Oblast Kaliningrad, im Norden Litauen. Die wandernden Sanddünen haben früher hier viele Dörfer begraben, deren Bewohner dann in der Nähe neue Dörfer erbauten, und das nicht nur einmal.
Dem Dünenmeister Wilhelm Franz Epha gelang es schließlich im 19. Jahrhundert, dem Wandern der Dünen durch Bepflanzung Einhalt zu gebieten, was die Dörfer vor dem Untergang bewahrte und Epha ein Ehrengrab auf dem Friedhof Rossitten bescherte (was man auch heute noch besichtigen kann, wenn man es nach langer Suche im Wald endlich gefunden hat). So mancher Besucher der größten Düne im russischen Teil der Kurischen Nehrung mag allerdings darüber rätseln, warum diese Düne, die einen herrlichen Ausblick auf Meer und Haff gewährt, jetzt wohl *Epha-Düne* heißt.
Rossitten (das heutige Rybatschi) ist der einen oder anderen Leserin wohl als Standort der berühmten Vogelwarte bekannt, deren Besuch bei einer Tour auf die Kurische Nehrung nicht versäumt werden sollte.

Fährt man wie ich im Bus (und kann nicht mal so eben einfach aussteigen) Richtung Litauen, sieht man vor lauter Wald und Dünen die linker Hand gelegene Ostsee leider überhaupt nicht, und das Haff wird erst sichtbar, wenn man hinter Morskoje, dem alten Pillkoppen, die Grenze nach Litauen überschritten hat und in Nida angekommen ist.

Litauen

Der nördliche und östliche Teil der russischen Exklave Kaliningrad grenzt an Litauen, wobei ein nicht geringer Teil der 227 km langen Landesgrenze inmitten der Memel liegt.

Nida

In Nida (Nidden) bin ich mit Kazimieras Mizgiris verabredet, dessen erste große Leidenschaft man mit einem kurzen Spaziergang von Nidas Bushaltestelle schnell erreichen kann: Sanddünen. Kazimieras ist Fotograf und liebt Sanddünen so sehr, dass er am liebsten alle Sanddünen dieser Welt fotografieren möchte. Seit Jahren schon verbringen er und seine Frau die Winter in Ägypten (wo es wohl auch ein bisschen Sand geben soll), jetzt träumt er von einer Reise nach Namibia, da gäbe es besonders schöne Dünen. Wo es allerdings die allerschönsten Dünen gibt, nun, da

lässt Kazimieras keinen Zweifel aufkommen: natürlich hier, auf der Kurischen Nehrung.
Seit es ihn 1969 hierher verschlagen hat, zuerst nach Juodkrante, also Schwarzort, und dann 1973 nach Nida, bestimmen die Dünen einen Teil seines Lebens. „Ich bin ja nicht der berühmteste Dünenfotograf der Welt, aber ich habe schon viele Medaillen, wie bei der Olympiade, bei internationalen Ausstellungen gewonnen.“ Zu Sowjetzeiten, als Angestellter eines Fotokombinats („es gab ja nicht die Möglichkeit, selbstständig zu arbeiten“), lebte er davon, Touristen aus allen Teilen der Sowjetunion in den Dünen, vor einem Fischer- oder dem Thomas Mann Haus zu fotografieren. „Nachts habe ich dann mit meinem Kollegen im Labor die Fotos entwickelt, das war eine gute Arbeit, morgens bekamen dann die Touristen die Fotos. Es gab damals nur wenig Übernachtungsmöglichkeiten, keine großen Hotels.“
Viel wichtiger als die Fotos mit Touristen war es ihm aber, die Dünen künstlerisch darzustellen.
„Die größte Veränderung nach der Unabhängigkeit Litauens war die gewonnene Freiheit, jetzt konnte man eigene Initiative(n) zeigen, seine Ideen und Wünsche verwirklichen. Ich konnte ein Museum eröffnen und ein Künstlerhaus bauen, Künstler unterstützen, Bücher publizieren. Das fing damit schon in der Wendezeit an. Gerhard Rautenberg, ein Verleger aus Leer, machte damals in Schwarzort Urlaub, sah meine im Hotel Ąžuolynas ausgestellten Bilder und hat sofort angeboten, ein Buch damit herauszugeben. Litauen war noch nicht frei und er hat meine Negative hinaus geschmuggelt.

Als das Buch dann gedruckt war, wurde ich nach Hamburg eingeladen, wo das Buch vorgestellt wurde. Für das Visum musste ich bis nach Moskau fahren. Ich habe dann illegal meine Bilder nach Hamburg gebracht und sie dort gerahmt. Da gab es dann neben der Buchvorstellung noch eine Fotoausstellung!"
Allerdings gab es zu Sowjetzeiten keine Grenze auf der Kurischen Nehrung. „Das war ein großer Vorteil, ich konnte frei durch alle Dünen der Kurischen Nehrung laufen und fotografieren, morgens nach Pillkoppen laufen und abends zurückkommen. Jetzt muss ich an der russischen Grenze umkehren. Oder ich muss ein Visum besorgen, mit dem Auto nach drüben fahren, dort parken und dann zurück zur Düne nahe der Grenze laufen. Nur dann kann ich diese Düne so fotografieren, wie ich mir das vorstelle. Für den Künstler ist dieser Zaun sehr kompliziert."
Kazimieras ist allerdings nicht nur Fotograf und Künstler, er ist weit über die Grenzen seines Landes hinaus auch als der *litauische Bernsteinpapst* bekannt. Er betreibt mit mehreren Mitarbeiterinnen ein sehr schönes Bernsteinmuseum in Nida, demnächst will er umziehen in ein größeres Gebäude, die ehemalige deutsche Jugendherberge. Alle seine Exponate haben ihre eigene Geschichte, sei es ein besonders seltener Fund aus Mexiko oder seien es die beeindruckenden Stücke mit Einschlüssen oder die mit alten Werkzeugen kopierten Stücke des weltberühmten Schatzes aus Schwarzort, einer steinzeitlichen Bernstein-Amulett-Sammlung.
„Viele Exponate unseres Bernsteinmuseums sind aus der Enklave Kaliningrad, dort habe ich Lebensmittel gegen

Bernstein eingetauscht oder den Bernstein gekauft, im kleinen Grenzverkehr."
Ich möchte wissen, ob denn auch jetzt noch viele Russen nach Nida kämen. „Es kommen viele Russen am Wochenende mit dem Auto, um Einkäufe zu machen, Lebensmittel im Supermarkt. Die kommen nicht in unser Museum, die haben ja ein Bernstein-Museum zu Hause in Kaliningrad. In dieser Woche hatten wir aber viele Individualtouristen aus Russland, zum Beispiel Moskau, weil dort gerade Ferien sind. Die lieben die baltischen Länder, viele waren schon mal da, vor 30, 40 Jahren. Die wollen schauen, was sich seit damals verändert hat. Damals waren sie vielleicht von den Dünen beeindruckt, sie lieben immer noch die Natur hier. Gestern waren welche aus Moskau hier, die klagen über ihre schlechte Luft und die Unordnung zu Hause, hier können sie sich wirklich erholen."

Und andersherum, interessieren sich die Litauer für Russland? „Litauer interessieren sich im Allgemeinen wenig für Russland. Das Land ist uns ja bekannt, weil wir durch Russland reisen konnten. Ich interessiere mich da mehr für andere ehemalige Länder der UdSSR wie Georgien, Usbekistan. Was kann man in Russland schon Neues sehen? Dieselben Häuser wie früher, die jetzt fast kaputt sind? Die Russen machen in Kaliningrad nichts, sie interessieren sich nicht für die Stadt, für deren Geschichte. Fahren sie mal aufs Land, raus aus Kaliningrad. Da gibt es so viele alte Kirchen und die Russen warten nur darauf, dass die ganz zusammenfallen. Bloß nichts Altes reparieren, lieber was Neues bauen. Das ist deren Mentalität. Oh, wir haben den

Krieg gewonnen, da ist ein schönes freies Haus, na, ist halt ein deutsches, nicht von uns."
Schließlich kommen wir auf die Politik zu sprechen, auch hier ein eher unerfreuliches Thema. „Die Situation mit der Ukraine hat uns natürlich erschreckt. Wie kann man heutzutage einfach handeln, ohne Diplomatie, ohne zu fragen. Natürlich hat das Handeln der Russen in der Ukraine auch uns Angst gemacht. Man kann nicht prognostizieren, was sich Putin noch so überlegt. Für uns ist es einfacher, wir sind in der NATO, in der EU. Nicht umsonst hat unser Präsident, nachdem das in der Ukraine passiert ist, die NATO und Europa um Hilfe gebeten. Die Russen könnten sonst ganz schnell mit Panzern zu uns kommen, in nur 10 Minuten. Durch den Schutz der NATO können wir uns sicherer fühlen, da können die Russen nicht einfach kommen. Russland macht in der ganzen Welt Stress. Deutschland ist groß, aber die baltischen Staaten sind klein. Die Menschen verstehen sich doch, wir lieben die Russen, aber nicht deren Politik!"
Als ich einwerfe, dass ich das fast genauso in Russland höre, wo man mir sagt, dass man die Polen und die Litauer liebe, dass das Problem die amerikanische Politik sei, da antwortet Kazimieras mit aller Schärfe: „Warum Amerika? Wo ist Amerika auf der Krim, in der Ukraine? Da ist Amerika nicht. In Moldawien, in Georgien? Die Russen nehmen sich immer einen Teil und wollen Unruhe schaffen. Was hat das denn mit Amerika zu tun? Die Russen nehmen das nur als Ausrede. Nach dem Motto: Wir sind doch nicht schuld, es sind die Amerikaner. Es gab doch nach dem Ende der UdSSR überall neue Grenzen. Und jetzt hat Russland auf einmal entschieden, wieder zu den alten

Grenzen zurückzukehren. Putin will ja noch länger in der Politik bleiben und er erweckt so den Eindruck, dass er immer handlungsfähig ist und Russland keinen anderen Präsidenten haben kann. Das russische Volk soll also immer größer und reicher werden, bravo Putin, bravo Putin! Er ist ein sehr cleverer Politiker. Unter Jelzin und Medwedjew war für uns alles besser mit Russland, ein Mensch macht jetzt alles kaputt! Sie kennen doch die Geschichte, Hitler, Mussolini, Lenin, Stalin – ein einzelner Mensch kann viel kaputtmachen. Das Volk ist nicht schuld, es ist nur ein Spielzeug."

Das ist eindeutig und hat gesessen. „Genug geredet, kommen Sie, gehen wir etwas essen", dieser Aufforderung kann ich nicht widerstehen. Selbstverständlich habe ich nicht die geringste Chance, meine vorzüglichen Kartoffelpuffer mit Heringsbeilage selber zu bezahlen, stattdessen lädt mich Kazimieras noch schnell zu sich nach Hause ein und präsentiert einen Traum von einem Haus, architektonisch, künstlerisch, alles sehr, sehr aufregend und einladend, hier könnte ich es noch länger aushalten. Doch nach einem Abschiedstrunk packt mir Kazimieras noch einen selbst getrockneten Fisch ein und bringt mich (ich leicht beschwipst, er völlig nüchtern) gerade rechtzeitig zum Busbahnhof.

Mein neuer WhatsApp–Freund drückt mir noch einmal kräftig die Hand, und weiter geht es, bye bye Nida. Meinen ursprünglichen Plan, mal wieder auf die Dünen bei Nida zu klettern und/oder das Thomas Mann Haus zu besuchen, hat Kazimieras´ Gastfreundschaft völlig über den Haufen geworfen.

Kybartai

Nach Spaziergängen durch und Übernachtungen in Klaipeda (dem nunmehr wieder sehr schmucken ehemaligen Memel) und Kaunas (der sehenswerten, laut Reiseführer wohl litauischsten aller litauischen Städte) zieht es mich für einen kurzen Besuch wieder an die litauisch-russische Grenze, nach Kybartai. Der dortige Bahnhof ist mein Ziel. Es gibt hier nicht viel zu sehen, eher gar nichts. Das Bahnhofsgebäude ist klein, nun ja, der Größe Kybartais angemessen. Aber ich stehe vor den kümmerlichen Resten eines im wahrsten Sinne des Wortes großen Bahnhofes. Früher war hier der Bahnhof Wirballen, auf Russisch Werschbolowo, der russische Grenzbahnhof zu Preußen an der Bahnstrecke St. Petersburg – Berlin. Selbst der Zar und seine Familie mussten hier aussteigen, wenn sie per Bahn nach Berlin reisten, da hier die russische Breitspur endete und man auf mitteleuropäischer Normalspur weiterreiste.

Entsprechend prächtig war das Bahnhofsgebäude damals ausgestattet, was im Jahre 1903 auch Zabel zu schätzen wusste, als er hier von Preußen nach Russland einreiste: „Mein Einführungsbrief von der russischen Botschaft in Berlin sorgte dafür, daß ich an der Grenze in Wirballen nicht als Letzter, wie es nach der alphabetischen Reihe der Namen sonst geschehen wäre, sondern als Erster abgefertigt wurde und im Wartesaal mich ruhig an dem dampfenden, trefflich zubereiteten Tee, an einer Kohlsuppe und einem Haselhuhn zur Weiterreise stärken konnte."

Ich entdecke im jetzigen Bahnhofsgebäude leider keine Gaststädte mehr, als alleinige kulinarische Möglichkeit bietet sich ein Getränkeautomat an. Neben dem einzigen Fahrkartenschalter hängt der Fahrplan, es gibt genau eine innerlitauische Zugverbindung: Kybartai-Kaunas. Aber hier halten täglich der G29 (Moskau-Kaliningrad) und der G30 (Kaliningrad-Moskau). Diese Art der Nummerierung betrifft alle russischen Routen: von West nach Ost gelten gerade Ziffern, von Ost nach West ungerade. Daneben gibt es noch nicht-tägliche Verbindungen von Kaliningrad nach St. Petersburg, Adler und Tscheljabinsk, alle diese Züge queren hier die EU-Außengrenze.
Auf dem Bahnsteig steht gerade der Zug von St. Petersburg nach Kaliningrad, das macht mich neugierig. Kaum habe ich die Tür vom Bahnhofsgebäude zum Bahnsteig hinter mir geschlossen, da habe ich auch schon die Aufmerksamkeit der litauischen Grenzbeamten geweckt. Der mit den meisten Streifen auf der Schulter spricht mich auf Litauisch an, wobei ich das Wort „Passport" aus der offensichtlichen Aufforderung heraushöre.
Ich gebe durch Schulterzucken und Kopfschütteln glaubwürdig zu verstehen, dass mir die Sprache des ernst und wichtig dreinblickenden Fragenden absolut unverständlich ist (die Taktik des Dummstellens hat sich schon häufiger in misslichen Situationen mit Vertretern der Staatsgewalt bewährt). Hier ist der Falsche an mich geraten. Auf Deutsch werde ich jetzt gefragt, ob ich Deutsch spräche, worauf mir nur ein wahrheitsgemäßes „Ja" übrig bleibt.
Ein Blick in meinen scheinbar unverdächtigen Pass und meine freundlichen Worte der Erklärung meiner Anwesenheit („das war hier doch mal der berühmte Bahnhof

Wirballen, oder?“) lassen die wichtige Miene des hohen Grenzbeamten schon etwas weniger dienstlich erscheinen. Jetzt hat der Mann endlich mal wieder die Gelegenheit, sein Deutsch zu trainieren. Die Lage wird schließlich locker und entspannt.

„Natürlich, in Deutschland war ich schon häufiger, schöne Städte, Berlin, Hamburg, Duisburg (Entschuldigung, liebe Duisburger, aber Duisburg, eine schöne Stadt?), noch mehr, alles sehr ordentlich und sauber.“ Äh, Berlin, Hamburg, Duisburg, saubere Städte? Wo war der Mann denn wirklich? „Da hinten ist schon die Grenze, hier fertigen wir die Züge ab. Sie können gerne einsteigen, Sie haben ja ein Visum für Russland.“

Nein danke, mein Bett steht heute in Vilnius, noch fast vier Stunden mit dem Bus dorthin. Ob ich denn mal ein Bild vom russischen Zug machen dürfe, was für eine dumme Frage meinerseits, hier am Grenzbahnhof. „Nein, hier ist fotografieren streng verboten“, sagt der hohe Beamte und nickt mir verschwörerisch zu. „Wenn ich mal kurz weg bin, dann sehe ich ja nichts“, mit diesen Worten verschwindet er für zwei Minuten im Bahnhofsgebäude und kommt dann lachend wieder raus. Er muss mir ja noch von seiner Reise nach Indien erzählen, kürzlich hat da ein amerikanischer Freund von ihm geheiratet.

„Einmal und nie wieder, viel zu schmutzig und chaotisch dort.“ Jetzt verstehe ich das Lob für die Sauberkeit der deutschen Städte! Immer wieder herrlich, so ein Kulturaustausch. Ich werde immer mutiger und frage ihn, ob es hier nicht etwas langweilig sei bei den paar Zügen, die zu kontrollieren sind.

„Bald kommt die Rente", lautet seine salomonische Antwort. Dann will er noch mehr reisen, nach Europa natürlich. Auch nach Russland? Verständnisloser als er kann man kaum gucken, als ich diese Frage stelle. Beim freundlichen Abschied nehme ich mir vor, den nächsten grimmig dreinblickenden Grenzbeamten, der mir begegnet, zu fragen, ob er Duisburg kenne. Wenn ja, dann werde ich Duisburgs Schönheit und Sauberkeit loben, und das Eis ist gebrochen.
Das einst so prächtige russische Bahnhofsgebäude haben übrigens kurz vor Kriegsende sowjetische Soldaten aus Versehen gesprengt, eigentlich war vorgesehen, den direkt jenseits der Grenze, also in Preußen, gelegenen Bahnhof Eydtkunen zu sprengen. Was für eine skurrile Geschichte. Auf der Seite der Grenze, auf der zu Zabels Zeiten Russland war (also im Osten), ist jetzt Litauen. Und auf der anderen Seite der Grenze, wo damals Preußen war, ist jetzt die russische Exklave Kaliningrad!

Vilnius

Jetzt also Vilnius (Wilna), Litauens Hauptstadt, früher mal das Jerusalem des Nordens genannt. Noch 1939 waren 40% der 200000 Einwohner Wilnas Juden, von denen nur etwa 100 den Holocaust überlebt haben. Jetzt leben etwa 600000 Menschen in Vilnius, 50% davon Litauer und je etwa 20% Russen und Polen. Malerische Gassen laden zum Spaziergang ein, Architekturliebhaber kommen hier

voll auf Ihre Kosten: Renaissance, Klassizismus, Gotik, Barock, Gründerzeit, alles sehr lieblich.
Mein neuer WhatsApp-Freund Kazimieras hat mich gestern noch per Nachricht daran erinnert, doch auf jeden Fall in seiner in der Altstadt liegenden Bernstein-Galerie vorbeizuschauen. Ernesta, die dortige Chefin, erwarte mich schon. Und wieder bekomme ich eine kostenlose Führung mit anschließendem Kaffee. „Ach, die Russen" stöhnt Ernesta. „Während der Krimkrise war hier eine Gruppe von Ukrainern im Museum. Wir haben auf Russisch darüber gesprochen, dass die Russen einfach dort einmarschiert sind. Da kam eine russische Touristin zu uns und schimpfte, was wir da für einen Blödsinn redeten. Dann ging es ganz schön laut hin und her. Ansonsten macht es einen großen Unterschied, woher die Russen stammen. Die aus St. Petersburg sind zumeist gebildet, haben Kultur, besuchen hier auch Theater. Die aus Moskau kommen nur zum Einkaufen. Natürlich sind nicht alle so, aber insgesamt läuft es immer wieder darauf hinaus."
Jetzt kommen aber gerade je eine Gruppe aus Japan und eine aus Brasilien, Ernesta hat keine Zeit mehr und verabschiedet mich herzlich: „Ja, in Nida sind es vor allem Deutsche, Skandinavier, und sonstige Westeuropäer, die unser dortiges Museum besuchen, hierher kommen Besuchergruppen aus aller Welt."
Ich mache mich jetzt auf, eine eigene kleine Welt zu besuchen, in die ich mich vor einigen Jahren in einer lauen Sommernacht sofort unsterblich verliebt hatte. Mit entsprechender Vorfreude überquere ich auf einer alten Stahlbrücke den kleinen Fluss Vilnele (Vilnia) und reise ohne jegliche Grenzkontrolle in die Republik Užupis ein.

Vor 20 Jahren haben die 7000 Bewohner dieses alten Stadtviertels, darunter viele Künstler, Schauspieler und Musiker, ihre eigene Republik gegründet und sich eine Verfassung mit 41 Artikeln gegeben. Hier deren erste sieben:

1. Jeder Mensch hat das Recht, beim Fluss Vilnia zu leben, und der Fluss Vilnia hat das Recht, an jedem vorbei zu fließen.
2. Jeder Mensch hat das Recht auf heißes Wasser, Heizung im Winter und ein gedecktes Dach.
3. Jeder Mensch hat das Recht zu sterben, aber das ist keine Pflicht.
4. Jeder Mensch hat das Recht, Fehler zu machen.
5. Jeder Mensch hat das Recht, einzigartig zu sein.
6. Jeder Mensch hat das Recht zu lieben.
7. Jeder Mensch hat das Recht, nicht geliebt zu werden, aber nicht notwendigerweise.

Meine Lieblingsartikel sind die folgenden, aber auch alle anderen kann ich vollständig unterschreiben:
23. Jeder Mensch hat das Recht zu verstehen.
24. Jeder Mensch hat das Recht, nichts zu verstehen.
35. Niemand hat das Recht, jemand anderem die Schuld zu geben.
38. Jeder Mensch hat das Recht, keine Angst zu haben.

Als im Westberlin der 70er Jahre sozialisierter Nostalgiker kann ich nur allzu gut verstehen, dass frau in dieser Republik sehr gerne lebt, und das wird mir von der knapp 25-

jährigen, nennen wir sie mal Dalia, in sehr passablem Englisch mehr als nur bestätigt:
„Unsere Republik hat die beste Verfassung aller Zeiten. Ich würde diese Verfassung der ganzen Welt empfehlen. Ich liebe die ganze Verfassung, am meisten mag ich die beiden Artikel über Katzen“:

10. Jeder Mensch hat das Recht, eine Katze zu lieben und für sie zu sorgen.
13. Eine Katze ist nicht verpflichtet, ihren Besitzer zu lieben, aber muss in Notzeiten helfen.

„Die Katze, die hier im Buchladen lebt, heißt so ungefähr big boss, großer Meister. Das war nicht unsere eigene Katze. Als der Buchladen eröffnet wurde kam die Katze vorbei und entschied, hier zu leben. Sie, bzw. es ist ja ein Er, ist sehr intelligent. Er ist inzwischen unser Marketing-Spezialist.“
Dalia hat zwar Publikationswissenschaft studiert, kann aber weder den alten, noch den neuen Medien etwas abgewinnen:
„Zeitungen und das Internet sind so negativ, die meisten Kommentare sind furchtbar, ich kann das nicht lesen. Ich kann auch nicht unterscheiden, was *fake-news* sind und was nicht. Es gibt einfach viel zu viel Informationen und ich habe nicht die Zeit zu überprüfen, welche Informationen denn nun wahr sind und welche nicht. Deswegen lese ich keine Zeitungen und politische Kommentare im Internet mehr. Es gibt wohl keine reine Wahrheit. Wie die Russen sagen: Jeder hat seine eigene Wahrheit.“

Auf meine Frage, wie die Russen denn so als Kunden sind, antwortet Dalia: „Moskauer und St. Petersburger kaufen viele Bücher, Russen aus kleineren Städten gucken mehr als dass sie kaufen. Ich kann allerdings nicht bestätigen, dass die St. Petersburger kultivierter als die Moskauer sind. Wir hatten hier mal eine Buchvorstellung eines Moskauer Schriftstellers, Moment mal, ich hole mal das Buch... hier, die Präsentation dieses Buches war die größte, die wir jemals hier in der Buchhandlung hatten. Dreißig Leute waren hier, die meisten aus Moskau, die sind extra dafür nach Litauen gekommen."

Für Sowjet-Nostalgie ist Dalia, die ja im unabhängigen Litauen geboren ist, überhaupt nicht zu haben:

„In meinem Umfeld gibt es niemanden, der die alten, sowjetischen Zeiten wieder haben möchte. Meine Großmutter allerdings sagt immer, dass die alten Zeiten besser waren. Da war alles geregelt, das Leben war leichter, jeder wusste, was er zu tun hat, alles war schon von anderen für einen entschieden."

Und die heutige Situation? „Der *russische Bär* macht einigen Menschen in Litauen Angst, der Bär ist ja sogar das Symbol der wichtigsten russischen Partei, soweit ich weiß, ich persönlich habe aber überhaupt keine Angst vor Russland. Nach unserer Verfassung habe ich ja schließlich das Recht, keine Angst zu haben. Ich hätte aber auch das Recht, Angst zu haben, wenn dem so wäre."

Dem bleibt nichts hinzuzufügen, bye bye und aciu, danke, Dalia.

Weißrussland

Mit einer Fläche von 207595 km^2 ist Weißrussland der größte Binnenstaat, der vollständig in Europa liegt (danke, Wikipedia). Die Landesgrenze zu Russland hat eine Länge von 959 km.

Minsk

Der Kontrast zur Republik Užupis könnte wohl kaum größer sein. Minsk, schon nach weniger als drei Stunden mit dem Zug aus Vilnius erreicht, empfängt den Rucksackreisenden (die Koffer- oder Trolleyreisenden natürlich auch) mit imperialem Gehabe. Unendlich lange, breite Straßen, riesige Bauten, von stalinistisch bis höchstmodern, auch Aljaksandr Lukaschenka, der bereits seit 1994 recht autoritär regiert, liebt eine eher protzige Bauweise (nicht kleckern, sondern klotzen heißt die Devise). Alles ist außerdem sehr sauber, das gefiele mit Sicherheit auch dem Grenzschützer aus Kybartai. Erinnert mich an Singapur, nur die Strafen für weggeworfene Papiertaschentücher werden hier wohl weniger hoch sein.

Strafen gibt es in Minsk allerdings dann, wenn man irgendetwas gegen Lukaschenka sagt. Sascha*, 45-jähriger Jurist, macht eine eindeutige Geste, zwei gekreuzte Finger, und wiederholt noch einmal das dazu passende Wort

„Тюрьма", also Gefängnis. „Wenn man brav und artig ist" (etwas freie Übersetzung meinerseits), „dann lässt er einen aber in Ruhe. Na, wir wissen ja selber, dass wir in der letzten Diktatur Europas leben."

Vera*, etwa gleich alte Web-Designerin, hält auch nicht viel von Lukaschenka: „Der liebt Sport. Hast Du gesehen, wie viele hochmoderne Sportanlagen, Hallen, Stadien es hier gibt? Dafür wird sehr viel Geld ausgegeben, für Kultur bleibt da nicht mehr so viel übrig."

Alle, mit denen ich in den drei Tagen hier spreche, erzählen mir fast wörtlich das Gleiche wie Sascha: „Niemand von meinen Freunden wählt Lukaschenka. Und am Ende hat er wieder über 80 Prozent der Wählerstimmen. Erklär mir mal, wie das ohne Wahlbetrug gehen soll?"

Überhaupt hält Sascha nichts von Politik, weder der russischen, noch der westlichen. „Warum beschwert sich der Westen darüber, dass die Krim wieder russisch ist? Das war sie vorher doch auch, bis Chruschtschow, natürlich ein Ukrainer, die Krim der Ukraine geschenkt hat. Er konnte ja nicht ahnen, dass die Sowjetunion irgendwann mal nicht mehr existiert. Und das Referendum war doch ganz eindeutig, die Krimbewohner wollten wieder zu Russland gehören.

Wir grenzen an beide Länder, Russland und die Ukraine, schon deshalb wäre es wichtig, dass der Konflikt beigelegt und die Sanktionen des Westens aufgehoben werden. Die Handelsbeschränkungen treffen unser Land nämlich auch. Wir sind dazwischen, nicht Ukrainer, nicht Russen, aber menschlich sind wir uns doch alle sehr ähnlich. Wir trinken alle ganz gerne Wodka", und da ist sie wieder, diese Geste, das Fingerschnippen am Hals, mit der trinkfreudige Russen (und auch Weißrussen, wie ich jetzt sehe) zum gemeinsamen Alkoholkonsum auffordern (und mit der weniger alkoholfreudige Russinnen den harmlosen Ausländer davor warnen, dem betrunkenen Passanten zu nahe zu kommen).

Gut, dass ich hier in Minsk völlig trocken geblieben bin, denn anderenfalls hätte unser abendlicher Ausflug mächtig schief gehen können. Veras Sohn (wie fast alle Frauen, die ich bisher getroffen habe, lebt Vera von ihrem Mann getrennt) hat uns und ein paar Freunde zu einem nicht nur illegalen, sondern - auf jeden Fall im alkoholisierten Zustand - lebensgefährlichen Abenteuer eingeladen: Eine ganz besondere Sightseeing-Tour über die Dächer von Minsk. Im wahrsten Sinne der bisherige Höhepunkt meiner Reise.
In einem Wohnhochhaus im Zentrum von Minsk fahren wir mit dem Fahrstuhl bis in den 13. Stock, dann geht es noch ein paar Stockwerke durch ein heruntergekommenes Treppenhaus, und wir sind auf dem ersten Dach. Von da aus geht es über mehrere Leitern hoch und runter über einige Dächer von Nachbarhäusern bis zum Turm, der über drei lange Feuerleitern erklettert wird.
Unsere Ausflugsgesellschaft ist heil ganz oben angekommen, ein atemberaubender Blick über die Dächer von Minsk. Inzwischen ist die Sonne untergegangen und die Beleuchtung der Gebäude lässt meine bisherige Skepsis gegenüber der Minsker Architektur verschwinden. Von hier aus sehen auch die Wolkenkratzer jetzt ganz nett aus und das Wohnungetüm hinter der *Insel der Tränen* wirkt durch das warme gelbe Licht von hier oben aus richtig einladend.

Von den durchaus ansehnlichen Seiten der weißrussischen Hauptstadt und insbesondere seiner wald- und seenreichen Umgebung kann ich mir noch ein ganz spezielles Bild machen, oder besser, viele Bilder ansehen. Vera nimmt mich mit in den Minsker Fotoclub von 1960. Schon zu Sowjetzeiten war dieser Fotoclub berühmt, es wurden viele Medaillen bei nationalen und internationalen Ausstellungen und Wettbewerben gewonnen. Und auch jetzt hat dieser Club von Freunden des Fotografierens und der Fotografie künstlerisch Herausragendes zu bieten, davon bin ich als Laie restlos überzeugt.
Seien es die Bilder von Menschen oder Landschaften aus Weißrussland, seien es die fotografischen Ergebnisse von Reisen nach Italien, Karelien oder auf die Krim: die Fotografien ziehen mich in ihren Bann. „Im Herbst werden wir eine Ausstellung in Hannover haben, Du bist herzlich eingeladen."
Ach Vera, ich komme gerne, wenn ich dann schon wieder zu Hause bin. Aber noch denke ich nicht an die Heimkehr. Eher an die Auf- und Abstiege über museumsreife Feuerleitern, die unkonventionellen, rasend schnellen Autofahrten mit Vera am Steuer durch den Minsker Stadtverkehr und raus an das Minsker Meer, die kratzigen Liebesbezeugungen einer mannstollen Hauskatze, sowie den Ab- und Aufstieg über eine wacklige Holztreppe in Veras Obstkeller (unter einer Garage).
Schließlich besuchen Vera, Sascha und ich noch die 88-jährige Tante Veras im Krankenhaus. Veras Tante freut sich sehr über unseren Besuch und bittet mich, Frau Merkel ganz herzlich zu grüßen. Das schelmische Zwinkern dieser sehr schönen alten Dame hindert mich daran, sie im

Gegenzug zu bitten, doch meinerseits Herrn Lukaschenka viele Grüße auszurichten. Na, vielleicht liest ja jemand mit Zugang zum weißrussischen Präsidenten diese Zeilen: Aljaksandr, nun lass mal gut sein, genieß mal Deine Rente, die wird sicherlich höher sein als die durchschnittliche Rente von etwa 150 Euro pro Monat, da ist es ohne eigene Datsche[2] ganz schön schwer, über die Runden zu kommen.

Lettland

Lettland, die kleine, mittlere der drei Baltenrepubliken, grenzt im Osten des Landes über 217 km an Russland.

Riga

Riga, die mit über 600000 Einwohnern größte Stadt des Baltikums, ist schon aufgrund der phänomenalen Architektur völlig zu Recht ein Tourismusmagnet. Doch es ist nicht immer das touristische Interesse, das Ausländer hierher lockt. In *Roberts book-shop*, einem Buchladen mit gemütlichem Cafe, der nicht weit von der berühmten *Albert ilea* mit ihren sagenhaften Art deco-Häusern entfernt liegt, treffe ich mich mit drei Medizinstudenten, dem Polen Karol und den beiden Deutschen Alexander und David.

---

[2]Vom russischen Wort Datscha = Grundstück mit Garten- oder Wochenendhaus

Alle drei sind trotz guter Abiturnoten am deutschen Numerus clausus gescheitert und haben Riga als nicht ganz billige (das Medizinstudium kostet hier für Ausländer 10000 Euro pro Jahr), aber machbare Alternative gewählt. Als erstes räumen die drei sogleich mit dem Vorurteil auf, dass man nur genug Geld haben muss, um dann auch als lernschwacher Dummkopf in Riga Medizin studieren zu können.
„In Deutschland liegt der Numerus clausus an den meisten Universitäten ja bei 1,0 bis 1,2, da war Lettland ein Ausweg, wo nicht nur auf die Abiturnote geguckt wird, sondern auch auf andere Leistungen wie zum Beispiel Motivation und Empfehlungsschreiben", so Alexander. „Mittlerweile ist es sogar ziemlich schwer, als Deutscher hier in Lettland angenommen zu werden, es wurde inzwischen ein inoffizieller Numerus clausus eingeführt, und es gibt jetzt eine ebenfalls inoffizielle Quote für Deutsche und andere Ausländer."
„Ich kam mit 15 nach Deutschland und habe dort mein Abitur gemacht", wirft Karol ein. „Ich habe mich dann auch in Warschau beworben, aber als polnischer Staatsbürger durfte ich mich mit deutschem Abitur dort gar nicht bewerben. Na, dann kam aus Riga eine Zusage und ich habe den Platz angenommen."
Auch David erzählt, dass er keinen schlechten Notendurchschnitt hatte, aber damit in Deutschland trotzdem nicht Medizin studieren konnte. Diese drei hochmotivierten und alles andere als lernschwachen jungen Männer beseitigen auch gleich noch das Vorurteil, dass man die beträchtliche Studiengebühr ja wieder durch geringe Lebenshaltungskosten reinhole.

„Mittlerweile gleichen sich die Lebenshaltungskosten immer mehr an. Für westliche Produkte zahlt man hier mehr als bei uns. Es gibt aber einen großen Markt, wenn man dahin geht, bekommt man einen großen Korb voller Gemüse für gefühlt 50 Cent“, so Alexander. „Und die Wohnungen sind immer noch deutlich billiger hier“, merkt David an. „Ich zahle für mein Zimmer in der WG 160 Euro Kaltmiete pro Monat.“ David hat da viel Glück gehabt, Karols und Alexanders Mieten liegen gut 100 Euro darüber.
Nachdem die finanzielle Seite nunmehr geklärt ist, interessiert es mich, wie denn so der Kontakt zu den lettischen Kommilitonen sei. Schnell wird klar, dass die drei jetzt, im klinischen Teil ihres Studiums, zwar mehr Kontakt zu den lettischen Mitstudierenden haben als im vorklinischen Teil, dass aber die ausländischen und die lettischen Medizinstudenten eher neben- als miteinander studieren, trotz einiger Initiativen wie gemeinsamer Theatergruppen.
David hat wohl am meisten Kontakt mit Letten, hat er doch von Anfang an mit Letten zusammen gewohnt. „Dann auch mit meiner lettischen Freundin, und ich studiere jetzt auch in einer *mixed-group*, 50% Letten, 50% Ausländer.“ „Leider muss man aber sagen, dass die Letten nicht das offenste Volk sind“, findet Karol, „die würden nicht sofort sagen, dass ihr Gast König ist, so wie bei uns in Polen. Wenn man aber erst einmal Bekanntschaft geschlossen hat oder sogar zu Ihnen nach Hause eingeladen wurde, dann sind sie sehr gastfreundlich.“
Zwar sei der Unterricht auf Englisch, aber jetzt kommt es zunehmend zum Patientenkontakt. Karol als Pole hat es da natürlich leichter als die beiden anderen: „Man kann sagen,

dass die Letten Lettisch und Russisch sprechen, viele hier lebende Russen hingegen sprechen nur Russisch. Allerdings muss man auch Lettisch lernen, denn die ganzen Patientenakten sind auf Lettisch."
Auch Alexander hat jetzt begonnen, privat Russisch zu lernen. Lettisch-Unterricht wurde in den ersten drei Jahren an der Universität angeboten („und mehr oder weniger angenommen, kann man so sagen", soweit David). Auch wenn man mit Englisch in der sehr westlichen Stadt Riga wenig Verständigungsprobleme hat: Alexander macht trotzdem die Erfahrung, dass „Lettisch natürlich die Nationalsprache ist, und es wird lieber gesehen, wenn man Lettisch spricht.
Man merkt da auch schon Spannungen zwischen der russischen und der lettischen Bevölkerung, auch wegen der Geschichte, der russischen Besatzung." Die drei sind sich auch hierin einig: „Die Letten fanden zwar auch die deutsche Besatzung nicht toll, aber die russische war noch radikaler."
David glaubt auch, dass der Grund hierfür insbesondere der Kommunismus war, der den Letten aufgedrückt wurde, als die Russen kamen. „Das hat Lettland heruntergewirtschaftet. Die meisten Letten sind froh, dass sie jetzt den Kapitalismus haben, Geld kriegen und was aufbauen können."
Die ausländischen Studenten bekommen kaum mit, was die russisch- oder lettisch-sprachigen Medien berichten, da sie vor allem die eigenen, westlichen Medien konsumieren. Und was wissen sie über die politische Großwetterlage?
„Als ich 2014 hier ankam, war gerade die Ukraine-Krise und da hat uns die Studienkoordinatorin gebeten, dass wir

uns bei unseren Konsulaten anmelden, falls es Krieg gibt, damit wir dann außer Landes gebracht werden können", erzählt Karol, und Alexander fügt hinzu: „Ich glaube schon, dass viele Letten Angst davor haben, dass die Russen einmarschieren könnten, wobei Lettland sich dann vielleicht mehr oder weniger freiwillig dem ergeben würde, was dann passiert.

Man merkt zwar schon hin und wieder eine stärkere NATO-Präsenz in Lettland, aber man muss sich natürlich trotzdem fragen, inwieweit das dann in so einem Extremfall Auswirkungen hat." (Anmerkung des Autors: David hat sogar schon mit einigen NATO-Soldaten *paint-ball* gespielt, Karol saß im Cafe und lernte, als 20 Soldaten reinkamen und das Cafe *besetzten*).

David berichtet, dass „unsere Chirurgie-Lehrerin Russen gesehen hat, die gefeiert haben, als Trump die Wahl gewonnen hat, weil sie meinten, dass Amerika dann aus der NATO rausgehen würde und Russland dann leichtes Spiel haben würde. Das sind sicherlich nicht die Intelligentesten, die so denken, aber der Konflikt ist immer da."

Karol hat von seiner Vermieterin gehört, dass „in der Peripherie von Riga (also da, wo die oft sehr armen Russen wohnen) Geld für die russische Seite in der Ukraine gesammelt wurde". „Die Letten orientieren sich aber ganz klar Richtung Westen, es ist nicht so, dass sie sich mit Russland verbunden fühlen, das gilt auch für einige lettische Russen", diesen Worten Alexanders stimmen die beiden anderen zu.

Die Russen werden in Lettland hingegen als *bipolar* empfunden, meint Karol: „Entweder sind die sehr reich, fahren Porsche und tragen Pelzmäntel, oder es gibt krasse Armut.

Es gibt auch reiche Russen, die sich in Riga oder am Strand von Jurmala ein Haus oder eine Wohnung kaufen, um einen Wohnort in der EU zu haben."
Aus eigener Anschauung kennen die drei Russland allerdings nicht, nur Alexander war schon einmal in St. Petersburg, als Tourist. Das Interesse an Russland sei zwar da und die Angst, dorthin zu reisen, hält sich in Grenzen, aber, so Davids Fazit: „Erst mal die westlichen Länder alle bereisen, es ist auch leichter, da hin zu kommen."

Dunte

Dunte? Wieso denn Dunte, dieses verschlafene Mini-Dorf etwa 60 km nördlich von Riga, gleich an der A1 gelegen, der Fernverkehrsstraße nach Tallinn? Gut, viel ist hier nicht zu sehen, bis auf ein kleines Museum mit angeschlossenem Waldpfad.
Das Museum gedenkt einem, der genau hier die vielleicht glücklichsten sechs Jahre seines Lebens verbrachte. Einem, dessen Leben mehrfach verfilmt wurde; z.B. schlüpfte 1943 ein gewisser Hans Albers in dessen Rolle, und auch in der Sowjetunion war er nicht zuletzt aufgrund einer herausragenden Verfilmung sehr populär.
Die Rede ist vom Großmeister der Lügengeschichten, der die heutigen Produzenten von *fake-news* und gezielten Falschmeldungen wie blutige Anfänger aussehen lässt, schon was die Nachhaltigkeit seiner Lügengeschichten anbelangt. Hier in Dunte, genauer gesagt im Gutshaus seines Schwiegervaters, des Barons von Dunten, seines

Zeichens Richter in Riga, hat der am 11. Mai 1720 in Bodenwerder geborene Niedersachse Hieronymus Carole Fredericus Baron von Münchhausen mit seiner Frau Jacobine gelebt. Und das ist geschichtlich verbürgt, es entspricht voll und ganz der Wahrheit.
Das kleine Museum steht angeblich genau dort, wo sich früher das Gutshaus befand, und auch die Original-Kanonenkugel, mit der er flog, ist hier zu besichtigen. Nur das Pferd hat man inzwischen von der Kirchturmspitze des nahegelegenen Pernigele, an die der Lügenbaron es angeleint hatte, abgebunden.

Die junge Lettin, die mir die Senioren-Eintrittskarte verkauft (ich denke, dass ich hier ruhig ein wenig flunkern darf), bestätigt auch umgehend meine Suggestivfrage: „Ja, Lügengeschichten zu erfinden ist gerade wieder sehr aktuell", und sie meint damit sicherlich nicht die sogenannte Lügenpresse aus dem rudimentären Sprachschatz der armseligen Pegidisten, sondern, und das sagt mir ihr intelligentes, offenes Gesicht, eher Schmutzkampagnen wie die Lüge über einen Pädophilen-Club Hillary Clintons.
Die heutigen Lügenbarone arbeiten ja zumeist verdeckt, sie wollen unerkannt bleiben. Einer allerdings nicht, der hat es sogar bis ins Weiße Haus geschafft. „Aber der Baron von Münchhausen ist und bleibt unübertroffen!"
Ins Museum kämen viele Deutsche, natürlich auch viele Letten, und auch sehr viele Russen. „Die Älteren kennen noch die Verfilmung aus der Sowjetzeit, die Jüngeren, vor allem die Kinder, sind zumeist total überrascht, dass der Baron von Münchhausen wirklich gelebt hat. Sie denken immer, dass er nur eine Fantasiegestalt war. Nein, der

Baron lebte hier und später wieder in Bodenwerder in Deutschland. Er war ein ganz ausgezeichneter Erzähler von Geschichten, in denen oft der Krieg, den er ja selber miterlebt hat, eine Rolle spielte. Aber auch über die Jagd oder über die Liebe wusste er viel zu berichten."
Wir einigen uns darauf, dass er möglicherweise hier und da mal nicht ganz bei der Wahrheit geblieben ist, aber genau darum sind ja schließlich seine Geschichten immer noch sehr beliebt. Und da ja Reisen schließlich bildet, nehme ich auch noch eine (mir neue) Erkenntnis mit aus Dunte: Der gute Hieronymus hat seine Geschichten überhaupt nicht selber zu Papier gebracht, das übernahmen richtige Schriftsteller für ihn: Rudolf Erich Raspe in England und Gottfried August Bürger in Deutschland, letzterer in dem netten Museumsinformationsblättchen (was für ein Wort!) übrigens Gottfried August Burger genannt. Wortspiele über fake-Fleisch verbitte ich mir hiermit ausdrücklich.

Übrigens nahm das Leben des Barons von Münchhausen ein recht unrühmliches Ende, das sich der alte Sack aber, meines Erachtens, selber zuzuschreiben hat. Warum musste er nach dem Tode seiner geliebten Jacobine unbedingt noch einmal heiraten, im Alter von 74 Jahren eine 17-Jährige? Dass dieses nicht ganz unschuldige Kind weniger gerontophil war als vom Baron erhofft, nimmt nicht wirklich Wunder. Erst verprasste das junge Ding das ganze Geld vom Baron, dann zog sie mit einem unehelichen Kinde von dannen, und Hieronymus verstarb einsam und verarmt im besten Alter von 77 Jahren. Mit einer, sagen wir mal, drei- bis viermal so alten lustigen Witwe wäre der Baron sicherlich besser gefahren.

Estland

Estland, die nördlichste der drei baltischen Republiken, hat eine immerhin 334 km lange Grenze zu Russland, die sich zum größeren Teil im Wasser befindet, insbesondere verläuft sie mitten durch den 3555 km^2 großen Peipus-See.

Tartu

Die Technologiefreundlichkeit Estlands ist ja weithin bekannt, und so ist es auch nur folgerichtig, dass ich die Betrachtung der Skulptur des sich unter einem Regenschirm vor dem Rathaus küssenden Studentenpaares auch ohne örtliche SIM-Karte per Skype mit Astrid - der daheimweilenden besten Ehefrau von allen - teilen kann. Freies, superschnelles WLAN, hier in Estland eine Selbstverständlichkeit.

Die Universität und das Studentenleben prägen das Stadtbild Tartus mit unzähligen Cafés und Kneipen. Typisch ist auch das Nebeneinander eines noch in der Zarenzeit errichteten prächtigen Universitätsgebäudes und - in unmittelbarer Nachbarschaft - eines hochmodernen Biowissenschaftstempels, des OMICUM, in dem das nationale Genomforschungszentrum mit der dazugehörigen Biobank untergebracht ist. Professor Andres Metspalu, deren Direktor, führt mich zuerst einmal in den Keller, in dem die

Kühltanks stehen, in denen DNA-Proben von 52000 Esten (5% der Bevölkerung) lagern.
„Wir haben jetzt schon die komplette Erbinformation von 2500 Personen ermittelt, diese genetischen Daten werden nunmehr mit den elektronischen Krankenakten verknüpft und wir erhalten wichtige Informationen über die genetischen Faktoren, die Krankheiten verursachen. Unsere Forschung führt darüber hinaus auch zu Erkenntnissen, die die Wirksamkeit von Medikamenten betreffen.“

Andres ist mit seinen 66 Jahren immer noch durch und durch Wissenschaftler, der vom technologischem Fortschritt fasziniert und von dessen Nutzen für die Menschheit überzeugt ist. Nun, wie gesagt, die Esten sind ein sehr technologiefreundliches Volk. Und so hat Andres auch im Garten seines Hauses, in dem wir das Gespräch fortführen, eine große Skulptur der DNA-Doppelhelix stehen, die eine Künstlerin in seinem Auftrag geschaffen hat.

Zweifelsohne ist Andres ein Mensch, für den Grenzen jeder Art schon immer nur dazu da waren, um überwunden zu werden. Sei es als Student auf Reisen mit der Bahn von Tartu nach Alma Ata (heute Almaty) im hintersten Kasachstan und Wanderungen im Ferganatal oder auch im Kaukasus, sei es später als junger Wissenschaftler, als es ihm 1981 gelang, eines der sehr seltenen und höchst begehrten Auslandsstipendien zu erhalten.
„Es gab nur ein Stipendium für Esten pro Jahr. Meines für die Columbia-Universität in New York und die Yale-Universität in New Haven hat erst im dritten Anlauf geklappt, ich war ja zunächst nicht in der Partei. Nach zwei

Ablehnungen war klar, dass ich in die Partei eintreten musste, um meine wissenschaftliche Karriere nicht frühzeitig enden zu lassen und als Heizer arbeiten zu müssen. Nach dem Eintritt hat es dann auch sofort geklappt. Als ich nach Tartu zurück kam, bekam ich gleich ein eigenes Labor mit sehr guter Ausstattung und 100000 Dollar (60000 *Goldrubel*), sehr viel Geld damals. Ich bekam dann eine Einladung nach Heidelberg, aber man wollte mich nicht gehen lassen. Mir wurde zu verstehen gegeben, dass man mit mir sehr unzufrieden war. Ich hatte zwar wissenschaftlich in Amerika etwas erreicht, politisch aber hatte ich mich dort nicht genug eingebracht, hatte ja immer keine Zeit, zu irgendwelchen Parteitreffen in die Botschaft zu fahren. Zum Glück kam dann im April 1985 ja Gorbatschow an die Macht, dann durfte ich doch nach Heidelberg fahren."

Weitere Arbeitsaufenthalte in West-Berlin, Hamburg und Houston folgten, und dann kam schon die Revolution. „Ich war auch auf Demonstrationen, Anfang 1988 war das noch sehr unsicher und gefährlich. Später, als alles schon so gut wie gelaufen war, war die lange Menschenkette von Vilnius bis Tallinn. An der konnte ich aber nicht teilnehmen, da saß ich gerade im Flugzeug von New York nach Moskau. Hier gab es eine große sowjetische Militärbasis, deren Kommandant war Dudajew, der Tschetschene, der später gegen Russland Krieg geführt hat. Als der Putsch gegen Gorbatschow in Moskau war, sorgte Dudajew dafür, dass die Truppen hier bei uns in den Kasernen blieben. Das hätte auch anders ausgehen können."

Im unabhängigen Estland startete Andres dann so richtig durch, Forschung, Auszeichnungen, Patente, viele Auslandsaufenthalte („Lyon, eine wunderbare Stadt mit der besten Biobank und exzellenten Forschern“) und Kooperationen und schließlich, mit persönlicher Unterstützung des damaligen jungen neuen Premierministers Mart Laar – und auch mit Startgeldern aus den USA – die Gründung der estnischen Biobank. „Ich reiste rum und hielt viele Vorträge, um für meine Ideen Geld einzutreiben. Da gab es dann einen Investor, den Gründer von *Hotmail*, der hatte estnische Wurzeln. Mit dessen Geld konnten wir starten.
Später kamen auch Gelder aus Europa dazu. Ich hasse allerdings die Bürokratie, die damit verbunden ist. Man muss einen genauen Plan erstellen und den dann Punkt für Punkt abarbeiten. Keine Chance flexibel zu sein. In der Sowjetunion gab es auch Pläne. Da schrieb man auf, was man im letzten Jahr gemacht hatte und nannte das den Plan für das nächste Jahr. Man hatte dann wieder ein Jahr lang Ruhe und konnte frei forschen. Man konnte auch mit den Chefs in Moskau feilschen, da fanden sich Wege mit irgendeiner *Maria Ivanova* zu sprechen. Wenn ich heute 5 Minuten zu spät in Brüssel bin, kann ich wieder ein Jahr warten, bis ich einen neuen Antrag stellen kann.“

Mit russischen Kollegen hat Andres gut zusammengearbeitet, in den letzten Jahren aber immer weniger. Allerdings haben sich die Verhältnisse gegenüber früher umgekehrt. Während er noch in den 70er Jahren mit wichtigen Blut- oder Gewebeproben nach Moskau fuhr, um sie dort zu bearbeiten, kommen die Russen heute zu ihm nach Tartu.

„Die Wissenschaft in Russland liegt am Boden. Die jungen Wissenschaftler, die etwas erreichen wollen, gehen alle in die USA. Putin steckt das Geld lieber in andere Projekte. Oder Medwedjew, der lässt für seinen Lamborghini einen Aufzug zum Palast bauen!“
Die aktuellen politischen Entwicklungen machen Andres keine Angst. „Warum sollte ich Angst haben, schau doch in die Geschichte zurück. Die Russen kamen achtmal hierher, doch jetzt sehe ich keinen einzigen guten Grund für die Russen, hierher zu kommen. Natürlich ist es aber unvorhersehbar, was die Russen planen. Es hatte auch niemand damit gerechnet, dass sie in der Ukraine einmarschieren und es zum Krieg zwischen den beiden slawischen Ländern kommt. Wenn sie wirklich die Baltenrepubliken zurückhaben wollen, dann würden sie zuletzt zu uns kommen. Aber das wird nicht passieren, wir haben starke NATO-Verbände hier und solange deren Flugzeuge hier fliegen, werden sich die Russen das zweimal überlegen. Und die Russen brauchen sich keine Sorgen zu machen, die NATO wird Russland niemals angreifen. Sie werden niemals den Narva-Fluss überqueren, das haben schon die alten Ritter nicht geschafft. Hast Du die Festungen am Narva-Fluss gesehen? Die Burg auf der anderen Seite? Da beginnt Asien!“

Narva

„Sorry, my mistake!" Juri, mein Gastgeber in Narva, kommt mit diesen Worten der Begrüßung auf mich zugerannt. Na ja, kleiner Fehler nur, Juri hat mein Anreisedatum schlicht verschlafen. Aber jetzt ist er ja da und öffnet mir die Tür zu seinem (jetzt vorübergehend meinem) Appartement. „Ich muss noch schnell die Wäsche einsammeln, die hier trocknet. Die Wohnungen in Narva haben keine Balkons, da nutze ich diese Gästewohnung hier als Wäschetrockner."
Ich übernachte lieber in Wohnungen als in Hotels, dafür nehme ich auch ruhig in Kauf, dass der Gastgeber mich etwas warten lässt. Schließlich kommt man bei der Schlüsselübergabe gleich mal in Kontakt mit den Einheimischen, und Juri lässt sich gerne auf ein Schwätzchen ein. So erfahre ich, dass Juris Tochter in Deutschland lebt, aber „Deutsch kann ich leider nicht. Mit meinem Schwiegersohn spreche ich Englisch, so kommen wir auch klar."

Juris Tochter ist nicht der einzige junge Mensch mit guter Ausbildung, der sein Glück im westlichen Ausland sucht. Narvas Bevölkerung schrumpft, hier an der EU-Ostgrenze im Nordosten Estlands bleiben fast nur die Alten und die weniger Mutigen zurück. „Klar, früher, ohne die Grenze, da war vieles leichter. Rüber über die Brücke nach Iwanogorod, und ganz schnell war man in Leningrad. Heute muss man erst einmal durch die lästige Grenzkontrolle."

Narva liegt tatsächlich näher an St.Petersburg als an Tallinn, und da die Russen mehr als 90% der Einwohner Narvas ausmachen, gibt es naturgemäß eine nicht nur geografische Nähe zu Russland. Kaum einer der hier lebenden Russen spricht Estnisch, aber Juri hält es dennoch mit Estland und der EU: „In Europa geht es uns besser, ich habe zum Beispiel mehrere Wohnungen, die bringen gutes Geld ein. Wer will, der kann in Europa was schaffen. Nicht alle Russen laufen hier mit der Wodkaflasche rum."
Das kann ich bestätigen. Volkssport Nr. 1 scheint hier Angeln zu sein. Am Narva-Fluss sitzen ganze Hundertschaften von Anglern, übrigens an beiden Ufern. Überhaupt, was für ein Anblick: Die Hermannsfeste, eine im frühen Mittelalter von den Dänen am westlichen Ufer der Narva errichtete Burganlage, benannt nach dem langen Hermann (nein, das war kein besonders großer Däne, sondern so heißt der hohe Nordwestturm), und am östlichen Ufer die nicht weniger beeindruckende Festung Iwanogorod!
Ich sitze am Ufer zwischen einigen Anglern und schaue rüber nach Russland. Irgendetwas fehlt. Genau, warum sitzen da in den Türmen und auf den Zinnen der Festung Iwanogorod keine finster blickenden Soldaten mit schussbereiten Kalaschnikows? Stattdessen sehe und höre ich am Fuße der Festung nur drei Mädels, die zur Musik (russische Popmusik) ihres *Ghettoblasters* herum hopsen und posieren, noch ein Foto und noch ein Foto und noch ein Foto... Also wenn diese Russinnen jetzt bei uns einfielen, dann müsste man ihnen, soviel ist sicher, dringend dieses Folterwerkzeug wegnehmen, mit dem sie wahrscheinlich auch

schon alle Fische verscheucht haben, den Mienen der Angler nach zu urteilen.

Tallinn

Tallinn, die alte Hansestadt Reval, mit seinem mittelalterlichen Stadtkern (selbstredend ein UNESCO-Weltkulturerbe) gilt völlig zu Recht als der Höhepunkt einer jeden Reise durch das Baltikum. Leider hat sich das herumgesprochen, so dass ich allen Reisenden, die sich nur sehr ungerne in engen Gassen zwischen unzähligen Reisegruppen aus aller Herren Länder hindurchzwängen möchten, dringend nahelege, entweder schon früh morgens, oder ab nachmittags den sehr empfehlenswerten Spaziergang durch die Altstadt und auf den Domberg zu unternehmen. Denn dann sind die Hunderte bis Tausende von Reisebussen, die die lieben Mit-Touristen aus was für Löchern auch immer nach Tallinn karren, entweder noch nicht da oder schon wieder weg. Und die paar tausend Reisenden, die hier in Tallinn übernachten, tragen letztendlich dann dazu bei, Tallinn zu einer quirligen, lebendigen kleinen Großstadt zu machen, die sich einen pudelwohl fühlen lässt.

In Tallinn lebt auch der Einstein Estlands, Professor Romi Mankin, Physiker, Mathematiker, Erforscher des Kosmos, Weiterentwickler der Relativitätstheorie und genau ein solches Exemplar, wie man sich einen liebenswürdigen, leicht zerstreuten Professor vorstellt.

Romi hat mich in das Foyer der Schule für Naturwissenschaften und Gesundheit der Universität Tallinn eingeladen, wo er inzwischen als Emeritus (also ein sich eigentlich in Pension befindlicher Professor) interdisziplinäre Forschungen auf den unterschiedlichsten Gebieten der Physik, Mathematik und nunmehr auch Neurobiologie betreibt. Alles hoch intellektuell und theoretisch, keine praktischen Experimente.

„Das Praktische ist meine Sache nicht", erklärt er mir lachend, als er, kaum aus dem Fahrstuhl gestiegen, erst einmal falsch herum läuft und dann kopfschüttelnd die richtige Richtung zu seinem Büro einschlägt. „Ich habe auch kein Auto oder Smartphone, am Computer helfen mir die Jüngeren. Experimente im Labor habe ich zuletzt im Alter von 27 Jahren gemacht - nicht sehr erfolgreich, damals." Ansonsten ist der Mann ein Genie (freilich ein sehr bescheidenes: „Ich bin keinesfalls ein Genie!") und hat schon mit 8 Jahren beschlossen, Einstein nachzueifern. Und das, obwohl sein Start ins Leben vor fast 70 Jahren sehr schwer war.

„Als ich zwei Jahre alt war, musste meine Familie vor den Sowjets fliehen. Mein Vater sollte nach Sibirien deportiert werden, er stand auf einer Liste von 10000 Esten, weil er im Krieg in der estnischen Armee gegen die Sowjets gekämpft hatte. In Kohtla-Järve bei Narva konnte er 1949 als Arbeiter im Ölschieferbergbau unterkommen. Dort wurden Arbeiter dringend gebraucht, weil die deutschen Kriegsgefangenen, die bis dahin dort Zwangsarbeit hatten leisten müssen, bis zum Ende jenes Jahres nach Hause entlassen wurden."

Wie klein diese Welt ist, war doch mein eigener Vater einer dieser in Kohtla-Järve von Stalin als Kriegsbeute festgehaltenen Lagerinsassen. Ob sich unsere Väter damals über den Weg liefen?

Romi jedenfalls haben Astrid und ich im Sommer 1981 im Zug von Berlin nach Leningrad kennengelernt, und wir können beide kaum glauben, dass wir uns jetzt, nach 36 Jahren, tatsächlich wieder kräftig drücken. Na ja, ich bin schließlich wieder auf den Weg nach Sankt Petersburg/Leningrad, da will ich doch mit einer liebgewonnenen Tradition nicht brechen.
Romi war schon damals im Zug nicht besonders gut auf die Russen, genauer, auf die Kommunisten, zu sprechen. Heute sagt er: „Ich schätze, dass sich von den älteren Esten mindestens 80% nicht mit Russen unterhalten, die jüngeren Esten haben da weniger Berührungsängste. Estland ist im Osten russisch, da lebt kaum ein Este freiwillig. Die russischen Bewohner Estlands, die hierher nach Tallinn kommen und studieren oder arbeiten, können aber inzwischen gut Estnisch sprechen. Die russischen Studenten sind oft viel ehrgeiziger, fleißiger und intelligenter als die estnischen."
Und was wäre, wenn die Russen Estland angriffen? „Du stellst aber komische Fragen. Ich bin doch ein alter Mann, was sollte sich denn dann für mich persönlich ändern? Für die Jüngeren wäre das natürlich eine Katastrophe. Aber ich habe keine Angst davor."
Im Ausland war Romi schon seit 2009 nicht mehr, dem Todesjahr seiner Frau. „Ich habe hier in Estland doch alles, was soll ich denn noch im Ausland? Meine Dokto-

randen und jungen Wissenschaftler, die schicke ich aber alle für einige Zeit ins Ausland, die sollen ihren Horizont erweitern."

Politik interessiert Romi nicht besonders, er löst lieber mathematische Probleme oder verbringt die Sommerferien in seiner Datsche (4,5 Hektar großes Grundstück mit Sommerhaus) - inklusive See - im Süden Estlands. „Da ist alles sehr einfach, ich lebe vor allem von Fisch, den ich selber angele. Einmal in der Woche hält in der Nähe ein Lebensmittelauto, da kaufe ich alles, was ich brauche. Ich hatte da auch schon Besuch von Professoren aus Deutschland. Der eine hatte eine Ehefrau, so ein Hippiemädchen. Die fand es bei mir sehr schön. Eine andere Professorengattin war aber wohl weniger zufrieden. Vielleicht war das Bett zu unbequem und alles etwas zu schmutzig, kein Fernseher, nicht einmal ein Telefon (für Romi gibt es nur Festnetztelefone, so mobile Sachen mag er nicht. Ich vermute, dass die Bedienung dieser neumodischen Dinger außerhalb seiner praktischen Fähigkeiten liegt). Diese Dame ist dann eher unzufrieden wieder abgereist. Wir sind aber immer noch sehr gute Freunde. Komm' doch im nächsten Sommer mal mit Astrid zu Besuch, euch wird es gefallen."
Ja Romi, da bin ich mir sicher. Es muss ja nicht wieder 36 Jahre dauern, bis wir einander wiedersehen. Und dann geleitet Romi mich zum Abschied nach draußen, er will noch eine Pfeife rauchen. „Früher konnte man ja im Büro rauchen, aber das ist jetzt schon lange verboten. So eine Pfeife hilft doch beim Denken, bloß interessiert das niemanden." Noch ein ganz, ganz langer und kräftiger Hän-

dedruck, dann trennen sich unsere Wege. Mein Buch muss ein Erfolg werden, ich habe doch Romi ein Exemplar davon versprochen!

Finnland

Eine immerhin 1340 km lange Grenze trennt Finnland von Russland, mit dem es durch eine denkwürdige gemeinsame Geschichte verbunden ist. Schließlich gehörte doch Finnland viele Jahrhunderte lang zu Schweden. Erst unter der etwas mehr als 100 Jahre andauernden russischen Herrschaft wurde Finnland eine eigene Nation, bevor mit Ende des 1. Weltkrieges die staatliche Unabhängigkeit gelang.

Helsinki

Liebe Finnen, ich schreibe es ja ungerne, aber mit eurem Preis-/Leistungsverhältnis stimmt etwas nicht, und das liegt nicht an der Leistung. Nun gut, mit der grandiosen Architektur der drei baltischen Hauptstädte kann Helsinki nicht ganz mithalten, aber das können sowieso nur wenige Hauptstädte.
Nein, die Leistung ist nicht das Problem, wenn man entlang der Esplanade (Nord- und Südseite!) spaziert oder auf der Steintreppe zu Fuße der Kathedrale (eine der wenigen lutherischen Kathedralen, also frei von Pomp) sitzt, so ein bisschen wie vor der Basilika Sacré-Cœur in Paris, oder

sich sonstwo mit Blick aufs Wasser niederlässt oder mit der Fähre vom Anleger am Marktplatz nach Suomenlinna (Svaeborg) fährt und dort in alten Festungsanlagen herum kraxelt.
Nein, das Problem, bis auf zwei löbliche Ausnahmen - ich komme gleich darauf zurück - das Problem sind die Preise (jedenfalls dann, wenn man - wie ich momentan – eher osteuropäische Preise gewohnt ist). Beim Blick auf die Speisekarten einiger Restaurants ziehe ich es vor, mein eigenes Essen in der Studenten-WG, in der ich untergekommen bin, zuzubereiten. Das Zimmer in der WG wiederum kostet doppelt so viel wie das Drei-Sterne-Hotel, in dem ich in Riga nächtigte (das war allerdings auch ein Schnäppchen, und es tut hin und wieder auch mal ganz gut, nicht in einem Hostel oder Gästezimmer zu schlafen).
„Ja, die Preise für Übernachtungen sind viel zu hoch in Helsinki", der freundliche junge Mann in der Touristeninformation stimmt mir da zu. „Es ist in Helsinki leichter, eine Arbeit zu finden als eine halbwegs bezahlbare Wohnung zu mieten."
Immerhin, und jetzt zu den beiden Ausnahmen, kann man am Markt umsonst in Liegestühlen faul die Welt genießen und das bunte Treiben dort betrachten. Und die zweite Ausnahme, für die Reiferen unter den Lesern sicherlich nicht ganz unwichtig (Prostatiker aller Länder, vereinigt Euch!): Es gibt praktisch überall öffentliche Toiletten, die, ja, es ist kaum zu fassen, ebenfalls kostenlos benutzt werden können. Soweit also zu den touristischen Highlights Helsinkis, alles Weitere kann, dem Duktus dieses Buches folgend, im Internet nachgelesen werden.

Nun ist es an der Zeit, sich um das finnisch-russische Verhältnis zu kümmern. Dafür wird man in Helsinki keinen besseren finden als den Finnen Andreas Agopov, Managing Director von *Ruslania.* Kurze Werbepause: *Ruslanias* Webstore ist eine hervorragende Quelle für russische Bücher, Zeitschriften, Poster, Musik, Filme und Souvenirs aller Art. Wer nicht von Zuhause aus im Internet bestellen will, kann im Laden im Zentrum von Helsinki auch ganz in Ruhe herumstöbern und wird nett und kompetent beraten. Ende des Werbeblocks.

Ruslania wurde als Buchhandlung 1986 von Andreas' Eltern gegründet. „Meine Mutter ist Übersetzerin und mein Vater ist ein Komponist. Meine Mutter hatte damals ein Lexikon über landwirtschaftliche Fachbegriffe übersetzt, konnte aber keinen Herausgeber finden. Mein Vater fand dann eine Möglichkeit, das Wörterbuch zu drucken. Daraufhin wurde meine Mutter gebeten, doch noch weitere Wörterbücher zu übersetzen, dafür gab es einen großen Markt in Finnland. Mein Vater hat dann Bücher aus der Sowjetunion mit dem Zug nach Finnland gebracht und einen Garagenverkauf begonnen. Vor 15 Jahren habe ich schließlich den Buchhandel von meinem Vater übernommen."

Andreas und seine beiden Geschwister sind in Finnland geboren, wohingegen sein Vater aus dem *Donbass* nach Finnland kam („aus dem jetzigen Kriegsgebiet in der Ukraine, da, wo die Mehrheit der Bevölkerung russisch ist"). Eine Tante und zwei Cousinen leben noch dort. „Unsere Muttersprache ist Russisch, allerdings kamen die Großeltern aus Armenien." Keine ganz unübliche Familiengeschichte zu Sowjetzeiten. „Ich selber habe aber kein Armenisch gelernt, Finnisch und Russisch sind meine beiden Muttersprachen. Auch meine vierjährige Tochter hat diese beiden Muttersprachen: mit mir spricht sie Russisch und mit meiner Frau Finnisch."

Andreas spürt deutlich die Krise zwischen dem Westen und Russland. „Wie Sie ja wissen, gab es mal einen Krieg mit Russland, und das finnische Wort ist *viha*, Hass gegen die Russen. Das ist in der Generation meines Großvaters noch sehr ausgeprägt. In unserer Generation gab es diesen Hass nicht mehr, es war alles in Ordnung, besonders, als der russische Markt für finnische Geschäfte gewachsen ist und viele Leute vom Handel mit Russland lebten. Wir hörten russische Rockmusik und fuhren nach Sankt Petersburg, das war wie Paris, nur näher. Aber dann kam die Donbass-Krise und wir haben Angst vor Putin bekommen. Manche Finnen sprachen schon davon, dass er uns als nächstes angreifen wird.

Jetzt gibt es also diese Russenangst. Unser Verkauf russischer Lehrbücher ist gesunken, die Leute lernen kein Russisch mehr, auch unser Geschenkbücher-Verkauf ist in den Keller gegangen, man hat keine russischen Geschäftsfreunde mehr. Die Sanktionen schaden unserer Wirtschaft, besonders der Lebensmittelindustrie, sehr. Jetzt kann man aber hoffentlich ein Licht am Ende des Tunnels sehen."

Auch persönlich hat die Krise bei Andreas Spuren hinterlassen. „Es hat zwar niemand die Fensterscheiben unseres Ladens eingeworfen oder dagegen gespuckt, aber auf dem Höhepunkt der Donbass-Krise hatten wir einige sehr unerfreuliche Kommentare auf *facebook*. Wir hatten hier eine Lesung von Akunin (Boris Akunin, eigentlich Grigori Schalwowitsch, ein sehr populärer Krimiautor, der in Russland übrigens einer der Wortführer für die Bewegung freier Wahlen ist), da gab es Drohungen, die Lesung zu verhindern, aber zum Glück ist nichts passiert."

Wie schon viele meiner vorangegangenen jüngeren Gesprächspartner hält auch Andreas eher wenig von der Glaubwürdigkeit der Medien. „Die Generation meiner Mutter hat den Nachrichten blind vertraut. Was gedruckt ist oder im Fernsehen gezeigt wird, ist wahr. Jetzt merkt man, dass man sich lieber seine eigene Meinung bilden sollte. Der durchschnittliche Finne, der nur mitbekommt, was ihm die finnischen Medien berichten, hat keine Ahnung, was wirklich passiert.

Ich weiß auch nicht, was passieren wird, die Lage ist eingefroren. Die Ukraine wird den Donbass niemals gehen lassen, die Welt wird weder eine Annexion durch Russland, noch eine Eigenständigkeit des Donbass akzeptieren."

Andreas, der sich durch und durch als Finne sieht („Ich habe auch in der finnischen Armee gedient"), hofft, dass Finnland seine historische Brückenfunktion zwischen Russland und Europa beibehält.

Jetzt zu Zeiten der Krise gäbe es zwar wieder mehr Stimmen, die einen NATO-Beitritt Finnlands fordern, „was einige Veteranenverbände stets getan haben, aber ich glaube, dass die Mehrheit der Finnen bei einer Abstimmung gegen einen NATO-Beitritt stimmen würde. Wir haben diesen mächtigen Nachbarn, mit dem wir in gutem Kontakt bleiben sollten."

Das mangelnde historische Verständnis vieler Finnen wird von Andreas mit Kopfschütteln quittiert.

„Viele Finnen denken, dass die Schweden immer unsere Freunde waren und die Russen unsere Feinde. Das Gegen-

teil ist aber der Fall. Unter den Schweden hatten wir nichts zu sagen, erst unter der Zarenherrschaft im 19. Jahrhundert bekamen wir unsere Souveränität, unser eigenes Geld, eigene Briefmarken, sogar die Russen brauchten Visa, um nach Finnland zu kommen. Natürlich waren der Krieg mit Russland im 20. Jahrhundert und die folgenden Gebietsverluste ein traumatisches Erlebnis, und jeder Finne kennt irgendjemanden, der sein Zuhause verloren hat. Mit den Schweden gab es früher aber noch viel mehr Kriege, daran erinnert sich bloß keiner mehr."
Nicht zuletzt auch als guter Geschäftsmann hofft Andreas natürlich darauf, dass sich die Situation mit Russland entspannt und wieder mehr Touristen in seinen Laden kommen. „Die sollen natürlich möglichst viele Bücher kaufen und nicht nur die Magneten für den Kühlschrank." Darauf würde ich sogar mit Andreas anstoßen, wenn doch nur der Alkohol hier nicht so teuer wäre!

Man kann nicht über Helsinki schreiben, ohne die berühmte Schlussakte von Helsinki zu erwähnen, die am 1. August 1975, also mitten im Kalten Krieg, unterzeichnet wurde. Alle Staaten Europas (mit Ausnahme von Albanien und Andorra), die Sowjetunion, die USA und Kanada hatten in der Konferenz für Sicherheit und Zusammenarbeit in Europa (KSZE) lange gerungen, um am Ende ein Dokument in den Händen zu halten, mit dem sich die Unterzeichnerstaaten einer ganzen Reihe von Selbstverpflichtungen unterwarfen, die sowohl Vereinbarungen zur Wahrung der Menschenrechte und Grundfreiheiten betrafen als auch Sicherheitsfragen (wie die Anerkennung und Unverletzlichkeit von Grenzen, Anmeldung von Militärmanövern,

etc.) und die Zusammenarbeit in humanitären Angelegenheiten sowie in Wirtschaft, Wissenschaft, Technik und Umwelt regelten.
Ein solch großer Wurf ist auf politischer Ebene seitdem nicht mehr gelungen. Die jetzigen Staatenlenker täten gut daran, sich in Erinnerung zu rufen, wie ihre Vorgänger trotz ideologisch größter Differenzen und angesichts des damaligen Wettrüstens zusammen fanden, um Europas Zukunft auf friedlichem Wege zu gestalten.

Nach diesem Exkurs in die große Weltpolitik zurück zu den Geschichten der „normalen“ Menschen. Wo werde ich die nächsten Geschichten sammeln? Weiter durch Finnland, hoch in den Norden und dann rüber nach Norwegen? Oder rechts ab, direkt nach Russland?
Es ist an der Zeit, endlich nach Russland zu kommen (sorry, Kaliningrad, nichts für ungut, aber Du bist halt nur eine kleine Exklave, das *richtige* große Russland kommt jetzt). Und so fahre ich mit dem ebenso hochmodernen (Einweihung am 12.12.2010) wie bequemen Zug *Allegro* fröhlich (sic!) in knapp dreieinhalb Stunden von Helsinki nach Sankt Petersburg.

Russland II: Von Sankt Petersburg bis Murmansk

Sankt Petersburg

„In Petersburg suchte ich nach alter Gewohnheit das Hôtel de France in der großen Morskaja auf. Es ist keines von den modern ausgestatteten Häusern, auf die man in großen Städten besonderen Wert legt. Die Einrichtung des Lifts, der das Treppensteigen erspart, ist dort unbekannt. Ebenso gibt es in den Zimmern keine elektrische Beleuchtung, sondern nur Stearinkerzen und Lampen. In all diesen Dingen liegt das Hôtel de l´Europe an der Ecke des Nevski Prospekt und der Michailowskaja entschieden höher. Aber die Lage des Hôtel de France ist für den Fremden überaus bequem, die Preise für Zimmer und Mahlzeiten sind nicht übertrieben, und die Bedienung zeichnet sich durch Aufmerksamkeit und Höflichkeit aus. Man macht, wenn man sich der Straße zuwendet, nur wenige Schritte nach links und befindet sich an einer der interessantesten Ecken des Nevski Prospekts."

Herrlich, lieber Eugen Zabel, ich wäre zu gerne damals dabei gewesen. Die beiden von ihm erwähnten Häuser stehen noch, allerdings kann man dort nur noch übernachten, wenn man sich heimlich in einem Souvenir- oder einem Modegeschäft einschließen lässt, Hotels sind hier nicht mehr.

Selbstredend, dass ich ebenfalls ein Quartier in unmittelbarer Nähe zum Nevski Prospekt, der damaligen und heutigen Lebensader Sankt Petersburgs, nehme. In einem famosen Altbau teile ich die im Stile der Zarenzeit möblierte Dreizimmerwohnung, an der Eugen Zabel seine große Freude gehabt hätte, mit vier Studenten (zwei Paare). Wahrscheinlich haben in dieser zu Zabels Zeiten großbürgerlichen Wohnung nach der Revolution drei Familien gewohnt - die dann heilfroh waren, sich nicht mehr das Bad, die Toilette und die Küche miteinander teilen zu müssen, als sie Ende der 50er Jahre in eine Chruschtschowka ziehen konnten, also in eine eigene Wohnung, in eine der in der Ära Chruschtschows im großen Stile in der ganzen UdSSR errichteten Plattenbausiedlungen.
Wenn man hier in der Altbauwohnung vor der – seltsamerweise fast immer - besetzten Toilette seine Notdurft nur mit Mühe zurückhalten kann oder morgens nach 40 minütiger Wartezeit ins endlich freie Bad und am Ende leider doch zu spät zum Sprachunterricht kommt, dann kann man diese Freude, in eine wenn auch noch so kleine und wahrlich nicht repräsentative Chruschtschowka zu ziehen, bestens nachvollziehen.
Abgesehen von diesen kleinen Misslichkeiten ist meine Unterkunft fantastisch, auch wenn Zar und Zarin aus dem Gemälde über dem Schreibtisch etwas streng auf mich herabblicken.
In der Küche mache ich auch gleich die Bekanntschaft mit Nina*, 18jährige Studentin aus einem Dorf im hohen Norden Sibiriens, die es geschafft hat, einen der begehrten Plätze an der hiesigen staatlichen Universität zu ergattern.

Im Nu sind wir im Gespräch über russische Politik. „Schade, dass Du am 10. abreist, am 12. Juni (dem Tag Russlands) gehen wir alle zur großen Demo." An Ihrer Haltung zur politischen Führung lässt Nina keine Zweifel aufkommen. „Von denen ist einer korrupter als der andere, deswegen springen sie so mit Navalny um, der will hier endlich mal aufräumen. Hast Du in Deutschland von der großen Demo bei uns im April gelesen? Hier wurde weder im Fernsehen noch in den Zeitungen davon berichtet, obwohl wir über 50000 Demonstranten waren. Am Russlandtag (also am 12. Juni) wird die Demo noch größer."
Nicht sehr wahrscheinlich, dass sich Nina, die ausschließlich in der Ära Putin aufgewachsen ist, in absehbarer Zeit der Putin-Jugend anschließen wird. Das ist leider kein Witz, die andere Seite des politischen Spektrums junger Menschen nennt sich wirklich so. Wenn ich nachmittags in einem der gemütlichen Cafés in der Rubinsteinstraße oder sonst einer an den Nevski Prospekt angrenzenden Straße sitze, entdecke ich unter den vielen jungen Menschen nur wenige, die meiner Vorstellung eines Mitglieds der Putin-Jugend entsprechen. Natürlich nicht, denn die sehen einfach ganz normal aus, diese jungen Putin-Verehrer.
„Wir leben in einer gespaltenen Gesellschaft, in der die große Masse einfach alles klaglos hinnimmt, solange man sie in Ruhe lässt. Ist doch alles gut, das war Anfang der 90er alles viel schlimmer, Putin hat dafür gesorgt, dass Ruhe herrscht, so denken die alle. Die Korruption, na das ist halt so, Demokratie ist auch nicht wichtig, Hauptsache, alles ist ruhig, ein bisschen Meckern ist in Ordnung, das machen Russen halt so, aber ansonsten hält man die Klappe, bloß keine politischen Forderungen stellen." Danke,

Nina, ich hoffe, dass Du Deine jugendliche Kraft noch lange behältst. Ja, ich erinnere mich an mein Westberlin der 70er Jahre, da klang es fast genauso.

Und wie denken die Älteren so? Alexander Krilow schüttelt nur den Kopf. „Nein, lass uns nicht über Politik reden, reden wir über Kunst.“ Alexander, der mit seinem Bart und den langen, nach hinten zusammengebundenen Haaren aussieht wie Jesus ausgesehen hätte, wäre er 64 Jahre alt geworden, ist eine Weltberühmtheit. Hat er doch die Rekonstruktion des verschollenen Bernsteinzimmers im Katharinenpalast in Zarskoje Zelo, dem Zarendorf im heutigen Pushkin, einem Vorort Sankt Petersburgs, geleitet.

Über meinen treuen WhatsApp-Freund Kazimieras bin ich an Alexander herangekommen, der mich in seinem Atelier im zweiten Hinterhof in der Nähe des völlig zu Recht berühmten Kanals *Fontanka* im Zentrum Petersburgs empfängt. Alexander bereitet gerade eine Ausstellung seiner Werke in Kaliningrad vor. Sobald die Papiere endlich kommen, geht es los. Wer sich für Bernstein-Kunst interessiert, der sollte sich diese Ausstellung nicht entgehen lassen.

Nachdem ich auf meinen Reisen ins Baltikum (Kaliningrad zählt natürlich dazu) schon so einige hervorragende Kunstwerke aus Bernstein gesehen habe, bin von den Bildern, Ikonen, kleinen Möbelstücken und Accessoires, die Alexander alle selber gefertigt hat, überwältigt. Jetzt verstehe ich, warum Kazimieras darauf bestanden hat, dass ich Alexander besuche, denn unter den Bernsteinkünstlern spielt Alexander in seiner eigenen Liga. Doch als ich meine

Verwunderung darüber zum Ausdruck bringe, dass er keine Schüler (oder sollte ich lieber schreiben: keine Jünger) hat, klärt mich Alexander bittersüß lächelnd auf: „Mit meiner Kunst kann man kein Geld verdienen, also interessiert das die jungen Leute nicht. Das Material ist teuer, die Arbeit ist sehr zeitaufwändig und es gibt keine Käufer, die bereit sind, angemessen zu bezahlen.

Als wir das Bernsteinzimmer fertig hatten, hat mir die Eremitage ein Schachspiel abgekauft, das war es schon. Warst Du schon im Russischen Museum? Ich kenne den Direktor. Eigentlich müsste der doch ein großes Interesse an meiner Kunst haben, oder“?

Diese rhetorische Frage Alexanders kann ich nur bejahen. Wenn das keine russische Kunst ist, was ich hier sehe, dann verstehe ich die Welt nicht mehr. „Ha ha, kein Interesse, nicht ein Stück von mir wollen sie haben. Nein, Schüler werde ich wohl nicht mehr haben."

Es gibt immer mal Helfer, so wie die beiden Männer, die ich im Atelier bei der Arbeit antreffe, die zur Zeit Urlaub haben und Alexander etwas Arbeit abnehmen. „Wenn ich in 20, 30 Jahren nicht mehr bin, dann geht das Leben halt ohne mich weiter, irgendwo wird man sich dann schon mit Bernsteinkunst beschäftigen, ich bin ja nicht der Einzige.“

Nein, nicht der Einzige, aber auf jeden Fall einer der Besten.

Ansonsten verstehe man sich in der Szene der Bernsteinexperten prächtig, in der internationalen wissenschaftlichen Gesellschaft, der Alexander als hoch geachtetes Mitglied angehört, gibt es Experten aus der ganzen Welt. „Natürlich auch aus der Ukraine“, antwortet Alexander ob meiner dummen Frage mit erstaunter Miene. „Wir verstehen uns sehr gut, sprechen doch auch die gleiche Sprache, auch wenn sich das ukrainische Russisch ein wenig merkwürdig anhört", da muss Alexander dann doch wieder lachen. Selbstverständlich zeigt mir Alexander noch sein berühmtes Modell des Bernsteinzimmers, praktisch die Vorlage für die Rekonstruktion, das müsse mich doch auch interessieren, wurde hierüber doch weltweit berichtet. Ja, sehr interessant, natürlich, aber angesichts der großartigen Kunstwerke, die ich hier sehen darf, ist das Modell fast ein wenig mickrig, aber das zeichnet die historisch wirklich bedeutenden Sachen wahrscheinlich häufig aus.

Die Zeit in Sankt Petersburg vergeht einfach viel zu schnell, viel zu viel Großartiges gibt es hier zu sehen, als dass man alles in zwei Wochen anschauen oder erleben könnte, die Reiseführer übertreiben nicht. Lassen wir doch einfach noch einmal Eugen Zabel zu Worte kommen:

„Zu meiner Stimmung, die aufs Weite und Unbekannte hinwies, passten die von Dostojewski besungenen *weißen Nächte*, die beim Antritt meiner Reise in Petersburg herrschten. Auf dem langgestreckten, breiten Newakai mit den Kaiserpalästen lustwandelten die Leute um Mitternacht noch wie am hellen Tage und blickten auf das prächtige Schauspiel, das der gewaltige Fluss bot. Ein feiner, grauweißer Nebel war über den ganzen Wasserspiegel ausgebreitet, aus dem die Lichter der Dampfer bei ihrer Fahrt von oder nach den Inseln geheimnisvoll auftauchten … Ich sehe, staune und träume, als ob ich unter Nachtwandlern einhergehe oder gar selber einer sei."

So geht es auch mir, und als dann nach ein Uhr die bunt beleuchteten Brücken über der Neva hochgeklappt werden und klassische Musik aus den Lautsprechern erschallt, denke ich mir, dass manchmal so ein bisschen Kitsch und Klischee einfach so richtig schön und zum Genießen sind.

Karelien - Petrosawodsk

Petrosawodsk, das wirtschaftliche und touristische Zentrum Kareliens, empfängt mich nach einer landschaftlich eher reizarmen Zugfahrt mit strahlendem Sonnenschein, ideal also, um auf der Uferpromenade des Onegasees (mit 9720 km^2 Fläche ein wenig größer als der 536 km^2 große Bodensee) inmitten vieler russischer Familien, junger Paare und einzelner Sommerfrischler zu flanieren.
Prima, keiner scheint zu merken, dass ich Ausländer bin, ich werde sogar auf Russisch nach dem Weg zu einem bestimmten Café gefragt. Auf der Lenin-Promenade, der Parallelstraße zur Karl-Marx-Promenade, kehre ich im *Bistro Déjà vu* ein und erreiche gleichzeitig mit einem jungen Mann den einzigen freien Tisch auf der Terrasse. Ein kurzer Blickkontakt und wir haben uns geeinigt, den kleinen Tisch zu teilen.
Mit der Frage „Are you Finish?“, gibt mir mein freundlich lächelnder Gegenüber sofort zu verstehen, dass er in mir zielsicher den Ausländer erkannt hat. Na gut, dann sehe ich also doch noch nicht aus wie ein Russe. Angesichts der am Nebentisch lautstark herumkrakeelenden Finnen, die ganz offensichtlich schon länger hier sitzen und reichlich die günstigen Alkoholpreise ausnutzen, bin ich ganz froh, diese Frage völlig zu Recht verneinen zu können (sorry,

liebe Finnen, aber hier trifft gerade ein Klischee so richtig zu).
Wir kommen ins Gespräch und unterhalten uns im wahrsten Sinne des Wortes über Gott und die Welt. Über Gott, weil der freundliche Endzwanziger vor dem Essen aufsteht und betet und mir dann erläutert, dass er Baptist sei. Er ist auf Heimatbesuch bei Mutter und Glaubensbrüdern. „Ich arbeite als Busfahrer in Turku, das ist recht weit im Westen Finnlands. Da gibt es zwar auch Baptisten, aber beim Gottesdienst sind wir immer nur zu viert. Ich suche jetzt eine Arbeit näher an Petrosawodsk, näher an Mutter und Gemeinde, hier ist es viel voller im Gottesdienst."
Über die Finnen am Nachbartisch, denen gerade ein Glas scheppernd auf dem Boden zersplittert ist, lächelt mein neuer Freund milde. „Die müssen zu Hause ja so viel für das Trinken bezahlen. Das Problem habe ich ja nicht."
Etwas verschämt schaue ich auf mein Bier und sein Kännchen Tee, aber auch da lächelt er nur mild. Dieser beseelte Mensch kann wohl niemandem böse sein. Er spricht recht gut Englisch und Finnisch, „aber nicht perfekt, und leider fast gar kein Deutsch. Deutschland ist sehr schön, ich war in Bonn und bin auf dem Rhein Boot gefahren, wunderschön."
Zu meiner und der Verwunderung der Kellnerin räumt er nach dem Essen unser Geschirr zusammen und trägt es zu einem Abstelltischchen. Gerade, als er seine Rechnung bezahlt hat, klingelt sein Handy. Er steht auf, lächelt mir noch einmal zu und verschwindet telefonierend. Und so kommt es, dass ich nicht einmal den Namen dieses Menschen erfahren habe, dem sein Glaube offenbar eine große Milde und Güte verschafft.

Auf Religion und Religiosität treffe ich bei meinem Ausflug auf die Insel Kischi am nächsten Tag auf Schritt und Tritt. Auch hier irrte die UNESCO nicht, die hölzernen Kirchen dieser lieblichen Insel zum Weltkulturerbe zu erklären. Selbst wenn man selber nicht gläubig ist, spürt man hier durchaus etwas von der Spiritualität des Ortes und dem Glauben dieser Menschen (hier sind es russisch-orthodoxe Gläubige). Und wenn dann noch die Sonne scheint, kann man nach einem Rundgang (oder einer Radfahrt) über die Insel oberhalb der Anlegestelle der Tragflächenboote wunderbar auf einer Bank sitzend die Natur genießen und sich des Lebens freuen.

Karelien - Solowedzki-Inseln

Den heutigen Besuchern der Solowedzki-Inseln (oder kurz: Solowiki) wird in den Reiseführern ein höchst interessantes Erlebnis versprochen, und das stimmt. Kommt man nach einer 10-stündigen, ob der vielen Seen und Wälder landschaftlich abwechslungsreichen, Zugfahrt von Petrosawodsk nach Kem dort an und übernachtet im 12 km entfernten Tourkomplex Pritchal im Dörfchen Rabocheostrawsk (Arbeiter-Insel) am weißen Meer, dann kann man gut ausgeruht am nächsten Morgen mit dem Boot auf die große Solowetzki-Insel (Bolschoi Solowetzki) übersetzen, wo einen der schon von weitem beeindruckende Kreml mit dem Kloster bereits erwartet.

Wie anders erging es jedoch den Tausenden, die ab 1923 vom Süden kommend in Gefangenentransporten nach

Kem und von dort zuerst einmal in Quarantäne nach Rabocheostrawsk gebracht wurden. Quarantäne war hier gleichbedeutend mit grausamer Härte; den Gefangenen wurde hier der letzte eigene Wille gebrochen, bevor sie in die Kerker des von 1923 bis 1939 als Gefängnis und Zwangsarbeiterlager umfunktionierten Klosters gebracht wurden.
Nicht nur die langen und harten Winter auf Solowiki, sondern vor allem die unmenschliche Zwangsarbeit - so beim Bau des Belomorski-Kanals - sowie die grausame Lust des Lagerpersonals am Töten sorgten dafür, dass viele das Lager nicht mehr lebendig verlassen konnten.
Die Tatsache, dass schon zur Zarenzeit hier im Kloster nicht nur Gott gedient wurde, sondern bereits seit dem 16. Jahrhundert ein Klostergefängnis vorhanden war, machten es Stalin und seinen Schergen leicht, hier das erste Massenlager einzurichten - die Keimzelle des späteren, die gesamte UdSSR umspannenden Lagersystems GULAG. Kein geringerer als Alexander Solschenizyn hat mit seinem Buch *Archipel GULAG* ein erschütterndes Zeugnis dieser Schreckenszeit Solowikis abgelegt.

Nach einem Besuch der heute wieder als Kloster dienenden (und selbstverständlich als UNESCO-Weltkulturerbe ausgezeichneten) Anlage und einer Besichtigung des nahegelegenen Museums, in dem mit vielen hervorragenden Fotos und persönlichen Exponaten das Zwangsarbeiter-Lager und seine Insassen vorgestellt werden (allerdings finde ich in der grandiosen Fotomontage der Gesichter hunderter Insassen und auch sonst im Museum keinen Hinweis auf Alexander Solschenizyn, aber vielleicht habe ich ihn ja übersehen), brauche ich erst einmal einen Spaziergang an der frischen Luft, um das Gesehene und Gelesene zu verkraften. Und so kommt es, dass ich hier auf Solowiki nicht nur die Geschichte der vielen tausend Lagerinsassen in meine Sammlung aufnehmen kann, sondern auch die Geschichte eines sehr schönen Holzhauses.

Mein Weg führt mich in den botanischen Garten, der, hier im hohen Norden, nur 160 km vom Polarkreis entfernt, naturgemäß weniger farbenfroh ist als botanische Gärten in südlichen Gefilden. Trotzdem findet sich hier eine recht beachtliche Mischung von Bäumen, Sträuchern und Pflanzen aus aller Herren Länder und plötzlich stehe ich vor diesem schmucken Holzhaus mit hellblauen Fensterrähmen, Schnitzereien am weißen Giebel des roten Daches und einer weißen Tür mit hellblauer Gaube. Die Bewohner dieses im 19. Jahrhundert erbauten Hauses zeichneten sich allerdings nicht immer durch eine besondere Gastfreundschaft aus. Der oberste Vater des Klosters, der das Haus als Sommerresidenz nutzte, mag ja ein gastfreundlicher Mensch gewesen sein, die Leiter des GULAGs, die später hier residierten, waren eher für ihre Grausamkeit bekannt. Es sei allerdings darauf verwiesen, dass, frei nach dem Motto *die Revolution frisst ihre Kinder* die Herrscher über das Lager später selber in Lagern einsaßen und viele diese Haft nicht überlebten.

Ab 1939 haben die Kadetten der hiesigen Marine-Schule Haus und Garten versorgt, in den 60er Jahren abgelöst von Studenten der örtlichen Hochschule.

Man kann sich gut vorstellen, wie die Studenten an den langen Abenden der kurzen Sommer vor dem Haus saßen

und nach getaner Arbeit den Tag ausklingen ließen, hoffentlich vom Arbeiter- und Bauernstaat gut mit Mückenschutzmitteln versorgt. Seit 1975, so klärt mich die Schautafel auf, beherbergt das Haus ein Museum, seit 1981 ist der Garten offizieller botanischer Garten.
Ich sitze in der Sonne und genieße noch eine Weile den Ausblick vom Haus auf den Garten und die - ebenfalls von Zwangsarbeitern angelegte - Allee und bin verdammt froh, erst 12 Jahre nach Kriegsende und dann auch noch im freien Teil Berlins geboren zu sein. Wie ruhig und beschaulich ist es doch im Hier und Jetzt, wie gut, dass auch in Russland Menschen dafür sorgen, die fürchterliche Vergangenheit vor dem Vergessen zu bewahren.

Murmansk

Diese erst 1916 gegründete und im zweiten Weltkrieg von einigen unserer Väter und Großväter reichlich zerstörte nördlichste Großstadt der Erde hat touristisch wahrlich nicht viel zu bieten. Im Gegenteil, der mit der Bahn Anreisende wird von Industrieanlagen und grauen Plattenbauten begrüßt. Wenn man den einst atomar betriebenen Eisbrecher Lenin besichtigt und noch einen Blick auf Aljoscha, die riesige Betonstatue auf einem Hügel im Norden Murmansks geworfen hat, ist das touristische Programm schon fast abgearbeitet.
Genug Zeit also, mal ein paar Zeilen über eine lästige Eigenschaft der Russen sowie über meine Kurzzeitbekannte

Valeria und schließlich über meinen Murmansker Gastgeber Ruslan zu Papier zu bringen.

Liebe Russen, das Schlangestehen oder gar das höfliche Vorbeilassen habt ihr wirklich nicht erfunden. Ob man nun in eine Marschrutka (eine der üblichen Sammeltaxen), in einen Bus oder in einen Zug einsteigen, ob man den Schiffsanleger betreten oder in ein Theater oder Museum eintreten möchte, stets bildet sich ein dickes Knäuel und es beginnt ein Geschiebe und Geschubse unter Einsatz aller nur erdenklicher Körperteile. Wer hier nicht dagegen hält, findet sich ganz schnell am äußeren Rand des Knäuels wieder - trotz einer möglicherweise vermeintlich recht günstigen Ausgangsposition.
Heute, an der Einlassrampe des Eisbrechers Lenin, trage ich allerdings den Sieg davon: Nach halbstündiger Wartezeit direkt an der Kette der Rampe betrete ich selbige nach Öffnung als erster und betrachte von oben genüsslich das Gedrängel der von mir Besiegten am Einlass.
Ich mag nicht ganz ausschließen, dass mein Triumpf auch ein klein wenig davon begünstigt wurde, dass sich kurz nach mir drei muskelbepackte, mit Motorradkutten (Motorrad-Klub Kiew, Statussymbol Totenkopf) bekleidete Ukrainer mit ihren etwas horizontal anmutenden Begleiterinnen an der Einlassrampe einfanden und mir mit gütigem Lächeln den Vortritt ließen, als die Kette vor der Rampe gelöst wurde.

Selbst an den Käse- und Wurstständen im Supermarkt kann es passieren, dass man abgedrängt wird. Aber auch hier habe ich heute Glück. Eine freundliche Dame im besten Alter lässt mir höflich den Vortritt, begleitet von der auf Russisch gestellten Frage, ob ich Finne sei. Was für eine Freude dann meine Antwort „нет, я немец“ auslöst (nein, ich bin Deutscher).

„Ein Deutscher, wie schön! Meine Schwester lebt in Dresden, sie hat einen Schmidt geheiratet. Jetzt habe ich schon drei Nichten, wundervolle Mädchen alle drei, sie gehen auf das Gymnasium.“ Und schon hat mich Valeria eingefangen. Sie spricht sogar ein paar Wörter Deutsch, die sie alle aus Liedern kennt. „Ich arbeite am Theater, da singen wir auch immer wieder deutsche Lieder. Leider haben wir momentan keine Vorstellung.“

Selbstverständlich begleitet mich Valeria von nun an nicht nur durch den Supermarkt („nein, nicht dieses Hühnerschnitzel, nehmen Sie doch das Schweineschnitzel dort, das ist viel besser. Auch noch Käse? Dieser hier ist der beste, er ist aber sehr teuer. Der dort ist auch sehr gut, kostet aber viel weniger“), sondern weicht auch auf der Straße nicht von meiner Seite. Pausenlos plappernd klärt mich Valeria über das Leben in Murmansk auf und fragt mich über Deutschland aus.

„Deutschland muss so ein schönes Land sein. Aber die Regierung muss ja wohl was dagegen unternehmen, dass so viele Ausländer ins Land kommen. Meine Schwester traut sich nachts kaum noch auf die Straße!“

Jetzt bin ich aber wirklich froh, dass wir schon fast bei meiner Wohnung angekommen sind. Ihre mit kokettem Augenaufschlag gestellte Frage, ob wir nicht am nächsten Tag zusammen durch Murmansk spazieren gehen könnten, muss ich wegen meines Planes, am nächsten Morgen um

7.00 mit dem Bus nach Kirkenes in Norwegen zu fahren, mit größtem Bedauern verneinen.

Kommen wir nun noch auf meinen Gastgeber Ruslan zu sprechen. Ruslan war sehr bemüht, mit mir einen Termin zur Übergabe des Wohnungsschlüssels zu vereinbaren und rief mich diesbezüglich an allen drei Tagen vor meiner Ankunft in Murmansk an. Das ist ja eigentlich ganz nett, geht angesichts der beträchtlichen Roaming-Gebühren auch für eingehende Gespräche aber doch etwas an den Geldbeutel.
Unsere letztlich getroffene Vereinbarung, dass ich um 15:00 Uhr an der Wohnung sein solle, warf Ruslan dann um 14:00 Uhr noch einmal über den Haufen: wieder ein Anruf, ich solle doch schnell zur Wohnung kommen, er müsse gleich wieder weg. Dumm nur, dass ich natürlich anders geplant hatte und mich gerade in zweieinhalb Kilometer Entfernung aufhielt, von wo aus ich mich dann im Eiltempo (anstelle des geplanten gemütlichen Spaziergangs) zur Wohnung begab.
„Ich muss gleich wieder weg in den Laden, Du zahlst doch gleich alle drei Tage?" Dieser Bitte Ruslans wollte ich allerdings nicht sofort nachkommen, vielleicht könne er mir ja erst einmal die Wohnung zeigen, das WLAN-Passwort mitteilen, usw. Außerdem erschien es mir ratsam, lieber zuerst nur die eine Nacht zu bezahlen, die ich vor meinem eineinhalb-tägigen Ausflug nach Norwegen hier übernachten würde, das ließe mir auch noch die Stornierung der restlichen beiden Tage offen, falls die Wohnung unangenehme Überraschungen bereit hielte. Und wir müssten uns

zur erneuten Schlüsselübergabe nach meiner Rückkehr aus Kirkenes ja sowieso wieder treffen.
Etwas widerstrebend willigte Ruslan schließlich ein, tippte mir noch schnell das Internet-Passwort in mein Smartphone und verschwand in Windeseile mit den Worten: „Schicke mir eine SMS, wann Du zurückkommst, ich warte dann mit dem Schlüssel auf Dich."
Ach ja, schön wäre es gewesen. Natürlich schickte ich eine SMS, aber wer ist nicht da, um 20:00 Uhr, als ich am übernächsten Tag fast auf die Minute pünktlich wieder ankomme? Genau, mein Gastgeber Ruslan. Also rufe ich ihn an und erhalte die überraschte Antwort: „Wie, eine SMS? 20:00 Uhr? Habe ich nicht bekommen. Warte, ich bin in 20 Minuten da."
Meine Laune ist nicht die allerbeste, als er um 20:45 Uhr dann frohgelaunt ankommt und mir gleich zur Begrüßung wieder mitteilt, dass er leider sofort wieder weg müsse, ich wisse schon, sein Laden. Das restliche Geld solle ich doch bitte ganz schnell zahlen. Kann man es mir verdenken, dass ich, halb erfroren wie ich bin, meine Hand nur sehr, sehr langsam zu meiner Geldbörse führen kann?
Ach so, den Leser mag eventuell interessieren, dass Ruslan ausschließlich Russisch spricht und wie viele Einsprachler die unangenehme Eigenschaft hat, auf die Bemerkung, dass man das soeben Gesagte nicht verstanden habe, dieses mit den gleichen Worten und im gleichen schnellen Tempo, nur deutlich lauter, noch einmal zu wiederholen.
Mein gutgemeinter Rat an alle Leserinnen und Leser, die des Russischen nicht mächtig sind: Buchen Sie nicht unbedingt ein Apartment über ein Internetportal in Russland, wenn in den Beschreibungen oder Bewertungen nicht

ausdrücklich auf Fremdsprachenkenntnisse der Vermieter hingewiesen wird.

Norwegen

Die laut Wikipedia 196 km lange Grenze zwischen Norwegen und Russland stellte seit der Gründung der NATO im Jahr 1949 (mit Norwegen als Gründungsmitglied) die einzige auf Land befindliche Grenze zwischen der Sowjetunion und einem NATO-Mitglied dar. Wenn man versucht, das Ganze möglichst neutral zu betrachten, kann man schon nachvollziehen, warum Russland als Nachfolgestaat der Sowjetunion gegen die Osterweiterung der NATO ist, die nunmehr mit den baltischen Staaten und Polen bereits vier weitere Mitglieder hat, die eine Landesgrenze zu Russland haben.

Kirkenes

Diese kleine Stadt, die vor allem als Endstation der *Hurtigrouten* vielen Norwegen-Touristen ein Begriff ist, kam im Herbst 2015 nach Schließung der Balkanroute als Ausweichroute für Flüchtlinge in die Schlagzeilen. „Zuerst kamen im Sommer ein paar Syrer, die überquerten mit Fahrrädern die norwegische Grenze. Von der Industriestadt Nickel in Russland ist es nur ein halber Kilometer bis zur Grenze, da konnte man das Fahrrad auch schieben.

Irgendein Gesetz der Russen verbietet die Grenzüberquerung zu Fuß und die norwegischen Gesetze betrachten Menschen, die Asylbewerber mit dem Auto nach Norwegen bringen, als illegale Fluchthelfer. Da kam dann jemand auf die Idee mit den Fahrrädern."
Piret, die unglaublich nette Angestellte des sehr sehenswerten Grenzland-Museums weist auf die fünf Fahrräder, die seit Kurzem im Museum ausgestellt sind. „So nach und nach sprach sich das rum und es kamen immer mehr Flüchtlinge, ganze Familien mit kleinen Kindern. Die Bevölkerung hat spontan ganz viel Hilfe geleistet, Kleidung, Babynahrung, alles wurde gesammelt und an die Flüchtlinge verteilt. Dann im Herbst kam die Kälte, die meisten Flüchtlinge froren ganz entsetzlich."
Piret erzählt diesen Kälteschock der Flüchtlinge so gestenreich, dass ich selber fast zu frieren anfange, fuhr ich doch vor zwei Stunden auf dem Weg von Murmansk hierher mit dem Bus durch Gegenden, die auch jetzt noch, Mitte Juni, schneebedeckt sind.
Auch Piret hatte damals sicherlich eine Weile gebraucht, bis sie sich an die langen kalten und dunklen Winter gewöhnt hatte, stammt sie doch ursprünglich aus Peking, studierte dann in Schweden und lebt nun seit 9 Jahren mit ihrem norwegischen Mann, der beim Grenzschutz arbeitet, in Kirkenes.
„Im Oktober, Anfang November kamen dann an manchen Tagen bis zu 500 Flüchtlinge. Inzwischen war auch ein Auffanglager in der Nähe des Flughafens errichtet worden, ich habe das dann selber gar nicht so genau mitbekommen, denn genau zu dieser Zeit wurde unser Kind geboren.

Aber mein Mann war dabei, bis dann von einem Tag auf den anderen kein Flüchtling mehr kam.“

Einer Stelltafel im Museum ist zu entnehmen, dass insgesamt fast 5000 Flüchtlinge die Grenze mit Fahrrädern überquert haben, außer aus Syrien kamen viele Flüchtlinge auch aus Irak, Iran und Äthiopien. „Es gab zu dieser Zeit ja überall ganz viele neue Gesetze, die die Flüchtlinge daran hindern sollten, nach Europa zu kommen. Unter anderem dann auch eine Vereinbarung zwischen Russland und Norwegen. Manchmal geht alles ganz schnell, was sonst oft Jahre dauert.“

Meine Frage, was denn eigentlich aus den tausenden von Fahrrädern geworden ist, führt bei Piret zu einem Schmunzeln. „Angeblich seien die meisten Fahrräder ja für Norweger nicht zu gebrauchen gewesen, weil die Bremsen nicht in Ordnung waren. Die meisten sind daher verschrottet und recycelt worden.“ Die hier ausgestellten Fahrräder wirken allerdings teilweise fabrikneu, da hätte man sicherlich was draus machen können.

Wahrscheinlich waren am Ende dann einfach viele Menschen nur froh, dass diese kurze Episode der hiesigen Flüchtlingsgeschichte noch schneller beendet wurde, als sie begann. Jetzt stellt die von einem lauten Sirenengeheul begleitete tägliche morgendliche Ankunft des *Hurtigrouten*-Schiffes wieder den Höhepunkt des kleinstädtischen Lebens in Kirkenes dar, und wenn das Schiff um 12:30 Uhr ablegt, kehrt wieder Ruhe ein, in diesem so abgelegenen Winkel der westlichen Welt.

Die allermeisten Flüchtlinge sind auch weitergezogen (bzw. im Land verteilt worden), doch auf dem Hauptplatz sitzen genau jetzt, soviel ist aus dem Hotelfenster zu erkennen, zwei Frauen mit sehr dunkler Hautfarbe und bedeckten Haaren, während zwei dunkelhäutige Kinder um sie herumwuseln. Was Valeria aus Murmansk wohl zu diesem Anblick sagen würde? Merkwürdig, die beiden Kleinen scheinen trotz ihrer dünnen Kleidung nicht zu frieren. Haben die sich schon so schnell an das Wetter hier gewöhnt? Heute, so antwortet mir das Internet, ist es in Kirkenes immerhin 10 Grad warm und jetzt scheint auch gerade die Sonne, also ist es auch für mich an der Zeit, noch ein wenig spazieren zu gehen, bevor mich der Minibus zurück nach Murmansk bringt.

Vor einem netten Holzhäuschen bleibe ich stehen und komme mit dem Besitzer, der gerade seinen Gartenzaun repariert, ins Gespräch. Wie sich herausstellt, bin ich wieder nicht an einen echten Wikinger oder gebürtigen Finnmärker geraten. Nachdem die Verständigung auf Norwegisch (meinerseits) und Englisch (seinerseits) nicht wirklich klappt, geht es erst einmal auf Deutsch weiter und ich erfahre, dass Dimitri aus Bulgarien stammt und auch zwei Jahre in Deutschland gearbeitet hat, bevor es ihn hierher in den hohen Norden zog.
Er hat eine Frau aus Murmansk geheiratet, die ist mit den Kindern gerade drüben bei den Großeltern. Na wenn das so ist, dann geht es doch besser auf Russisch weiter, immer mal mit deutschen Vokabeln durchdrungen, so geht es am besten. Natürlich vermisst Dimitri das bulgarische Wetter, aber zu Hause in Bulgarien gibt es keine vernünftige Arbeit bzw. keine gute Bezahlung. Hier konnte er sich nach ein paar Jahren Arbeit schon ein Haus kaufen, jetzt wird kräftig gespart.

Noch ein paar Jahre hier oben arbeiten, dann ab in den Süden, vielleicht Bulgarien, vielleicht auch mal nach Spanien, alles ist möglich. Nur hier bleiben, auf Dauer, nein, das will Dimitri wirklich nicht. Im Winter (10 Monate lang, laut Dimitri) ist es zu kalt und zu dunkel („mehrere Monate lang keine Sonne, das schlägt aufs Gemüt").
Ich empfinde sehr viel Sympathie für Dimitri, der mir in unserem mehr als halbstündigen Gespräch so viel von sich und seinem - alles andere als gradlinig verlaufendem - Leben erzählt. Wie leicht die meisten Deutschen es doch hingegen haben, das Leben zu gestalten.
Mit festem Händedruck verabschieden wir uns lachend, ich muss leider gehen, der Bus wartet nicht (sonst hätten wir noch einen Tee getrunken). Ob wir uns wohl eines Tages mal wieder über den Weg laufen?

Russland III: Mit der Bahn von Murmansk nach Sotschi

Man muss nicht unbedingt mit der transsibirischen Eisenbahn fahren, wenn man tagelanges Bahnfahren liebt. Wie wäre es mit dem Zug 225/226 von Murmansk nach Adler (bei Sotschi)? Immerhin kann man auf dieser Strecke auch 76 Stunden am Stück im Zug verbringen. Ich fahre allerdings nicht direkt ans Schwarze Meer, sondern unterbreche meine Reise aus gegebenem Anlass nach der Hälfte der Strecke in Moskau.

Nach zwei Nächten und einem Tag steige ich am Morgen des 21. Juni gut ausgeschlafen in Moskau aus dem Zug aus. Immerhin hatte ich mir für diesen Abschnitt der Reise vom Polarmeer bis ans Schwarze Meer eine Fahrkarte zweiter Klasse (*Kupe*) geleistet. In der zweiten Klasse fährt man in einem geschlossenen Abteil mit bis zu vier Reisenden. Das kann etwas unangenehm sein, wenn man das Abteil mit drei betrunkenen Mitreisenden teilen muss, hat aber für Menschen mit mehr als 180 cm Körpergröße den Vorteil, dass sie ausgestreckt auf einer nicht unbequemen Liege schlafen können. Und wenn man dann wie ich das Glück hat, sein Abteil mit einem freundlichen jungen Mann zu teilen, der vom Arbeitsplatz in Murmansk auf Heimaturlaub nach Tver (kurz vor Moskau) fährt und mit dem man die Leidenschaft für Fußball teilt, dann vergeht die Zeit auf sehr angenehme und bequeme Art und Weise.

Nach dem Besuch des Confed-Cup-Fußballspiels Russland gegen Portugal (das die Portugiesen durch den unwiderstehlichen Cristiano Ronaldo mit 1:0 für sich entschieden haben) geht es dann am Abend wieder in den Zug, diesmal ist es sogar der besagte Zug 225, der aus Murmansk kommend nach 30-minütigem Aufenthalt in Moskau Richtung Adler weiter fährt. Hier habe ich jetzt eine Fahrkarte in der dritten Klasse, eine sogenannte *Platzkart*. Und hier reise ich mit allen Vor- und Nachteilen, die diese Klasse mit sich bringt.

Natürlich ist der größte Vorteil gegenüber der zweiten Klasse der unschlagbare Unterhaltungsfaktor, der allerdings ohne Kenntnisse der russischen Sprache möglicherweise etwas eingeschränkt ist. Mit meinem Halbrussisch

jedoch bin ich mitten im Geschehen, schließe sofort Freundschaft mit dem 10-jährigen Kyrill, seiner älteren Schwester Nadja und Irina, der Mutter der beiden.
Wir vier teilen uns so etwas wie ein Abteil, das allerdings nicht geschlossen ist, sondern auf der Seite, auf der der Durchgang ist, noch zwei übereinander gestapelte Kojen besitzt. Gut nachvollziehbar, dass die Liegen in der dritten Klasse entsprechend kürzer sind und mir jetzt, nach der zweiten Nacht, auch irgendwie härter vorkommen.
Durch meine Freundschaft mit der kleinen (halben) Familie, die als Vortrupp schon auf dem Weg zu Babuschka und Deduschka (Oma und Opa) in die Sommerfrische in einem Dorf zwischen Rostov am Don und dem Schwarzen Meer ist, habe ich auch das Glück, am Tag nicht auf meiner engen und doch, wirklich unbequemen Liege im Obergeschoss liegen zu müssen (zum Sitzen reicht die Höhe nicht). Da geht es mir besser als dem Herren aus dem Obergeschoss an der Längsseite, der ob der auch am Tage ständig schlafenden Dame im Untergeschoss immer wieder auf der Suche nach einem Sitzplatz im vollgestopften Waggon ist.
Wie gesagt, der Unterhaltungsfaktor ist hoch. Nadja und Kyrill aus Murmansk haben mich als Reiseersatz-Papa adoptiert und ich erfahre, dass die beiden ältesten Töchter Irinas und der richtige Papa der Kinder später nachkommen werden. Der Papa muss noch arbeiten, schließlich kann er ja nicht die ganzen fast dreimonatigen Schulferien über Urlaub machen. Die Älteste studiert schon und reist jetzt erst einmal nach Europa (mit einer Freundin von Murmansk aus nach Norwegen und dann Richtung Süden), bevor sie noch auf zwei Wochen im August zur Fa-

milie stößt. Die Zweitälteste ist im Ferienlager in Karelien, von dort aus wird der Papa sie dann abholen und in die Sommerfrische mitbringen. Eine ganz normale russische Familie also.
Hier im Zug sind übrigens viele vaterlose Familien, immer wieder sehe ich Väter, die den Rest der Familie in den Zug verfrachten und dann, so wie im Falle meiner neuen Freunde, später nachkommen. Oder die Oma fährt mit der Enkeltochter schon einmal vor, so wie die pensionierte Deutschlehrerin, die sich riesig freut, ihr etwas eingerostetes Deutsch mal wieder trainieren zu können und mir davon vorschwärmt, wie wunderschön es damals in der DDR war, als sie mit Kolleginnen auf Dienstreise Berlin, Weimar und Dresden besichtigen konnte.
Meine Adoptiv-Familie ist inzwischen ausgestiegen, aber aus dem Nachbarkompartment kommt sofort ein älteres Ehepaar zu mir herüber. Dummerweise hatte ich irgendwann erwähnt, dass ich Arzt bin, und das hat sich im Waggon herumgesprochen. Ob das in Deutschland denn auch so sei, werde ich gefragt: Der Mann müsse zwar dringend an den Nieren operiert werden, das haben auch die Spezialisten in Moskau bestätigt, aber einen Termin gebe es erst in drei Monaten. Na ja, da muss ich zugeben, dass es auch im hochgelobten Deutschland Wartezeiten gibt.
In Sotschi, wo das Paar wohnt, gebe es nach allgemeiner Kenntnis nur Pfuscher, die Ärzte in Moskau seien viel besser, der Chefarzt habe sogar in Amerika gearbeitet. Da nehme man auch die fast zweitägige Zugreise von Sotschi nach Moskau in Kauf. Natürlich stimme ich dem netten Paar zu. Wenn der Chefarzt sogar in den USA gearbeitet hat, dann lohnt sich die weite Reise auf jeden Fall. Dem

Leser sei hiermit erläutert, dass ein Großteil der ärztlichen Kunst, und das gilt überall auf der Welt, darin besteht, Optimismus zu verbreiten. Ende der Sprechstunde!
In den letzten beiden Stunden fährt der Zug fast ständig direkt am Schwarzen Meer entlang und man sieht den Menschen, die an den drei, vier Stationen aussteigen, an denen der Zug hier hält, an, wie sehr sie sich auf den Urlaub freuen. Denn es steigen fast nur noch Urlauber aus, nur noch sehr wenig Einheimische.

Sotschi

In dieser Metropole des Schwarzmeer-Tourismus wird mir schnell klar, warum so viele Russen hier Urlaub machen. Das Klima ist herrlich und jeder findet das (für den Geldbeutel) geeignete Quartier, vom First-class-Hotel bis zur kleinen Pension oder einem privatem Zimmer. Nach vier Nächten im Zug steht mir der Sinn nach einem Mittelklasse-Strandhotel. Ein solches ist das *Sotschi-Beach-Hotel*, denn es liegt tatsächlich direkt am Strand. Und zwar nicht an der Promenade im Zentrum Sotschis, wo mich der Anblick der dicht gedrängt liegenden Urlauber unweigerlich an Ölsardinien in der Büchse denken lässt, sondern im Vorort Neu-Sotschi.
Wer allerdings *Halli-Galli* benötigt, der ist hier falsch, denn außer zwei Hotels mit Restaurants und einem Strandcafe gibt es hier nichts außer einem steinigen Strand (Sandstrände gibt es hier nirgends), der aber wesentlich mehr Platz bietet als die Strände im Zentrum. Zur Haltestelle der

immer rappelvollen Sammeltaxis muss man 750 Meter recht steil bergauf laufen.
Dafür bin ich hier tatsächlich wohl der einzige Ausländer unter russischen Familien, die z.B. aus Omsk in Sibirien kommen, wie ich von der Mama erfahre, deren Kleiner großes Interesse an meinem Rucksack zeigt. Was mir hier und auch im Zentrum Sotschis aber am allerbesten gefällt: die Menschen wirken deutlich relaxter als in allen anderen Orten Russlands, die ich bisher auf meiner Reise besucht habe. Auch den einheimischen Kioskbesitzern, Busfahrern oder Kellnern, allen merkt man an, dass an der These „je besser das Klima, desto besser die Laune der Menschen" einfach nicht zu rütteln ist.
Natürlich leben und lebten hier nicht ausschließlich nette und zufriedene Menschen. Mit dem Stadtbus fahre ich ein kleines Stückchen nach Osten und gelange nach Zelenaja Roscha. Wenn man von der Bushaltestelle aus den Hügel erklommen hat, dann steht man vor einem schmucken Anwesen, das heute ein Museum beherbergt.
Früher war das eines der beiden Sommerhäuschen (die zweite Datsche war in der Nähe Moskaus) des Mannes, der das Dörfchen Sotschi zum Urlaubsort ausbauen ließ. Sanatorien für die Werktätigen der UdSSR und Urlaubsdomizil eines kleinen Mannes, der als einer der grausamsten Tyrannen des 20. Jahrhunderts in die Geschichtsbücher einging.
Die Wachsfigur, die hier heute freundlich lächelnd hinter dem Schreibtisch sitzt (und sich ohne zu murren von und mit mir fotografieren lässt) sei genauso groß (oder eher klein) wie das Original, aber das ist ja wohl oft so, dass die Männer, die Geschichte schreiben, eher von geringerer

Körpergröße sind (Regie an Autor: „Bitte jetzt nicht von Napoleon schwadronieren, das ist zu abgedroschen". Rückfrage des Autors an die Regie: „auch nicht von den Freunden Gerhard Schröder und Vladimir Putin?" Regie an Autor: „aber nur der deutsch-russischen Verständigung wegen!").

Hier bei Sotschi ist sie also zu besichtigen, Stalins Datsche. Da Individualtouristen in Russland offenbar seltener vorkommen als Tiger in Sibirien, muss ich warten, bis wieder eine Gruppenführung beginnt und erfahre dann von der durchaus sowjetisch geprägten Führerin viele interessante Details aus dem Leben des kleinen Georgiers.
Seine Liebe zum Billardspiel ging so weit, dass er sich einen (hier zu besichtigenden) Billardtisch anfertigen ließ mit riesigen Ausmaßen, mindestens doppelt so groß wie ein normaler Tisch. Auch die Queues, von denen unsere Führerin mir einen in die Hand drückt, sind viel schwerer als normale Queues.
Aber auch ohne diese etwas merkwürdigen Verhältnisse hätte mir eine Partie mit Stalin wohl nicht viel Spaß gemacht. Er soll ein lausiger Spieler gewesen sein, aber wehe, man habe ihn nicht gewinnen lassen! Schon weniger schwerwiegende Gründe als derartige Majestätsbeleidigungen reichten damals für schwere Bestrafungen.
„Und hier das Schwimmbad. Sehen sie, wie flach es ist? Stalin wollte nie den Boden unter seinen Füßen verlieren." Da lächelt unsere Führerin sogar einmal. Je länger die Führung dauert, umso mehr gewinne ich den Eindruck, dass unsere Führerin großen Respekt und Bewunderung für Stalin übrig hat, genauso wie die meisten Mitglieder meiner

Gruppe (alles Russen, selbstredend). Aber vielleicht ist dieser Eindruck ja falsch und nur meinen mäßigen Russischkenntnissen geschuldet.
Wer weiß, was aus Sotschi so geworden wäre, wenn das Siechtum der UdSSR nicht ein Ende genommen hätte. Heute jedenfalls ist von der Sowjet-Tristesse nicht mehr viel zu sehen, was sicherlich auch damit zusammen hängt, dass der jetzige kleine Große Russlands (bitte nicht missverstehen: Ich will Putin auf gar keinen Fall mit Stalin gleichsetzen, gegenüber Stalin ist Putin ein lupenreiner Demokrat) es geschafft hat, die Winterolympiade 2014 nach Sotschi zu holen, mitten in ein Sommerparadies also (Tipp für Brasilien: versucht es doch noch mal mit Rio de Janeiro, nach der Sommer- noch eine Winterolympiade, das wäre doch mal was!).

Und so kommt es, dass ich im *Fish*-Stadion, dem Olympiastadion von Sotschi, sitzen und mir die Partie Deutschland gegen Kamerun anschauen kann. Und jetzt kommt ein ganz großes Kompliment an die Russen. Möglicherweise animiert durch die zwei Dutzend Fans aus Kamerun, die ununterbrochen singen und tanzen, stimmen die Zuschauer immer wieder mit voller Lautstärke den Schlachtruf „Kamaruhn, Kamaruhn“ an.
Da kann das kleine Grüppchen Deutscher, das zufälligerweise (oder auch nicht) im gleichen Block sitzt wie ich, nicht mithalten. Am besten gefällt mir ein russischer Fan schräg vor mir, der seinen Hut mit zwei Fähnchen geschmückt hat: je eine für Kamerun und Deutschland. Laut schmettert er die Kamaruhn-Anfeuerungsrufe mit, doch wenn das Grüppchen hinter mir manchmal mit „Deutsch-

land, Deutschland" kontert, insbesondere nach den drei Treffern der Löw-Reserve-Truppe, dann unterstützt der gute Doppelfähnchenträger lauthals die Unsrigen.
Solcherart animiert, falle ich ebenfalls mit fröhlichem „Schland, Schland" ein, sehr zum Amüsement des neben mir sitzenden Paolo. „Paolo, wie Paolo Guerrero", so hat er sich mir vorgestellt. Natürlich hat er auch das Trikot der peruanischen Nationalmannschaft an, mit „Guerrero" und der Nummer 9 beflockt, was mich in Verbindung mit dem südländischen Aussehen meines Nachbarn dazu verführt hatte, ihm auf Spanisch die hochintelligente Frage zu stellen, ob er aus Peru sei.
Erfreut, mal wieder seine Muttersprache sprechen zu können, erzählt mir Paolo, dass er in Russland Schiffbau studiert. „Der Anfang war schwer, Russisch ist wirklich nicht einfach", da kann ich nur zustimmen. „Aber jetzt geht es, die Kommilitonen sind auch schwer in Ordnung." Allerdings muss Paolo auf Nachfrage dann doch einräumen, dass er auch nach drei Jahren in Russland immer noch nur sehr wenig russische Freunde habe. „Der kulturelle Unterschied ist groß, aber beim Fußballspielen an der Uni klappt es gut." Da zeigt sich mal wieder die völkerverständigende Wirkung dieses einfachen Ballspieles.
Von Paolo erfahre ich auch, dass Paolo Guerrero, der einige Jahre in Deutschland gespielt hat („ich weiß, bei Bayern und beim HSV, der hatte doch Flugangst, oder?" gebe ich an, doch welchen Leser dieses Buches interessiert das schon), jetzt in Brasilien spielt und dort der beste Angreifer sei.
Dem älteren Russen vor uns kommt unser Gerede nur Spanisch vor, er freut sich aber sehr, als wir ihm auf Rus-

sisch unisono erklären, wie schade es doch sei, dass das russische Team leider schon aus dem Turnier ausgeschieden ist. „Macht nichts, wir scheiden ja immer früh aus“, lautet seine lapidare Antwort. Welche Größe! Es hat wirklich was Gutes, wenn man nicht zum Siegen verdammt ist. Hoffentlich sehen das die verantwortlichen Funktionäre der russischen Fußball-Nationalmannschaft genauso, denn der derzeitige Trainer der Mannschaft, der knuffige ehemalige Torhüter Stanislaw Tschertschessow (der ein sehr sympathisches Deutsch spricht, hat er doch früher sogar in der Bundesliga das Tor gehütet), versucht sein Bestes, mit einer jungen Mannschaft die Weltmeisterschaft im nächsten Jahr zu bestehen. Ich werde ihnen dann auf jeden Fall die Daumen drücken, endlich mal die Vorrunde zu überstehen!

Russland IV: Im Süden und in der Mitte des europäischen Russlands

Rostow am Don/Starotscherkesk

Rostow ist die südlichste Großstadt Russlands, laut *lonely planet*-Reiseführer ein ganz netter Zwischenstopp auf dem Weg nach oder von Sotschi. Mehr als ein, zwei Tage brauche man hier aber nicht zu verbringen, denn außer dem Don, mit seiner Promenade und der zur Fußgängerzone mit viel Grün und einigen Cafés, Restaurants und Kneipen umfunktionierten Puschkin-Straße, gäbe es nicht viel zu sehen.
Dem kann ich zustimmen. Allerdings gibt es nicht weit von hier (fünfzig Minuten mit dem Sammeltaxi) ein wirkliches touristisches Highlight: Starotscherkesk mit seinem Ataman-Palast.
Bei Rostow beginnt nämlich die Kuban-Steppe, hier war und ist nicht nur die Kornkammer Russlands, sondern auch Kosakenland. Ohne die Hilfe dieses kämpferischen Reitervolkes hätte Russland es wahrscheinlich niemals geschafft, sein Reich bis in den Kaukasus hinein auszudehnen und zu verteidigen.

Starotscherkesk war bis ins 18. Jahrhundert hinein die Hauptstadt der Don-Kosaken, heute sieht es hier so aus, als ob die Zeit im 19. Jahrhundert stehen geblieben sei. Einige Bauwerke und Anlagen ragen aus dem Potpourri

alter russischer Holzhäuser und auch einiger Steinbauten heraus, zuvorderst der Ataman-Palast, eine heute als Museum zu besichtigende großartige Anlage, in der früher der Ataman, also der Anführer der Don-Kosaken, residierte.
Leider laufen mir hier nur alte Frauen und Kinder über den Weg. Ich hätte gerne mal mit so einem Kämpfer über Russland und seine Nachbarn geplaudert, aber so muss ich mit dem vorliebnehmen, was ich aus den Beschreibungen (selbstverständlich nur auf Russisch) der Bilder und Ausstellungsobjekte entziffern kann. Vielleicht ganz gut so, dass ich hier nur Ausstellungskrieger antreffe und keine echten. Wenn die heutigen genauso militärisch denken und handeln wie ihre Vorfahren (und jetzt erinnere ich mich auch an einen Film, den ich kürzlich gesehen habe über junge Kosaken, die von einem alten Anführer gedrillt werden), dann wäre mir meine eher pazifistische Grundeinstellung ob der heldenhaften Kriegsbegeisterung, die man den „echten Kosaken" im Allgemeinen nachsagt, möglicherweise vorübergehend abhandengekommen.

Am nächsten Tag genieße ich den Spätjunisommer (erstaunlich, dass die *WORD*-Rechtschreibprüfung dieses Wort akzeptiert) und schlendere bei mehr als 30 Grad im Schatten durch Rostow, als mir zufällig an einem modernen Gebäude der Hinweis auf ein medizinisch-genetisches Zentrum ins Auge fällt.
Mich packt die Neugierde und ich trete ein, empfangen von einer ebenso freundlichen wie hübschen Arzthelferin. „Unsere Ärztinnen sind gerade beschäftigt, aber ich schaue mal, was ich tun kann", antwortet sie mir augenzwinkernd, nachdem ich erklärt habe, dass ich vom Fache sei und

mich dafür interessiere, was hier so alles an genetischer Diagnostik betrieben werde. Ein Telefonat später die Bitte: „Kommen Sie in einer Stunde wieder, dann haben die Ärztinnen ein wenig Zeit für Sie."

Und tatsächlich, als ich eine Stunde später wieder auftauche, kommen zwei Ärztinnen umgehend zum Empfang.

„Nein so etwas, ein Genetik-Professor aus Deutschland, was für eine Ehre." Maria Amelina, Kandidatin der Genetik (ihre Doktorarbeit wird gerade begutachtet) und ihre Kollegin, Fachärztin für Frauenheilkunde, erläutern mir ausgiebig, welche diagnostischen Möglichkeiten sie hier haben (eher wenig) und was sie machen, wenn sie eine umfangreichere Diagnostik benötigen („wir senden die Proben an ein Labor an die Universität hier in Rostow oder nach Moskau").

Das übliche Neugeborenen-Screening auf Stoffwechselkrankheiten, die man somit frühzeitig erkennen und behandeln kann (eine wirkliche Errungenschaft der Medizin, denn ohne dieses Screening wären die Betroffenen zumeist schwerst behindert) und eine genetische „Grundversorgung" seien umsonst, für alles Weitere müssen die Patienten und Ratsuchenden bezahlen. Und das ist oft nicht wenig, wie mir ein Blick in den Untersuchungskatalog zeigt.

Maria Amelina ist begeistert, als ich ihr erzähle, dass ich ebenfalls über die Stoffwechselstörung Phenylketonurie (PKU) promoviert habe, die gleiche genetische Erkrankung, über die sie jetzt ihre eigene Doktorarbeit geschrieben hat. So sind wir schnell im Fachgespräch vertieft und aus den paar Minuten, die die netten Ärztinnen sich Zeit nehmen wollten, werden dann doch etliche Minuten mehr,

bis die Arzthelferin dann schließlich auf die Uhr zeigt und darauf hinweist, dass die nächsten Patientinnen schon lange warten würden.
Schade, dass ich am Abend schon wieder abreise, sonst könnten wir uns noch viel ausgiebiger unterhalten. Marias Mutter ist auch Professorin für Genetik, wir hätten bestimmt viel zu erzählen. Ja, schade, aber mein Ticket für den Nachtzug nach Wolgograd habe ich bereits in der Tasche. Ich verspreche, Maria ein Exemplar meiner eigenen Doktorarbeit zu schicken, und dann verabschieden wir uns herzlich wie alte Bekannte.
Wie würden Ärzte oder Ärztinnen einer gentischen Praxis in Deutschland wohl reagieren, wenn ein recht verschwitzter ehemaliger Genetik-Professor aus Russland völlig unangemeldet in der Praxis auftaucht und mitten im laufenden Betrieb um ein Gespräch bittet? Sehen Sie, liebe Leser, das ist es, was das Reisen in Russland auch auszeichnet: Kommt man einmal ins Gespräch, ist die Gastfreundschaft umwerfend.

Wolgograd

Im Nachtzug von Rostow nach Wolgograd teile ich das Vierbetten-Abteil mit Igor*, Anwalt aus Wolgograd, der gerade dienstlich in Rostow zu tun hatte. Igor ist sehr an meinem Projekt *in und um Russland herum* interessiert und kann es kaum glauben, dass ich tatsächlich Russland und alle seine Nachbarländer bereise.

„Dann sollten Sie das Buch aber unbedingt auch auf Russisch herausbringen, das fände bei uns großes Interesse.“ Sie sehen schon, Igor ist sehr höflich und siezt mich. Das machen fast alle Russen am Anfang des Gespräches so, doch nach einiger Zeit gehen viele dann zum *Du* über. Igor nicht, er bleibt auch am nächsten Morgen beim *Sie*, nach einer sehr ruhigen und bequemen Nacht.

Und nachdem er mich am gestrigen Abend über mein Projekt ausgefragt hatte, ist es jetzt an mir, Igor zu seinem Leben zu befragen. Ich erfahre, dass der 40-jährige Igor noch niemals in Westeuropa oder im sonstigen westlichen Ausland war. „Natürlich habe ich großes Interesse, nach Europa zu reisen. Alles eine Frage des Geldes“. Igor verdient als angestellter Anwalt in einer Kanzlei („Wir sind auf Wirtschaftsrecht spezialisiert und kümmern uns darum, wenn es zwischen zwei Firmen oder zwischen einer Firma und dem Staat Probleme gibt.“) einfach nicht genug Geld, um sowohl für eine eigene Wohnung sparen zu können als auch zu reisen (Billigreisen à la 2 Wochen türkische Riviera oder rotes Meer sind wohl nicht seine Sache).

Dafür kennt er sich allerdings geografisch und geschichtlich sehr gut aus und seine Ansichten über Politik („aufrichtige Menschen gehen nicht in die Politik.“) geben deutlich zu erkennen, dass er seine Informationen nicht nur aus den staatlichen Medien bezieht. Ob es um Afghanistan geht („wir hatten unseren Krieg da schon, jetzt ist der Westen dran.“) oder Korruption in Russland, Igor nimmt kein Blatt vor den Mund: „Die Studentin aus Sankt Petersburg, die Sie zur Demonstration eingeladen hat, ist 20 Jahre alt oder so? Da muss man Ideale haben und gegen Unrecht demonstrieren. Aber ich bin 40 und Sie sind 60

Jahre alt, da kann man nicht mehr daran glauben, dass sich durch Demonstrationen etwas ändern lässt.
Und Navalny, der kann doch auch nichts ausrichten." Nun ja, bei der Demo am 12. Juni in Sankt Petersburg griff die Staatsmacht mit aller Harte ein, Navalny[3], der Mitorganisator, wurde bereits im Vorfeld der Demonstration festgenommen. „Wir haben keine Opposition. Der Einzige, der ernst zu nehmen ist, ist Chodorkowski[4] Nein, Putin bleibt an der Macht, die anderen sind nur Marionetten."
Die westlichen Demokratien sähen ja friedliche Machtwechsel vor, aber „wie lange regiert Merkel jetzt schon in Deutschland? Etwa so lange wie Putin, oder?".
Igor hat leider keine Zeit an den beiden Tagen, an denen ich in Wolgograd bin. Aber zur Sicherheit gibt er mir seine Telefonnummer und seine Email-Adresse, doch ich hoffe natürlich, dass ich seine professionellen Dienste nicht in Anspruch nehmen muss.
„Wolgograd ist touristisch leicht zu erkunden. Ihr Hotel ist in der Nähe des Bahnhofs? Dann gehen Sie vom Hotel Richtung Wolga und nehmen am Komsomolskaya-Platz die Straßenbahn, die unter dem Lenin-Prospekt Richtung Lenin-Platz fährt. Nach ein paar Stationen kommt die Straßenbahn ans Tageslicht und nicht viel später ist auf der linken Seite schon der Mamaev-Hügel mit der Mutter-Russland-Statue zu sehen. Ansonsten lohnt sich das

---

[3] Alexei Anatoljewitsch Navalny, russischer Anwalt und Oppositioneller

[4] Michail Borissowitsch Chodorkowski, russischer Unternehmer und Oppositionspolitiker, ehemaliger Oligarch und Vorstandsvorsitzender des zerschlagenen Ölkonzerns Yukos

Kriegsmuseum in der Innenstadt und die oberhalb der Wolga gelegene Parkpromenade."

Danke, Igor, genauso mache ich es und komme nicht nur ob der 34 Grad im Schatten ins Schwitzen, als ich den Hügel erklimme, der im Winter 1942/43 so hart umkämpft war und heute von der kolossalen Statue der riesigen Frau (Mutter Russland), die ein langes Schwert über den Kopf schwingt, gekrönt wird.
Mir ist ganz blümerant zumute, als ich daran denke, was sich genau hier im Krieg ereignet hat. Nach dem folgenden Besuch im Kriegs-Museum muss ich mich im Hotel erholen. Die Reise hat mich ja schon zu so einigen Kriegsschauplätzen geführt, aber nirgends hat mich das Grausen des Krieges so ins Mark getroffen wie hier, in dieser Stadt, die als Stalingrad in die Geschichtsbücher eingegangen ist.

Saratow/Engels

Es geht weiter wolgaaufwärts nach Saratow. Als ich mir dort am Abend noch die Bahnfahrt aus den Beinen schüttele, ist mir diese Stadt mit ihren vielen Grünanlagen und alten Bürgerhäusern sofort sympathisch.
Am nächsten Morgen fahre ich allerdings zuerst mit dem Stadtbus über die knapp 3 km lange Wolgabrücke nach Engels, einer eher unattraktiven kleinen Stadt direkt am gegenüberliegenden Ufer der Wolga. Engels hieß früher Pokrovsk und war ab 1924 die Hauptstadt der autonomen sozialistischen Republik der Wolga-Deutschen, bis diese

1941 aufgelöst und die deutschen Bewohner umgesiedelt wurden, viele zur Zwangsarbeit nach Kasachstan oder Sibirien.

Hier in Engels gibt es ein interessantes Heimatkundemuseum, in dem auch ausführlich über die deutsche Vergangenheit der Stadt informiert wird. Immerhin lebten Ende des 19. Jahrhunderts mehr als 11,5 Millionen ethnische Deutsche in der Wolgaregion, insbesondere in und um Saratow herum.
Interessant sind nicht nur die vielen Ausstellungsstücke aus dem täglichen Leben der früheren Bewohner der Stadt und die Bilder des Malers Jakob Weber, sondern auch der Ausstellungsraum mit Devotionalien und Bildern des Kosmonauten Juri Gagarin, der etliche Jahre in Saratow gelebt hat. Kulturell gesättigt lasse ich mich vom Bus zurück fahren, allerdings nur bis zur Mitte der Brücke. Von hier kann man auf eine Insel inmitten der Wolga hinabsteigen und sich mit den Einheimischen am Sandstrand vergnügen oder im Strandcafe ein Eis schlecken. Am Ufer in Saratow angekommen, schlendere ich noch die Promenade und dann die Fußgängerzone stadteinwärts, bis ich den schattigen Park am Stadion erreiche und mich müde vom Laufen in der Hitze auf einer Parkbank niederlasse.

„Hallo, aufwachen, hier im Park wird nicht geschlafen!“ Oh, da bin ich wohl eingeschlafen. Aber was ist denn das für ein komischer Typ, der mich da mit sanftem Rütteln an der Schulter aufweckt? Er hat einen Raumfahreranzug an und erinnert mich total an Juri Gagarin, dessen Bilder ich im Museum in Engels ja gerade angeschaut hatte.

„Ja, ich bin es, Juri." Und während ich noch denke, dass sich hier einer einen Scherz mit mir erlaubt, erklärt mir Juri, dass er zwar offiziell in einem Mausoleum am Kreml in Moskau läge, in Wirklichkeit jedoch als untoter Held dazu verdammt sei, immer wieder ins All und zurück zu fliegen.
„Pojechali - Los geht's!", fordert mich Juri auf, aufzustehen und ihm zu folgen.
Nach ein paar Minuten sind wir schon an einer kleinen Seitenstraße angekommen, deren Name ich im Halbdunkel als „Sacco und Vanzetti" entziffere. „Ja, die beiden amerikanischen Arbeiterführer, die habt ihr auf dem Gewissen." Moment mal, jetzt muss ich diesen Juri wohl mal aufklären, dass ich Deutscher und nicht Amerikaner bin, aber Juri lässt sich von meinem Einwand nicht beirren: „Na und, warum seid ihr Deutschen dann so stolz, diese amerikanische sogenannte Demokratie übernommen zu haben? Aber lass uns nicht streiten, sieh mal, hier, was da auf dem Schild am Haus steht."
Wir sind vor einem Haus mit weißen Backsteinen angekommen und am silbernen Schild steht geschrieben, dass in diesem Industrie-Technikum von 1951 bis 1955 der erste Kosmonaut im Weltall, Juri Gagarin, studiert hat. „Und hier, in dem Gebäude rechts daneben, ist ein kleines Museum über meine Heldentaten untergebracht, das hat aber nur montags auf."
Ich kann immer noch nicht glauben, dass ich hier mit diesem Helden, dem Superstar der UdSSR, unterwegs bin. Da fällt mir eine List ein und ich imitiere Koroljew, den damaligen Leiter des sowjetischen Raumfahrtprogramms und väterlichen Freund Gagarins, der diesen, bereits startklar in

der Raumkapsel sitzend, noch bezüglich der Verpflegung mit den folgenden Worten ermunterte: „63 Stück, Du wirst dick werden."
Und wie aus der Pistole geschossen antwortet Juri: „Hauptsache es ist Wurst dabei, das passt gut zum Schnaps!" Wenn es noch eines Beweises bedurft hätte, jetzt war er erbracht. Doch warum bloß muss Juri Alexejewitsch Gagarin immer noch als Untoter durchs All fliegen, anstatt seine Ruhe im Mausoleum zu genießen?
„Du hast ja keine Ahnung, was es heißt, der größte Held des Sozialismus zu sein. Von wegen Held. Beim Gang zur Startrampe habe ich mir vor Angst fast in den Anzug gepisst. Da habe ich halt noch mal kurz gegen den Hinterreifen des Transportbusses gestrullert. Das fanden meine Nachfolger so toll, dass sie eine Tradition daraus gemacht haben." Mir liegt die Frage auf der Zunge, ob denn die Kosmonautinnen dieser Tradition auch folgen, aber aus Respekt vor der Leistung dieser Frauen verzichte ich dann doch auf meine Frage.
„Schon beim Ausfüllen des Aufnahmeantrages für die Uni da hinten habe ich geschummelt. Hätte ich die Wahrheit gesagt, dass meine Geschwister Walentin und Sonja im Krieg zur Zwangsarbeit nach Deutschland verschleppt waren, dann hätte ich den Platz nie bekommen. Und dann diese ständige Lügerei bei meinen vielen Auslandsreisen nach dem Weltraumflug 1961. Da hatten mir unsere Propagandastrategen so seltsame Sätze in den Mund gelegt wie *Ich möchte gern an einem Flug in einem Raumschiff teilnehmen, dessen Besatzung aus jungen Raumfahrern verschiedener Nationalitäten besteht, aus Russen, Indern, Amerikanern. Aber Sie verstehen, dass dies vorerst nur ein Traum ist.*

War doch klar, dass das nur Propaganda war. Konnte damals doch keiner ahnen, dass genau das später auf einmal möglich werden würde." Na gut, so ein paar Notlügen und Propagandareden, davon wird man doch nicht gleich zum Untoten. „Nein, davon alleine noch nicht. Aber dass ich nicht noch ein zweites Mal ins All durfte, das ist mein Problem. Ich war ja schon als Ersatzmann für unser Mondfahrprogramm vorgesehen. Das kam aber nicht so recht voran nach Koroljews Tod. Na, dann wollte ich wenigstens vorübergehend wieder Flugzeuge fliegen, nur als arbeitsloser Superstar durch die Welt tingeln, das reichte mir nicht. Wobei, die Zigarren bei Fidel in Havanna, die waren schon Klasse!

Als ich dann 1968 wieder Übungsflüge machen durfte, lief alles schief, was nur schieflaufen kann. Hat man ja nie eindeutig geklärt, was genau passiert ist, auch der offizielle Untersuchungsbericht wirft Fragen auf, ich will da nicht weiter drauf eingehen, jedenfalls sind wir abgestürzt. Das war für meinen Heldenstatus jahrelang ja ganz prima, bis irgendwann einige Typen anfingen, mir die Schuld am Absturz in die Schuhe zu schieben.

Alles Quatsch, ich wollte doch nur fliegen, und zwar noch einmal ins All. Das hatte ich doch Koroljew versprochen, ich hatte sogar dessen Foto bis zuletzt in meiner Brieftasche. Und weil das zu Lebzeiten nicht mehr geklappt hat, muss ich das jetzt als Toter bis in alle Ewigkeit so weiter machen. So, genug geredet, ich muss jetzt wieder nach Moskau ins Mausoleum, die dürfen da nicht merken, dass ich immer unterwegs bin." Weg ist er, der Juri.

Oh, da bin ich wohl eingeschlafen. Diese Hitze und das lange Laufen. Habe ich da gerade etwas geträumt? Egal, jetzt ist das Gagarin-Museum in der Sacco und Vanzetti-Straße ein gutes Ziel. Doch als ich dort ankomme, klärt mich eine freundliche Dame auf, dass das Museum nur montags geöffnet habe. Das hätten die von *lonely planet* aber schreiben sollen oder habe ich es nur überlesen? Auf jeden Fall ist Saratow einen Besuch wert!

Samara

Die nächste Station meiner Wolga-Reise erreiche ich morgens um 8.00 Uhr, eigentlich eine Zeit, in der man noch lange nicht zur Unterkunft am Orte zu gehen braucht, viel zu früh zum Einchecken. Aber hier und an dieser Stelle muss ich mal wieder Werbung machen, dieses Mal für das Hostel *Kamelia*, das geschätzt einen knappen Kilometer Fußmarsch vom Bahnhof entfernt ist. In diesem Hostel kann man nämlich schon ab 7.00 Uhr morgens einchecken. Der Wegbeschreibung ist zu entnehmen, dass der Eingang zum Hostel an der Rückseite (also Hofseite) des Hauses ist, und tatsächlich, da ist auch ein Schild am Eingang: Hostel Kamelia.

Doch was ist das? Ein dunkles, völlig heruntergekommenes Treppenhaus, alles andere als einladend. Ich öffne die erstbeste Tür und stehe vor einer Waschküche, an deren Betreten mich der Prototyp einer russischen Wäscherin mit dröhnender Stimme hindert: „Hostel, 2. Etage!“

Also Treppe rauf, das Unbehagen nimmt mit jeder Stufe dieses Abriss-Treppenhauses zu. Wieder eine Tür, sogar mit Klingel. Und siehe da: Eine freundliche Frau öffnet die Tür und bittet mich hinein.

Was für ein Kontrast zum Treppenhaus! Hier drinnen sind die Wände mit Postern geschmückt (fast alle zeigen Ansichten von New York) und alle Zimmer, der Gemeinschaftsraum, die Küche, die Bäder und Toiletten sind pingelig sauber und gemütlich eingerichtet. Mir wird sofort ein Zimmer mit zwei Etagenbetten zugewiesen.

Den Luxus eines Bettes im Vierbettzimmers habe ich mir gegönnt, alternativ wären auch Sechs- oder Achtbettzimmer möglich gewesen. Was ich aber vorher nicht wissen konnte: Ich belege das Zimmer ganz alleine, und zwar für schlappe 500 Rubel, etwa 8 Euro.

Mit Inna, einer Angestellten des Hostels, komme ich gleich ins Gespräch, denn nach den üblichen Eingangsfragen (woher, wohin, warum Russland?) kann Inna ihr Interesse an meinem Projekt nicht zurückhalten. „Das hätte ich nie gedacht, dass ein Deutscher durch ganz Russland reist und alle Nachbarländer. Warum ist denn noch kein Russe auf diese Idee gekommen?“ Ich muss Inna gestehen, dass ich diese Frage leider nicht beantworten kann, vielleicht hat das ja schon mal ein Russe gemacht, wer weiß? Inna glaubt das nicht, so eine Reise traut sie ihren Landsleuten nicht zu.

Inna ist noch nie im Ausland gewesen, „aber es kommen ja Ausländer zu uns. Leider spreche ich nur Russisch, aber die meisten Ausländer, die uns hier finden, sind sowieso aus der Ukraine oder anderen ehemaligen Sowjetrepubliken und sprechen natürlich Russisch. Deutsche haben wir hier ganz selten. Moment, Sie sind der Erste!“ Inna blättert

noch eine Weile im Eingangsbuch, aber tatsächlich, sie findet keinen weiteren Deutschen.
Ein ukrainisch-russisches Paar hat sich zu uns gesellt und sofort zeigen die beiden uns Handy-Fotos aus der Ukraine, im Sommer, im Winter, mit und ohne Kinder, „und hier, die Blumen in unserem Garten“. Die beiden russischen Elektriker, die seit einem Monat hier in Samara arbeiten, wollen auschecken, müssen sich vorher aber noch von Inna diese unglaubliche Geschichte über diesen Deutschen da anhören, wobei sie mit ausladender Geste auf mich deutet. Etwas ungläubig betrachten mich die beiden und ziehen von dannen, nicht ohne sich von mir mit einem „Erfolgreiche Reise“ zu verabschieden.
Alles sehr familiär hier, ich bin rundum zufrieden, auch das Internet funktioniert sehr gut, *WhatsApp* und *Skype* stellen nun einmal die Verbindung mit den Lieben zu Hause dar.

Ach so, falls es Sie interessiert, liebe Leser: angesichts der deutlich über 30 Grad im Schatten besteht der touristische Höhepunkt Samaras zweifelsohne darin, im Ausschank der Ende des 19. Jahrhunderts von dem österreichisch-russischen Brauereiunternehmer Alfred Joseph Maria Vacano Ritter von Wellho (doch, der war trotz dieses merkwürdigen Namens auch Österreicher und ist 1926 wohl nicht ganz freiwillig nach Mödling umgezogen) gegründeten Brauerei ein frisch gezapftes Schiguly-Bier zu trinken und nach dem zweiten Bier gut gestärkt die Promenade am Wolga-Strand entlang zu schlendern und die Strandschönheiten zu bewundern. Ein richtiger breiter Sandstrand, ein Strandbetrieb fast wie in Rio!

Doch noch ein zweites touristisches Highlight sei erwähnt, doch hierfür überlasse ich Eugen Zabel den Vortritt, bitte sehr: „Ein paar Stunden Schlaf und dann wieder hinaus auf die Plattform des Zuges, wo uns Samara mit der 1894 vollendeten, weithin sichtbaren Alexander Nevski-Kathedrale begrüßt. Auf den Höhen, welche die Stadt umgeben, sind die Kumpß-Anstalten angelegt für die Aufnahme von schwächlichen, blutarmen oder gar zur Schwindsucht neigenden Patienten, deren Kräfte sich beim Genuß des aus Stutenmilch zubereiteten Getränkes oft in überraschend kurzer Zeit heben."
Wer weiß, vielleicht hat ja auch das eine oder andere Schiguly-Bier den Heilungsprozess positiv beeinflusst.

Uljanowsk

Warum das alte Sibirsk 1924 in Uljanowsk umbenannt wurde, ist schnell erzählt. Schließlich ist hier, in dieser Stadt, Wladimir Iljitsch Uljanow geboren, der sich später Lenin nannte. Die jetzige Lenin-Straße, die frühere Moskauer Straße, ist mit ihren alten Holzhäusern (in zwei von denen hatte die Familie Uljanow gelebt, wie auf entsprechenden Schildern stolz verkündet wird) durchaus ganz ansehnlich. Fast der gesamte Rest der Stadt ist durch sozialistische Architektur in allen ihren Facetten geprägt.
Falls jemand in einem nicht wirklich post-sozialistischen Hotel übernachten möchte, in dem das Flair der 70er Jahre noch kaum verändert vorhanden ist (inklusive der Empfangsdamen, deren Fönfrisuren unverkennbar der sozialis-

tischen Friseurkunst entsprungen sind), dem sei das Hotel *Venits* empfohlen.
Der Ausblick aus meinem Hotelzimmer im 17. Stock auf die Wolga ist phantastisch, die Zimmereinrichtung ist wahrscheinlich seit der Errichtung des Hotels (ein Vorzeigeexemplar sozialistischer Baukunst) unverändert erhalten geblieben. Auch wenn man dann die Straße betritt, geht die architektonische Zeitreise weiter.
Entlang mehrerer sozialistischer *Prachtbauten* und einer Promenade gelange ich zum Lenin-Denkmal am Lenin-Platz. Hier muss mir doch jemand Auskunft darüber geben können, was die heutigen Bewohner Uljanowsks denn so von Lenin halten. Die drei Damen im besten Alter, also zu Sowjetzeiten sozialisiert, antworten leider sehr mürrisch und abweisend, dass sie nicht mit mir darüber sprechen möchten. Das junge Paar, das schnell an mir vorbei eilt, antwortet zwar freundlich, aber bestimmt, dass sie leider keine Zeit hätten. Den etwa fünfjährigen Knirps auf dem Fahrrad frage ich erst gar nicht und auch dessen telefonierende Mama hat sicherlich keine Zeit, um mit mir zu sprechen.
Nach gefühlten 20 Minuten und mehreren weiteren vergeblichen Versuchen, mit Passanten ins Gespräch zu kommen, gebe ich es auf. Die Leute hier haben es einfach nicht verdient, dass ich freundlich über Lenin und seine Geburtsstadt schreibe. Das habt ihr jetzt davon:
Uljanowsk ist die hässlichste Stadt, die ich bisher in Russland gesehen habe, schon wenn man mit dem Bus aus Samara kommend erst die triste Wohnstadt auf der östlichen Wolgaseite durchquert und dann durch den Stau auf der alten Wolgabrücke endlich den westlichen Stadtteil, das

sogenannte Zentrum, erreicht hat und schließlich nach weiteren vier Kilometern durch fürchterliche Schlaglöcher auf der von architektonischen Fehlleistungen ersten Ranges gesäumten *Hauptstraße* am Busbahnhof angekommen ist, dann begeht man keinen großen Fehler, wenn man sich am Bahnhof gleich eine Fahrkarte für die Weiterfahrt kauft, egal wohin.

Kein Wunder, dass es hier am nächsten Morgen in Strömen regnet, als mich ein sehr netter Taxifahrer zum Busbahnhof fährt („Und, wie hat Ihnen Uljanowsk gefallen? Schade, dass es jetzt regnet, da können sie ja kaum was von der Stadt erkennen. Sie sind tatsächlich aus Deutschland? Mein Bruder lebt da, er fährt einen Mercedes. Tolle Autos, die ihr Deutschen baut. Bei uns sind die sehr teuer, der Zoll, die Steuer, wer kann sich das schon leisten. Ihr habt es gut in Deutschland, da fährt jeder so ein tolles Auto. Autobahn, ja, mit 200 Sachen. So, da sind wir schon, macht 125 Rubel. Gute Reise, kommen Sie bald wieder.“) Nichts für ungut, lieber Taxifahrer, auch wenn die Taxifahrt sehr preiswert ist, aber es ist doch eher unwahrscheinlich, dass ich so schnell wieder nach Uljanowsk kommen werde, ganz ehrlich!

Saransk

Kaum zu glauben, im Hotel höre ich am Nachbartisch beim Frühstück einmal kein Russisch, sondern Französisch. Abgesehen von Sankt Petersburg, Moskau und

Sotschi, wo ich sehr viele bzw. doch einige westliche Ausländer antraf, habe ich ansonsten bisher in Russland fast nur Russen gesehen oder gehört.
Ausgerechnet hier im abgelegenen Saransk, der Hauptstadt der Republik Mordwinien treffe ich auf Franzosen bzw. einen Franzosen und eine Schweizerin.
Was haben die beiden denn hier in dieser kleinen Stadt zu suchen, die im Übrigen äußerst sauber und gepflegt daherkommt mit einer Bebauung aus den Spätzeiten der UdSSR und moderner, zeitgenössischer Architektur (also so ziemlich das Gegenteil zu Uljanowsk)?
Die Fußballexperten unter Ihnen können sich natürlich denken, warum sowohl der Russland-Korrespondent der französischen Tageszeitung Libération, Étienne Bouche, mit seiner schweizer Kollegin, als auch ich hier in der Provinz gelandet sind: Saransk wird einer der Spielorte der Fußball-Weltmeisterschaft 2018 sein und erhält gerade ein äußerst schmuckes neues Stadion. Ich habe es ja bisher noch nicht erwähnt, doch jetzt ist es an der Zeit, darüber zu schreiben: Ich besuche alle Städte, in denen die WM ausgetragen wird und schaue mir die dortigen Stadien an, von denen etliche noch im Bau sind. Lachen Sie nicht, andere Menschen haben noch viel merkwürdigere Hobbies.
Wenn es während meiner zwei Tage in Saransk nicht fast pausenlos regnen würde, dann könnte ich mit deutlich mehr Freude den vielen mustergültig auf Russisch und Englisch vorhandenen Wegweisern zu den (nun ja, eher wenigen) Attraktionen der Stadt folgen und mich auch einmal auf eine Bank im Stadtzentrum setzen und die moderne Architektur bewundern.

Zugegeben, das Stadtzentrum ist schnell durchschritten, Saransk ist eben überschaubar (klein). Und wenn man wie Andrea, meine aus der Schweiz stammende spätere Moskauer Mitstudentin als 15-jährige Schülerin ein Austauschjahr nicht in Sankt Petersburg oder Moskau, sondern in Saransk verbringen musste, dann hat man verständlicherweise eher nicht die alleraufregendsten Erinnerungen an sein Austauschjahr in Russland.

Étienne Bouche, den ich später in Moskau noch einmal zum kurzen Abendessen treffe (Journalisten stehen offenbar immer unter Zeitdruck), und ich sind uns jedoch einig, dass es auf jeden Fall gerechtfertigt und lohnend ist, den Menschen in Frankreich und Deutschland mal ein wenig aus und über Saransk zu berichten.

Et voilà, bitte sehr, Sie lesen ja gerade meinen kurzen Beitrag über das kleine Städtchen, das angeblich bei einer Umfrage im Jahre 2010 zu den lebenswertesten Städten des Landes gewählt wurde.

Es ist wohl die Mischung aus Sauberkeit und Gemächlichkeit, verbunden mit offenbar recht guter Infrastruktur und vergleichsweise gutem kulturellen Angebot, die zu diesem Ergebnis führt. Die Zuganbindung ist nicht gerade üppig, aber dafür gibt es auf dem Bahnhof im Wartesaal ein großes Regal mit Büchern zur freien Verwendung. Für den Lesespaß ist also gesorgt, vorausgesetzt, man verfügt über gute Russischkenntnisse.

Wenn dann das neue Fußball-Stadion mal fertig ist, kann der Fußballfreund dort die Spiele des Zweitligisten FK Mordovia Saransk besuchen. Ich wage allerdings zu bezweifeln, dass das Stadion (das nach der Weltmeisterschaft noch etwa 30000 Zuschauer fassen soll) tatsächlich jemals

gefüllt sein wird. Saransk ist nun einmal nur ein kleines Städtchen, auch wenn es laut Wikipedea fast 300000 Einwohner hat.
Die Saransker bevorzugen nämlich eine ganz andere Sportart, die meines Erachtens auch viel besser zu diesem Städtchen passt: das Gehen! Ja, tatsächlich, diese etwas eigentümlich anmutende olympische Sportart, bei der auf keinen Fall gerannt werden darf, ist hier die unumstrittene Sportart Nummer eins.
Da passt es doch auch ganz gut, dass ausgerechnet hier, mitten in der Provinz und im Mekka der Läufer mit angezogener Handbremse, der nicht mehr ganz so spritzige Gérard Depardieu im Jahre 2013 auf seiner Flucht vor der französischen Justiz hoch offiziell seinen neuen Wohnort anmeldete („*I want to be tsar of Saransk*“).[5] Noch Fragen?

Nischni Novgorod

Ich stehe neben dem Telefon in der Plattenbauwohnung in der Gagarin-Str. 124, Wohnung Nr. 3 und posiere für die Fotos, die Marina von mir schießt. Es ist nicht irgendein Telefon in irgendeiner Wohnung. Laut Marina ist es das Original-Telefon, das 1986 von einem KGB-Offizier installiert worden ist, damit ein gewisser Michael Gorbatschow den Bewohner der Wohnung anrufen konnte, um ihm mitzuteilen, dass sein sechsjähriges Exil in Gorki, so hieß Nischni-Novgorod zu Sowjetzeiten, aufgehoben ist

---

[5] http://rt.com/news/depardieu-address-saransk-russia-332/

und er, Andrei Dimitrijewitsch Sacharow, ein freier Mann sei und nach Moskau zurückkehren könne.
„Da drüben in dieser Wohnung saßen die KGB-Männer, die Sacharows Wohnung 24 Stunden täglich beobachtet haben“, mit diesen Worten zeigt Marina auf das Nachbarhaus. Ausländer durften Sacharow sowieso nicht besuchen, „denn Gorki war damals für Ausländer gesperrt. Aber Sacharow hat weiterhin gearbeitet und einige Kollegen aus Moskau haben ihn regelmäßig besuchen dürfen, um über die Ergebnisse seiner wissenschaftlichen Arbeiten in Moskau zu berichten.“
Heute ist hier ein Museum mit etlichen Original-Möbeln und Einrichtungsgegenständen von Sacharow, außerdem gibt es neben einer ständigen Ausstellung, die über das Leben und Wirken des Friedensnobelpreisträgers und wohl bekanntesten Dissidenten der UdSSR berichtet, auch wechselnde Ausstellungen, wie derzeit diejenige, in der Briefumschläge und Fotos von russischen Soldaten gezeigt werden, die im Afghanistankrieg verheizt wurden.
„Sacharow hatte sich 1980 öffentlich gegen den Krieg in Afghanistan geäußert und gefordert, dass die Soldaten nach Hause zurückkehren sollen. Das gab dann den Ausschlag für seine Verbannung nach Gorki. Wenn man sich die Bilder hier anschaut, dann sieht man, dass es noch halbe Kinder waren, die damals nach Afghanistan geschickt wurden.“
In der Dauerausstellung erfahre ich, dass Sacharow, der als der wohl wichtigste Vater der sowjetischen Atombomben gilt, von 1942 bis 1945 als Ingenieur in einer Munitionsfabrik in Uljanowsk gearbeitet hat, bevor er am Lebedew-Institut in Moskau weiter studierte und promovierte. Ob

seine Zeit in Uljanowsk dafür verantwortlich war, dass Sacharow Anfang der 50er Jahre angesichts der horrenden Kosten des Wettrüstens die etwas wirre Forderung erhoben hatte, eine Bombe vor der Küste der USA zu zünden, um damit einen Tsunami auszulösen, der viele nordamerikanische Großstädte auslöschen würde, ist nicht überliefert, kann aber, gestatten Sie mir die Bemerkung, nach dreijährigem Aufenthalt in dieser merkwürdigen Stadt durchaus vermutet werden.

Mitte der 50er Jahre änderte Sacharow seine Haltung in Bezug auf die Nutzung von Atomwaffen und nach und nach äußerte er sich immer kritischer zu gesellschaftspolitischen Fragen. Mit Fug und Recht könnte man Sacharow dann auch als einen 68er bezeichnen, denn in diesem Jahr protestierte er erst gegen die Zerschlagung des Prager Frühlings durch Truppen der Warschauer-Pakt-Staaten und veröffentlichte dann sein berühmtes Memorandum *Gedanken über Fortschritt, friedliche Koexistenz und geistige Freiheit*, welches Sacharow den Ausschluss vom sowjetischen Atomprogramm einbrachte.

„Nächstes Jahr werden wir das zum 50-jährigen Jubiläum besonders hervorheben. Kaum zu glauben und sehr traurig, dass dieses Memorandum heute wieder genauso aktuell ist wie damals.“ Marina, die, wie sie mir erzählt, aus Kasan stammt und dort vor 30 Jahren ihr Geographie-Studium abgeschlossen hat und dann mit ihrem Mann nach Gorki zog, und ich sind uns einig, dass die Politiker sehr gut daran tun würden, dieses Memorandum von Sacharow gründlich zu lesen und entsprechend zu handeln.

Nach zwei Stunden in diesem kleinen Museum verabschieden wir uns wie alte Freunde. Auch wenn ich sprach-

lich nicht alles verstanden habe, was Marina mir erzählt hat, denn manchmal war sie in ihrem Redefluss, immer mal wieder mit ein paar deutschen Wörtern gewürzt, nicht zu bremsen, so haben wir uns dennoch glänzend verstanden.
Und überhaupt: Nischni Novgorod lohnt einen Besuch, nicht nur wegen des Sacharow-Museums und des Kremls, der Seilbahn über die Wolga und der schönen Parks: die Stadt ist lebendig und hat viele gute Kneipen und Restaurants.

Moskau

„Hotel Ukraina, mehr Palast als Hotel, eigentlich entschieden über unseren Verhältnissen. Fernseher, Radio, Telefon im sehr großen Zimmer mit Parkettboden und Schreibtisch." Mit diesen Worten beginnt das Reise-Tagebuch, das ich vor nunmehr fast genau 40 Jahren in Moskau begonnen habe zu schreiben.
Die West-Berliner Filiale des DDR-Reisebüros Intourist ließ uns westlichen Devisenbringern damals keine andere Wahl, als in einem der nobelsten Moskauer Hotels zu übernachten. Da der Rest der Reise (vor allem das Fahren mit der Transsibirischen Eisenbahn) aber sehr preiswert war, fielen die Kosten für die drei Übernachtungen in Moskau kaum ins Gewicht. Heute wird dieses Hotel von der *Radisson-Inn*-Kette betrieben und zwei Wochen (diesmal bleibe ich zwei Wochen in Moskau) dort würden wahrscheinlich teurer sein als mein gesamter dreimonatiger Russlandaufenthalt.

Ein Hingucker ist das Hotel allerdings auf jeden Fall, handelt es sich bei diesem Bauwerk doch um einen von sieben Wolkenkratzern, die Stalin in Moskau errichten ließ (unter Zuhilfenahme der Arbeitskraft von GULAG-Häftlingen).
Wer sich selber ein Bild vom luxuriösen Inneren dieses Hotels machen will, der braucht einfach nur forschen Schrittes und mit entschlossenem Blick und freundlichem Gruß am Portier und den Wächtern am Eingang vorbei zu marschieren. Drinnen wird man von einer Mischung aus edlem Marmor und teuren Einrichtungsgegenständen empfangen, und sei es auch nur beim Gang auf die Toilette.
Während hier die Besichtigung zumindest des Eingangsbereiches und des Restaurants für jedermann möglich ist (sofern man nicht von vornherein vom Portier aussortiert wird), darf ein anderer dieser stalinistischen Wolkenkratzer nur betreten werden, wenn man sich am Eingang entsprechend ausweisen kann: das Hauptgebäude der Lomonossow-Universität, der MGU[6].
Als Student habe ich die Ehre, mit meinem Studentenausweis das Gebäude betreten zu dürfen und der Ausflug bis in das Museum ganz nach oben, den wir Sprachstudenten mir einer sehr euphorischen Führerin („ich liebe unseren Dekan, ich bin so stolz auf unsere Wissenschaftler", usw.) unternehmen dürfen, ist nicht nur der phantastischen Aussicht wegen äußerst lohnend.
Ja, ich bin mal wieder Russisch-Student für zwei Wochen und wohne selbstredend nicht im Hotel, sondern in einer Wohnung im 10. Stock eines relativ neuen Wohnblocks

---

[6] MGU = Московский государственный университет, Moskauer staatliche Universität

nahe dem Nachimoski-Prospekt, von wo aus ich bequem per Minibus zur MGU fahren kann.
Ludmila, meine Gastgeberin, arbeitet auch an einer Universität, allerdings nicht an der MGU, sondern der Technischen Universität Bauman. Natürlich verstehen wir uns blendend, auch wenn es mir nicht gelingt, wirklich seriöse Aussagen von der 61-jährigen Ludmila zu erlangen.
Alles, was Ludmila sagt, hat einen zynischen oder gegebenenfalls sogar auch kabarettistisch anmutenden Anklang. „Opposition haben wir nicht. So etwas können wir uns nicht leisten, zu teuer." Als ich leichte Halsschmerzen habe, überreicht mir Ludmila Kräuterbonbons mit den freundlichen Worten: „Hier, ich muss doch gut für dich sorgen, sonst schickt Merkel Flugzeuge mit Bomben."

Nein, völlig ernsthaft kann man mit dieser Frau nicht reden. Sie liebt Asien, wo sie lange gearbeitet hat (u. a. sechs Jahre lang in Myanmar, während der Diktatur) und kann Europa nicht leiden. Ludmila findet Trump super („wenn der wirklich so dumm wäre, wie ihr sagt, dann wäre er ja wohl kaum so reich geworden") und könnte sich auch gut vorstellen, in New York zu leben („das ist wenigstens eine richtige Großstadt, so wie Moskau. Ich war dort schon oft, am besten gefallen mir Manhattan und Harlem. Brighton Beach ist furchtbar, nur russische Rentner"), während San Franzisco ihr zu provinziell ist. „Ich habe mich da auf die Terrasse des Nachbarhauses in die Sonne gesetzt. Als die Besitzerin des Hauses kam, fing sie gleich fürchterlich an zu schimpfen, um mich zu vertreiben. Ich habe mich dann kerzengerade aufgerichtet und der Frau, einer Deutschen, mit ausgestrecktem Arm auf Deutsch ein *Jawohl, mein Füh-*

rer zugerufen. Das gab gleich einen richtigen Skandal, die hat sogar die Polizei geholt!"

Ich werde wirklich nicht schlau aus Ludmila, die es bei Freunden auf der Datsche am Stadtrand von Moskau vor langer Weile höchstens einen Tag lang aushält, die mir ein Foto von sich und einem eher feist aussehenden Offizier („mein boy-friend in Vietnam") sowie Videos von sich in Myanmar (Ludmila in Uniform zwischen lauter Offizieren, Ludmila in birmesischer Tracht in einem Hörsaal etc.) zeigt und immer wieder betont, dass sie ein Soldat sei.
Ludmila hat andererseits einen ganzen Schrank voller Puppen und Kuscheltiere im Schlafzimmer, das für zwei Wochen mein Zimmer ist: „Jetzt wohnst Du hier, ich ziehe ins kleine Zimmer, da ist es nicht so bequem wie hier." Sie rezitiert die Gedichte verschiedener russischer Dichter aus dem Kopf und hat mehrere Ausgaben der Bibel und einige Ikonenbilder in der Wohnung verteilt. „Übernächste Woche muss ich dienstlich nach China, aber dann bist Du ja auch schon wieder weg. Warte mal, wann wirst Du in Peking sein? Ach so, nein, da bin ich wohl gerade in Hong-Kong."
Meine Fragen, was sie denn in Myanmar und Vietnam gemacht habe und jetzt in China zu tun habe, lächelt Ludmila weg und sagt nur: „Geheimnis." Ich vermute, dass es irgendwelche Aufträge des Geheimdienstes sind, die sie in Asien ausführt, aber vielleicht ist sie doch einfach nur eine Wissenschaftlerin, die Asienstudien betreibt und es liebt, einem ahnungslosen deutschen Gast die größten russischen Bären aufzubinden, die Moskau je gesehen hat.

Noch ein Zitat aus meinem Tagebuch von 1977 gefällig? „Die Wache vor dem Lenin-Mausoleum. Zweimal sahen wir die Wachablösung. Offiziere, streng gedrillt mit sicherlich unerschütterlichem Glauben an ihr Heimatland. Jockel sagte, daß er diesen Menschen in einem Krieg nicht gegenüberstehen möchte, weil deren Glaube wohl Berge versetzen könne. Ich konnte dazu nur eines erwidern: Ich weiß, daß ich niemals irgendeinem Menschen in irgendeinem Krieg gegenüberstehen werde.
Auf dem Roten Platz trafen wir Alek und Alek. Sie sprachen uns an und waren begierig nach westlicher Kleidung, westlichem Geld, kurzum, nach allem was nach westlicher (kapitalistischer) Welt aussah. Wir schenkten ihnen jedem ein T-shirt. Danach gingen wir zusammen Essen und sie erzählten uns sehr viel über ihr Land.
Noch lieber als über die UdSSR sprachen sie freilich über West-Deutschland. Ich war erstaunt über die Fülle von Informationen, die sie über unser Land besaßen. Sie kannten alle bekannten Pop-Stars, Fußballmannschaften, Spieler und auch die westliche Art zu leben sehr genau. Umso erstaunlicher, dass sie geradezu besessen darauf waren, diesen kapitalistischen *way of life* nachzuahmen. Sie streben nach Komfort und Luxus.
Wie paradox. Ist es nicht gerade der Mangel an westlicher Luft, eben an Komfort und Luxus, der mir die sowjetische Art zu leben so liebenswert erscheinen läßt? Die Wahrheit liegt wie so oft wohl in der Mitte. Vielleicht ist es eine zutiefst menschliche Eigenschaft, daß man nie mit dem zufrieden ist, was man hat, sei es materiell, sei es ideell. Wie sagt der Heimatvertriebene Wolf Biermann: den (roten)

Stein des Weisen, den gibt es nicht. Wohl auch nicht in Moskau!"

Schon ein wenig komisch, wenn ich jetzt diese Zeilen noch einmal lese und abschreibe. Das mit dem westlichen Luxus schaue ich mir mit Mitschüler Dieter im Kaufhaus GUM an, damals und heute beliebter Konsumtempel direkt am Roten Platz gelegen.
Die vielen Touristen und wenigen Einheimischen, die man hier antrifft, streifen mit großen Augen und gezückter Kamera durch das Gebäude, einkaufen tun hier angesichts der Preise sicherlich die allerwenigsten. Na ja, den roten Stein des Weisen, den hat man hier wahrscheinlich ganz tief vergraben, vielleicht ja auch irgendwo drüben auf der anderen Seite des Platzes, neben dem Lenin-Mausoleum, oder direkt im Kreml?

Genug der tiefgründigen philosophisch-ökonomischen Analysen, denn es ist höchste Zeit, dass ich mich nunmehr voller Freude einem viel wichtigeren Thema zuwende: dem Fußball. In Russland liebt man Fußball. Fußball gucken. Am besten mit Freunden, zu Hause vor dem Fernseher oder in einer Kneipe, auch mal im Stadium. Aber selbst spielen, nein, das machen fast nur die Kinder, wenn sie nicht gerade Eishockey spielen. Denn darin, im Eishockey, sind sie immer noch Weltklasse, die Russen. Im Fußball eher nicht, da liegen die besten Tage schon lange zurück, wenn man mal von der Europameisterschaft 2008 absieht, als es die *Sbornaja*, die russische Fußballnationalmannschaft der Männer, immerhin bis ins Halbfinale gegen den späteren Turniersieger Spanien schaffte. Dort in Wien waren die

Russen in der ersten Halbzeit sogar leicht überlegen. Vielleicht hielt da ja auch noch der Fußballgott seine schützenden Hände über die Russen und freute sich über die Slapstickeinlagen der Spanier, die im stürmischen Gewitterregen das eine und andere Mal den Russen in puncto Standfestigkeit deutlich unterlegen waren. Doch dann hatte der liebe Gott ein Einsehen mit den Iberern und bat Petrus, doch bitteschön mit den Wetterkapriolen aufzuhören. Die Spanier nahmen den Wetterwechsel dankbar entgegen und schickten die nunmehr völlig überforderten Russen mit 3:0 nach Hause.

Im frühzeitigen Nachhausefahren haben die russischen Fußballer viel Erfahrung, denn wenn man sich schon mal für eine WM oder EM qualifizierte, dann musste – abgesehen von der erwähnten EM 2008 - stets schon nach der Vorrunde die Heimreise angetreten werden.

Ganz anders war das früher, als die russischen Fußballer noch in der sowjetischen Nationalmannschaft spielten. Aber da hütete ja auch lange Zeit (von 1954 bis 1970) ein leibhaftiger Weltstar das Tor: Lew Iwanowitsch Jaschin, seines Zeichens 1963 zu Europas Fußballer des Jahres gewählt und posthum von der IFFHS (*International Federation of Footbal History and Statistics*) als Welttorhüter des 20. Jahrhunderts ausgezeichnet. Mit Jaschin im Tor wurde die Sowjetunion 1956 Olympiasieger, 1960 Europameister, 1964 Vize-Europameister, 1966 WM-Vierter und 1968 EM-Vierter. Müßig zu erwähnen, dass die Sowjetunion bei den vier Weltmeisterschaften von 1958 bis 1970, an denen der schwarze Panther Jaschin teilnahm, stets die Vorrunde erfolgreich überstand.

Lange vor Manuel Neuer war Jaschin *der* mitspielende Torwart, dessen legendäre Ausflüge dazu führten, dass Jaschins Mannschaft praktisch immer einen Feldspieler mehr auf dem Platz hatte als die Gegner. Doch Jaschin, der seine Fußballer-Karriere als Stürmer begonnen hatte, war nicht nur der weltbeste Torwart seiner Zeit. Von 1951 bis 1953 hütete er im Winter zusätzlich das Tor der Eishockey- Mannschaft von Dynamo Moskau, mit der er 1953 sogar sowjetischer Pokalsieger wurde. In der Sowjetunion hoch geehrt (als einziger Fußballer erhielt Jaschin den Leninorden) wurde Jaschin später Präsident von Dynamo Moskau und Vizepräsident des sowjetischen Fußballverbandes.
Eine Fußballweltmeisterschaft in seinem Heimatland, das hätte ihm bestimmt gefallen, dem besten russischen Fußballer aller Zeiten. Vielleicht geht der „goldene Handschuh", mit dem die FIFA bei jeder WM den besten Torhüter auszeichnet, ein Preis, der von 1994 bis 2010 offiziell *Lew-Yashin-Preis* hieß, 2018 mal wieder an einen russischen Torhüter. Genug Möglichkeiten sich auszuzeichnen wird der jetzige Kapitän und Star der Mannschaft, Torwart Igor Akinfeev, bestimmt bekommen. Bei allem Optimismus, soviel steht auch nach dem Confed-Cup 2017 in Russland fest, bei dem die *Sbornaja* schon fast selbstverständlich in der Vorrunde gescheitert ist: Ein ernsthafter Titelfavorit sind die Russen bei der Heim-WM wohl nicht, oder doch?

Doch zurück zu Jaschin. Mitschüler Dieter und ich machen uns auf, Jaschins Grab auf dem berühmten Wagankowoer Friedhof zu besuchen. „Zu Sowjetzeiten fanden hier insbesondere viele bekannte Künstler ihre

letzte Ruhe, während nach dem Zerfall der Sowjetunion der Wagankowoer Friedhof zunehmend auch als bevorzugte Begräbnisstätte (mutmaßlicher) Mafiabosse und anderer Neureicher in Schlagzeilen geriet", soweit Wikipedia.
Also genau der richtige Ort, um großartige Grabstätten zu bestaunen, ganz großes Kino hier! Liebe Leserschaft, vergessen Sie alle deutschen Friedhöfe, denn hier, auf dem Wagankowoer Friedhof, können Sie eine Zeitreise unternehmen und dutzende grandiose Grabstätten berühmter Künstler, Sportler und eben wohl auch Mafiabosse besichtigen, die allesamt höchst individuell gestaltet sind.
Viele der Gräber sind nicht nur mit Blumen geschmückt, so auch das Grab Lew Jaschins. Vor der lebensgroßen Skulptur des Torhüters, der mit einem Fußball in der rechten und seinen Handschuhen in der linken Hand mit gesenktem Kopf nachdenklich langsamen Schrittes nach links läuft (fast wirkt es so, als ob er gerade ein Tor kassiert hat), liegt ein Fan-Schal seines Vereins Dynamo Moskau auf der Grabplatte. Ach Lew, Du bleibst wohl auf ewig unvergessen, nicht nur bei den Dynamo-Fans. Man hätte Dir ein glücklicheres Ende gegönnt. Was für eine Tragik, dass ihm, dem einst auf den Fußballplätzen herum rennenden Torwart, der schon zu aktiven Zeiten ein starker Raucher war, bereits sechs Jahre vor seinem frühen Tod 1990 beide Beine amputiert werden mussten.

Da ich nun schon bei den Toten und somit in der Vergangenheit angelangt bin, wende ich mich vor meiner Abreise aus Moskau wieder Eugen Zabel zu, der auf seiner Rückreise aus China noch einmal Station in Moskau machte:

„Mich zog es unwiderstehlich zum Kreml, der im hellen Sonnenschein vor mir lag, und zu meinem alten Freunde, dem Glockenturm Iwan Weliki, der in dieser einzigen Vereinigung von Palästen, Staatsgebäuden, Klöstern, Kirchen und Denkmälern den hochragenden Mittelpunkt bildet. Aber der kurze Weg dorthin wurde mir schwer. Der Boden schien mir unter den Füßen zu dröhnen und zu schwanken wie jemandem, der nach einer langen Seereise zum ersten mal wieder festen Boden unter sich fühlt. Ebenso glaubte ich immer noch die Bewegung des sibirischen Zuges in den Gliedern zu spüren und das Ächzen der Lokomotive zu hören. Trotzdem bestieg ich die fünf Stockwerke des *großen Johann* um das wundervolle Panorama Moskaus mit seinem Gewirr von bunten Dächern, von goldenen Kuppeln und Spitzen zu betrachten. Das *russische Rom*, wie man die Stadt mit Recht genannt hat, verkörpert die gesamte Geschichte des Zarenreiches und stellt einen Auszug all der Kräfte dar, die es nach innen und außen bewegen."

Wie immer noch hochaktuell, dieser Zabel! Allerdings muss ich feststellen, dass jetzt die obersten Stockwerke gesperrt sind und man nur noch bis auf die untere Aussichtsplattform des Glockenturmes klettern darf. Die Aussicht ist immer noch famos, mit dem kleinen Unterschied, dass nunmehr ein Heer von Wolkenkratzern jenseits der Kuppeln und Spitzen zu sehen ist. Wer heute in Moskau ganz hoch hinaus will, der fährt mit 7 Metern pro Sekunde im Fahrstuhl auf den Moskauer Fernsehturm hinauf und wundert sich in mehr als 300 Metern Höhe, wie grün diese riesige Stadt von oben aussieht.

Der Goldene Ring

Wer das alte Russland sehen möchte, der besuche den Goldenen Ring, diese Ansammlung alter Städte nördlich und westlich von Moskau mit Kirchen und Klöstern, Kirchen und Klöstern, sowie Kirchen und Klöstern. Auch ich fahre mit der *Elektrischen* nach Vladimir, der südöstlichsten Stadt des Goldenen Ringes.
Vladimir ist nicht nur schnell und bequem von Moskau aus zu erreichen, sondern liegt zudem nicht weit von Suzdal entfernt, der wohl reizvollsten Stadt am Goldenen Ring. Warum sonst wohl verbindet Suzdal eine Städtepartnerschaft mit Rotenburg ob der Tauber?
Ja, der Goldene Ring lohnt einen oder auch mehrere Ausflüge.
Ich habe allerdings noch einen ganz anderen, viel persönlicheren Grund, um nach Vladimir zu fahren, als Zwiebeltürme, Klöster, Kirchen, Ikonen oder Fresken zu bewundern.
In Vladimir erwarten mich schon Inna Michaelowna und Aleksander Nikolaiewitsch aus Iwanowo. Als ich aus der *Elektrischen* steige, erkenne ich die beiden sofort, alles andere wäre auch äußerst verwunderlich, schließlich hat mir Inna ja vor Kurzem ein Foto von sich und ihrem Ehemann Aleksander geschickt. Ein altes Foto von Inna klebt in meinem Fotoalbum und Innas damalige Adresse steht in meinem alten Reisetagebuch.
Ja, ich habe Inna vor vierzig Jahren im Zug nach Moskau kennen gelernt: „Es war wie erwartet sehr gemütlich im Zug. Das erste Glas Wodka war zwar ein Glas Cognac, der Zechpartner aber original russisch, wie übrigens auch die

sehr aparte, liebe und nette Inna. … Inna bezahlte auch unsere ersten Erfahrungen mit der russischen Küche, da wir (streng den Devisenbestimmungen folgend) nicht eine Kopeke sowjetischer Valuta besitzen."
Als wir damals nach der Schiffspassage Nachodka-Yokohama in Tokio ankamen, schickte ich Inna noch eine Ansichtskarte, doch dann schlief der Kontakt ein.
Vor zwei Jahren schrieb ich an Inna und tatsächlich, ich erhielt eine Antwort. Jetzt wohnt Innas und Aleksanders Tochter Olga in der alten Wohnung in Iwanowo, was für eine Überraschung, als Olga ihrer Mutter meinen Brief brachte. Seit dieser Zeit schickten wir Emails und Fotos hin und her und jetzt, nach 40 Jahren, stehen wir uns wieder gegenüber!

Die Gymnasiallehrerin für russische Literatur Inna sprüht vor Energie, sie ist nicht nur die Fahrerin und Aleksander der Beifahrer und Navigator, sondern sie gibt wohl auch sonst eindeutig den Ton an, da spielt es keine Rolle, dass ihr Mann Professor an der Medizinischen Fakultät und Chefarzt der Reha-Klinik in Iwanowo ist.
„Jetzt fahren wir zuerst einmal zu uns nach Hause, morgen früh dann raus auf die Datsche und übermorgen gucken wir uns Suzdal an. Abends bringen wir Dich dann wieder nach Vladimir zum Zug nach Moskau." So sieht es also aus, das Wochenendprogramm.
„Gibt es etwas, was Du nicht isst oder trinkst?" Aleksander dreht sich mit einem Grinsen im Gesicht zu mir um. Diese Frage hatte ich erwartet und mir schon eine Ausrede zurechtgelegt („Ich hatte eine Leberentzündung und darf keinen Alkohol mehr trinken"). Und zu meiner großen

Überraschung antworte ich wahrheitsgemäß: „Nein, ich esse und trinke eigentlich so gut wie alles."
Waren Sie schon einmal bei russischen Freunden zum Abendessen eingeladen? Und dann am nächsten Tag noch draußen auf der Datsche, inklusive mehrerer Mahlzeiten und Übernachtung dort? Der Respekt meinen Gastgebern gegenüber gebietet mir, keine Einzelheiten über den Konsum alkoholischer Getränke (zumeist Wodka) zu berichten. Selbstverständlich hätte sogar der Rest des Essens noch ausgereicht, meine Familie zu Hause satt zu bekommen.

Inna und Aleksander sind natürlich in russischer Literatur hoch bewandert, schade, dass mir die Feinheiten der Sprache leider noch entgehen, denn den funkelnden Augen Innas und dem dröhnenden Lachen Aleksanders ist zu entnehmen, dass Inna gerade wieder einen besonders lustigen Text zitiert. Meine Bemerkung, dass ich ein großer Freund der Erzählungen und Geschichten Anton Tschechows bin, wird von Inna mit Wohlwollen quittiert. Da habe ich also Glück gehabt, dass ich ein zweisprachiges Büchlein (dreizehn lustige Erzählungen) von Tschechow im Reisegepäck mitführe.
Inna ist in Iwanowo wohl recht bekannt, jedenfalls zeigt sie mir einen Artikel über sich aus der Lokalzeitung, in dem sie in den höchsten Tönen als hervorragende Pädagogin und Literaturexpertin gelobt wird. Und dann dieser göttliche Humor.
Inna: „Den Fernseher lassen wir auf der Datsche meistens ausgeschaltet." Ich: „Schaut Ihr Euch hier nicht die Nach-

richten an?“ Inna: „Nein, da zeigen sie uns ja doch nur, welchem Land wir gerade wieder eine Lehre erteilt haben.“ Es bekommt aber nicht nur die russische Politik ihr Fett weg, denn den Politikern des Westens traut Inna erst recht nicht über den Weg.
Statt weiter über Politik zu reden wenden wir uns lieber den Themen Reisen und Freundschaft zu. Inna und Aleksander haben sehr gute Freunde in den USA: „Die DUKE-Universität ist unsere Partner-Uni, da habe ich schon einige Vorträge gehalten“, berichtet Aleksander und fügt hinzu: „Mit amerikanischen Freunden haben wir auch schon die Base Ramstein besucht.“ Er vergisst aber nicht zu erwähnen, dass es auch noch andere touristische Sehenswürdigkeiten in Deutschland gibt, die die beiden besichtigt haben.

Bevor wir uns in Vladimir verabschieden, versprechen wir uns, dass das nächste Treffen nicht erst wieder in 40 Jahren stattfindet. „Was für ein herrliches Wochenende“, denke ich auf der Rückfahrt nach Moskau. Und dann bin ich auch schon eingeschlafen und wache erst kurz vor Moskau wieder auf. Doch ganz schön anstrengend, so ein russisches Wochenende!

Russland V: mit der Bahn von Moskau über Kasan und Jekaterinburg nach Irkutsk

Die Transsibirische Eisenbahn I

„Auf dem Wege von Moskau nach Irkutsk benutzte ich einen der Züge der internationalen Schlafwagengesellschaft, die in ähnlicher Weise wie die Luxuszüge im Verkehr zwischen den Hauptstädten in West- und Mitteleuropa eingerichtet sind. Die Coupés erster Klasse sind für zwei Personen bestimmt, für die durch Umlegen des Schlafsofas ein unteres und durch das Herablassen eines gepolsterten Gestells ein oberes Bett hergerichtet wird, das aber nicht, wie in Schiffskabinen, unmittelbar über jenem, sondern im rechten Winkel an der Fensterseite aufgestellt ist. Zwei elektrische Flammen, eine mit weißer und eine andere mit bläulicher Glasbirne für die Nacht, sind an der Decke angebracht. Unter dem Fenster findet man einen Klapptisch zum Lesen und Schreiben oder zum Aufstellen verschiedener Kleinigkeiten, die man sofort zur Hand hat. Neben diesem Tisch ist außerdem in einer Nische, gegenüber dem Sofa, Platz für ein Strohsessel, wodurch eine niedliche Plauder- oder Schmollecke je nach dem Verhältnis gebildet wird, in dem man zu seinem Reisegefährten steht. ... Zwischen zwei Coupés ist eine Waschtoilette eingerichtet, so daß man nicht erst über den Gang zu schreiten braucht, um alle wünschenswerten Bequemlichkeiten zu haben.

Der Speisewagen enthält Sitze für 28 Personen, mit einer Abteilung für Raucher. … Als wertvolle Neuerung auf diesen Zügen muß man die Badeeinrichtung begrüßen, die wir hinter dem Büfett entdecken. Die Wanne mit warmem und kaltem Wasser – sie konnte nach dem Gebrauch, um Raum zu ersparen, in die Höhe gekippt und an die Wand gelegt werden – sowie die damit verbundene Dusche bilden an heißen Tagen eine wahre Wohltat. Auch an einer Eisenbahnbibliothek fehlt es in diesen Zügen nicht."

So komfortabel wie der gute Zabel reise ich nicht in meiner zweiten Klasse im „ganz normalen Linien-Zug" von Moskau bis Kasan. Eine Dusche sucht man hier vergebens, aber da die Mitreisenden ebenfalls nach einer Weile anfangen, deutlich weniger frisch zu riechen, fällt der eigene etwas strenge Körpergeruch nicht weiter auf und geht in der Mischung unter - zumal die verschiedenen Gerichte, die unterwegs verspeist werden, zu dieser olfaktorischen Herausforderung ihren Teil beitragen. Es gibt natürlich auch hier einen Speisewagen, aber die meisten Mitreisenden sind Selbstversorger und decken sich zusätzlich mit allen notwendigen Lebensmitteln und Getränken ein, die von einer Vielzahl fliegender Händler und Händlerinnen an den Bahnsteigen angeboten werden.

Deutlich bequemer als ich und eher mit Zabelschem Luxus reisen da schon die Gäste des „Zarengoldes", eines Sonderzuges, den man im Rahmen einer Pauschalreise buchen kann. In diesem Fall braucht man sich um nichts weiter zu kümmern und wird rundum versorgt, was gerade für Reisende, die keine russischen Sprachkenntnisse haben, einen großen Vorteil bietet.

Von Moskau aus gibt es eine Vielzahl an Zügen mit unterschiedlichen Routen gen Osten. Je nach gewünschten Zwischenaufenthalten kann man zum Beispiel die nördliche Route über Jaroslawl, die kürzeste Route über Vladimir und Nischni-Nowgorod oder eine dazwischen liegende Route nach Kasan wählen. Alle diese Routen queren dann den Ural in Jekaterinburg. Zabels Route zum Ural führte seinerzeit noch deutlich südlicher über Samara nach Tscheljabinsk, knapp 200 km südlich von Jekaterinburg gelegen. Bei Omsk schließlich trifft die Zabelsche Route wieder auf meine Route.

Vor 40 Jahren fuhren wir ohne Zwischenaufenthalte von Moskau bis Irkutsk, jetzt lege ich Pausen in Kasan und Jekaterinburg ein (wie übrigens auch der Zarengold, dessen Reisenden hier Besichtigungen dieser beiden Städte angeboten werden).

Kasan

Kasan, Schnittstelle zwischen Ost und West, Islam und Christentum, Hauptstadt Tatarstans. Im fantastischen Kreml stehen sie friedlich dicht beieinander, die Kirche und die Moschee. Nun, schließlich leben in Kasan etwas gleich viele (meist moslemische) Tataren und (mehr und mehr christliche) Russen. Der Islam kommt hier in einer sehr weltlichen Spielart daher, tief verschleierte Frauen oder grimmig dreinblickende bärtige Männer mit Pluderhosen sieht man auch im Tatarenviertel westlich des Kanals nicht.

Vor dem Eingang zum Kreml steht ein beeindruckendes Denkmal: Mussa Dschalil sprengt seine Ketten. Falls Sie, liebe Leser, Mussa Dschalil (auch geschrieben Musa Cälil, Jalil oder Dshalil) nicht kennen sollten, sind Sie entweder jünger als 40 oder stammen aus der alten Bundesrepublik Deutschland, oder beides. In der DDR war der wahrscheinlich berühmteste tatarische Poet Mussa Dschalil durchaus bekannt, wurde er doch als kommunistischer Saboteur festgenommen, inhaftiert und 1944 in Berlin-Plötzensee hingerichtet. Seine vom belgischen Mithäftling Andre Timmermans geretteten poetischen Aufzeichnungen sind nach dem Krieg als *Moabiter Hefte* veröffentlicht worden und haben in der sozialistischen Welt Kultstatus erlangt. Verständlich, angesichts solcher Zeilen wie dieser:
„Ich sink vor dir, du Henker, nicht ins Knie, wenn ich die Freiheit auch verloren hab. Ich werde aufrecht sterben, Henker! Nie will ich mich beugen. Schlag den Kopf mir ab!
Ich brachte hundert nur statt tausend um von deinesgleichen. Das wird schwer verziehen. Komm ich nach Haus, erbitte ich darum von meinem Volk Verzeihung auf den Knien."
Und so schreibt Erich Müller im Nachwort zur ersten Dschalil~Ausgabe (erschienen 1957 im Verlag Kultur und Fortschritt, DDR): „Welche Tragik und Schmach, daß es Deutsche waren, die, der eigenen Nation Ehre besudelnd,

das Leben einem Dichter raubten, einem Menschen, der als Freund der Deutschen Goethe und Heine, Bach und Beethoven, Marx und Thälmann leidenschaftlich liebte."

Dschalil schrieb aber auch Gedichte wie dieses hier über das ganz alltägliche Leben im Moabiter Gefängnis:

„Ein finstres Loch. Die Mäuse spielen Fangen,
die Wanzen feiern Hochzeit, wie man sagt.
Voll Wut und Trauer gehe ich den langen,
den endlos langen Tag auf Wanzenjagd.
Und denk dabei, man müsste dieses ganze
Gefängnis schleifen, daß nur Trümmer bleiben,
und den Gefängnisherrn wie eine Wanze
darin zerquetschen und zu nichts zerreiben."

In der postsowjetischen Republik Tatarstan spielt Mussa Dschalil eine höchst wichtige Rolle als Bindeglied zwischen Tataren und Russen: Ein Jeder kann sich auf ihn berufen angesichts seiner durchaus beachtenswerten literarischen Hinterlassenschaft und seines Lebens als standhafter Gegner des Faschismus. Zeit also für eine Wiederholung meines (komplett fehlgeschlagenen) Uljanowsk-Experimentes: Ich stelle mich an das Denkmal und befrage die Touristen, die vor diesem posieren, wer denn der Mann sei, vor dem sie stünden.

Da kommt auch schon ein etwa 45-jähriger Russe, schaut zum Denkmal hinauf und kommt mir mit seiner Frage zuvor: „Wessen Denkmal ist das hier?" Höflich antworte ich: „Das ist ein Denkmal für Mussa Dschalil." „Mussa äh? kenne ich nicht", er sagt es und dreht ab. Lohnt sich wohl nicht, so einen unbekannten Typen zu fotografieren.

Jetzt nähert sich eine junge Familie mit zwei Kindern, die sofort auf den Sockel zu Füßen Dschalils klettern und vom Vater begeistert fotografiert werden. Die Mutter der Kinder hat keine Ahnung, wen das Denkmal abbildet, ihr Mann auch nicht. Und die kleine Gruppe russischer Touristen allen Alters, die jetzt vor dem Denkmal posieren? „Nein, leider, den kennen wir nicht. Kennst Du ihn, Babuschka?“ Nein, auch die Oma und Alterspräsidentin der Gruppe kennt Mussa Dschalil nicht (oder hat seinen Namen schlicht vergessen). Die intellektuell aussehende Frau, die auf der Bank neben dem Denkmal Platz nimmt? „Nein, kenne ich nicht, ich warte hier auf meine Freundin.“ Die kommt gerade, kann aber auch nicht weiterhelfen und staunt, als ich sie aufkläre. „Ach, den sollte man wohl kennen?“
Da höre ich österreichisches Deutsch, fragt doch ein Mann A einen Mann B, wer denn da auf dem Sockel steht. Es kommt auch eine Antwort von Mann B, die ich aber leider nicht verstehe. Als ich nachfrage, antwortet mir Mann B, dass er nur gescherzt habe. Er habe keinen blassen Schimmer, wer auf dem Sockel thront.
Noch mehrere Familien, Paare, einzelne Männer: Keiner kennt Mussa Dschalil. Inzwischen hat ein Reisebus angehalten und eine große Gruppe russischer Touristen ausgespuckt, deren Reiseführerin soeben auf das Denkmal weist und etwas über Mussa Dschalil erzählt. Einige Mitglieder dieser Reisegruppe stellen sich vor das Denkmal zum Gruppenfoto. Ich frage zwei der zum Fotografieren abkommandierten Touristen, vor wem denn ihre Gruppe da posiere. Leider haben die beiden ihrer Reiseführerin nicht zugehört und können meine Frage nicht beantworten.

Auch die zu Hilfe gerufenen Ehefrauen der beiden wissen nicht weiter. Die eine der Gattinnen lächelt mir zu: „Ja, das hat unsere Reiseführerin gerade erzählt, aber man kann sich ja nicht alles merken, nicht wahr? Irgendetwas mit Krieg und Gedichten, oder?“ Immerhin, die Einzige, die wenigstens den Hauch einer Ahnung hat, von mehr als 30 von mir befragten Personen.

Entmutigt ziehe ich mich in ein original tatarisches Restaurant zum Mittagessen zurück und genieße ein sehr schmackhaftes *Business Lunch* (Mittagsmenü) für nur 150 Rubel (etwas mehr als 2 Euro). Der Wirt muss ein Tatare sein, denn es hört sich so ähnlich an wie Türkisch, als er mit der Bedienung spricht.

Ich fasse wieder Mut und erzähle ihm beim Bezahlen von meinen traurigen Erfahrungen am Denkmal. „Das müssen Sie verstehen, das sind alles nur Touristen, die haben von nichts eine Ahnung.“ Ich will wissen, wie es denn mit den Einheimischen sei. „Nur die Alten kennen Mussa Dschalil, die Jungen denken nur an das Eine.“ Und da ist sie wieder, diese Geste mit den beiden Fingern an den Hals, die *Trinker*-Geste.

Na, wenigstens er als Tatare mittleren Alters kennt den berühmtesten Dichter Tatartans. „Nein, ich bin nicht Tatare, ich bin Türke, aus Ankara. Ich lebe seit 14 Jahren in Kasan.“ In einem hatte ich aber Recht: Mit der Bedienung hat er tatsächlich Tatarisch gesprochen. „Das ist einfach für uns Türken, die Sprachen sind sehr, sehr ähnlich.“ Ich danke für das Gespräch und werde mit einem freundlichen „Güle güle“ verabschiedet.

Jekaterinburg

Jekaterinburg, die Großstadt im Ural, hier endet Europa und Asien, genauer Sibirien, beginnt. Dort, wo 1918 der letzte Zar Nikolaus II. mit seiner Familie von Revolutionären ermordet wurde, steht heute die *Kirche auf dem Blute*, wohl die touristische Hauptattraktion der Stadt.
Geht man von hier aus die Karl-Liebknecht-Straße entlang bis zu einem kleinen Platz, von dessen gegenüberliegender Seite die Rosa-Luxemburg-Straße abgeht, so gelangt man zu dem linker Hand gelegenen *Wyssozki*-Hochhaus mit der Aussichtsplattform. Einen gewissen Sprachwitz kann man den Jekaterinburgern nicht absprechen, heißt doch „hoch" auf Russisch „wyssocki", da war es keine schlechte Idee, das höchste Haus der Stadt nach einem der berühmtesten Künstler der UdSSR zu benennen, dem Sänger, Schriftsteller und Schauspieler Wladimir Wyssozki.
Hat man von der Plattform aus einen Überblick über Jekaterinburg gewonnen, sollte man nicht versäumen, das im gleichen Gebäude befindliche Museum zu besichtigen, das Wladimir Wyssozki gewidmet ist.
Der 1938 in Moskau geborene Wyssozki hatte übrigens auch eine Beziehung zu Deutschland: Von 1947 bis 1949 verbrachte er einen Teil seiner Kindheit in Eberswalde und erlernte dort das Klavierspielen. Später, als er ebenso beliebt bei der Bevölkerung wie gefürchtet bei den Mächtigen war (seine Musik war zu kritisch für Letztere und verbreitete sich durch millionenfaches Kopieren in der UdSSR), leistete er sich den Luxus, einen Mercedes aus Deutschland zu importieren. Diese zu damaligen Zeiten absolute Rarität auf sowjetischen Straßen ist heute im Museum ausgestellt.

Wyssozki hat mit seinen Gedichten und Liedern nicht nur der Straße *Arbat* in Moskau ein literarisch/musikalisches Andenken hinterlassen (was heute dazu führt, dass diese inzwischen zur Fußgängerzone umgewandelte Straße von Touristen überschwemmt wird, die sich von einem Straßenmusikanten zum nächsten schlängeln. Die ausländischen Touristen erkennt man daran, dass sie mit eher hilflosen, wenn auch interessierten Blicken vor den Literaturkennern, die hier Gedichte bekannter russischer Poeten rezitieren, stehenbleiben, während viele der Russen den einen oder anderen Text gut zu kennen scheinen).
Schräg gegenüber vom *Wyssozki*-Hochhaus befindet sich ein altes zweistöckiges Häuschen, das man leicht übersehen kann. Das untere Geschoss des Häuschens nimmt ein Hamburger-Restaurant ein, was ja an und für sich nun wirklich nicht weiter erwähnenswert wäre, wenn nicht, ja, wenn sich nicht ebendort die Wiege einer kulinarischen Revolution befände, die hier begann und über den Umweg Europa/USA die gastronomische Landschaft der ganzen Erde veränderte.
Hier, in diesem Gebäude, so erläutert mir Maxim, der junge Geschäftsführer des *Emburger*-Restaurants, befand sich seit 1788 die Taverne von Petr und Ilya Dubrovin. „In dieser Taverne gab es ein Restaurant und Zimmer für die Reisenden, auch aus dem Ausland. Hier gab es die ersten *Burger*, Hackfleisch zwischen Brotscheiben mit Salat. Das war praktisch und sehr schmackhaft.
So entstanden die Hamburger. Natürlich gibt es viele Geschichten über den Ursprung der Hamburger, auch aus den USA. Unsere Geschichte ist mit Fakten belegt, hier gab es diese Taverne und diese Art der Zubereitung der

Burger. Heute gibt es viele Rezepte für die *Burger*, vor allem mit Schweinefleisch. Diese Rezepte sind dann auch wieder zu uns zurückgekommen.
Unser Restaurant gibt es jetzt seit zwei Jahren. Auf Russisch und Englisch finden Sie unsere Geschichte auch im Internet, auf Deutsch wohl leider noch nicht. Jeden Tag kommen aber auch Gäste aus dem Ausland zu uns, vor allem aus den USA, Kalifornien, aber auch aus Spanien, Italien, Holland, Frankreich.
Deutsche kommen nicht so häufig. Vielleicht werden es mehr, wenn Ihr Buch herauskommt. Viele Gäste kommen vorbei, weil wir an der roten Linie liegen." Die rote Linie wird jedes Jahr von Neuem auf den Boden gemalt und führt an den wichtigsten Sehenswürdigkeiten Jekaterinburgs vorbei.
„Wie es sich hier so lebt? Nun, wir leben in einer Stadt mit großer Geschichte, hier wurde die Zarenfamilie ermordet, schauen Sie sich die Kirche an, die jetzt dort steht, oder auch die anderen vielen Kirchen. Nächstes Jahr findet hier die Fußball-Weltmeisterschaft statt, unser Stadion wird gerade umgebaut.
Außerdem hat bei uns der erste Präsident Russlands, Boris Jelzin, gelebt. Gehen Sie ins Jelzin-Zentrum! Es kommen viele Touristen zu uns, aus Russland und dem Ausland. Für Ausländer ist es ja auch billig, hierher zu kommen, bei dem Rubel-Kurs. Es kommen auch viele Chinesen, insbesondere wegen der Expo im letzten Jahr und der Technologie-Ausstellung Innaprom. Es gibt viele internationale Ausstellungen bei uns."
Ich versuche, aus Maxim heraus zu bekommen, ob er sich als Jekaterinburger eigentlich mehr für Europa oder Asien

interessiert, aber da gerät unser Gespräch ins Stocken: „Die Frage ist schwer zu beantworten. Nun, wie ich sagte, unsere Stadt ist wunderschön, reich an Geschichte, technologischer Entwicklung, das ist eigentlich alles."

Fast ein Politiker, der junge Mann, er will sich einfach nicht entlocken lassen, wie er so über das Ausland denkt, lieber erläutert er noch zwei weitere Male, wie schön und geschichtsträchtig Jekaterinburg ist. Es stehen hier demnächst Regionalwahlen an, wie ich etwas später einem Plakat entnehme. Vielleicht sollte Maxim kandidieren, er wäre jedenfalls ein guter Sprecher für die Belange seiner Stadt.

Selbstverständlich folge ich nach so viel Werbung auch brav der ganzen roten Linie einmal rund durch die Innenstadt und lege Ihnen, verehrte Leser, nahe, das ebenfalls zu tun, sollten Sie jemals nach Jekaterinburg kommen. In dem Saal des Jelzin-Museums, in dem Gebrauchsgüter aus der Sowjetunion ausgestellt sind, entdecke ich übrigens auch ein paar leere Wodkaflaschen, aber das ist natürlich reiner Zufall und hat überhaupt nichts mit dem Leben des ehemaligen Parteichefs von Swerdlowsk (so hieß Jekaterinburg damals) und späteren ersten russischen Präsidenten Boris Jelzin zu tun!

Die Transsibirische Eisenbahn II

Und weiter geht es mit der Bahn, nunmehr durch das westliche Sibirien. Von Jekaterinburg nach Irkutsk dauert die Reise 63 Stunden und 16 Minuten, ganz schön lang, diese drei Nächte und zweieinhalb Tage. Zum Glück haben die Züge in Russland auch heute noch immer wieder längere Aufenthalte an manchen Bahnhöfen, was auch schon Zabel zu schätzen wusste:

„Rechnet man, daß ein Drittel dieser Zeit in die Nachtruhe der Passagiere fällt, so haben sie für den Tag durchschnittlich etwa zwei Stunden übrig, um innerhalb eines größeren oder geringeren Umkreises der Stationsgebäude Spaziergänge zu machen und sich die Glieder elastisch zu erhalten. Das ist im Grunde mehr, als sich die meisten Stadtmenschen, die mit ihren Berufspflichten und Sorgen behaftet sind, täglich an Körperbewegung gönnen." Sie sagen es, verehrter Zabel.
Auch mir wurde vor 40 Jahren das Bahnfahren nicht zu lang: „Gerade eben hatten wir einen Stopp von einer halben Stunde, jetzt geht es weiter. Dieses lange Bahnfahren ist wunderbar erholsam. Bildschöne, immer wiederkehrende Landschaften mit viel Wald, weiten Feldern und zwischendurch einzelne kleine, oft winzige Dörfer mit romantisch schönen Holzhütten ziehen an uns vorbei. Unvergessliche Sonnenauf- und untergänge und wir sitzen oder liegen auf unseren Betten. … Diese Zeit der Muße freut mich am meisten. Ich habe fast Angst davor, irgendwann wieder aus dem Zug aussteigen zu müssen. Bestimmt werde ich die Ruhe der Wälder, die Schönheit der vorbeiziehenden Dörfer und dieses herrlich beruhigende, gleichmäßige Rattern des fahrenden Zuges, welches die ganze Zeit über ein Gefühl der Sicherheit, der Geborgenheit in dieser Landschaft vermittelt, vermissen."

Vielleicht liegt es daran, dass ich in den letzten vierzig Jahren so einige schöne Landschaften an mir vorüberziehen sah, vielleicht ist mir aber auch nur die jugendliche Empfindsamkeit ein klein wenig abhanden gekommen, zumindest in der flachen Landschaft (selbst im Ural um Jekaterinburg herum ist von Bergen nichts zu sehen) bis Krasnojarsk, wo der Zug nach 40-minütigem Aufenthalt den Jenissei überquert, will sich die damalige Begeisterung nicht so richtig breitmachen.
Zabel: „Die Brücke über den Jenissei ist zweifellos die schönste, die wir beim Überschreiten der sibirischen Ströme überhaupt kennen gelernt haben. Zu sechs mächtigen Bogen legt sich dieses stolze Bauwerk über den Strom, der kurz vorher, von Bergen eingeengt, mit so raschem Gefälle dahineilt, daß an den granitnen Pfeilern mächtige Eisbrecher angebracht werden mußten." Ja, ab hier wird es hügeliger und auch die Dörfer an den Hängen wirken einladender als in der Ebene.

Selbstverständlich sind es nicht nur die Eindrücke von außerhalb des Zuges, die die langen Bahnfahrten in Russland zu einem unvergesslichen Erlebnis machen, sondern vor allem die vielen Begegnungen mit Mitreisenden. So schrieb ich vor 40 Jahren: „Wir haben zwei junge russische Offiziere kennen gelernt, einen etwas kleineren dunkelblonden und einen großen hellblonden, beide heißen Sascha. Beide sprechen ein klein wenig Deutsch und luden uns zum Wodkatrinken ein. Der große Sascha ist nunmehr stolzer Besitzer einer Jeans und ich habe jetzt ein Original-Hemd der sowjetischen Armee. Als wir in Irkutsk ausstiegen, ließen wir zwei Freunde zurück."

Ganz besonders genossen hatte ich damals insbesondere die folgende Bekanntschaft: „Ich habe jetzt eine kleine Freundin. Sie ist Russin, ca. 8 Jahre alt und geradezu bildschön. Leider können wir uns nur mit Gesten unterhalten, aber die Verständigung ist auch so prima. Scheinbar verehrt sie mich sehr, denn vorhin kam sie verlegen auf mich zu, hielt mir schüchtern ihre kleine Hand entgegen, in der sie einen Spielzeugwecker hielt und schenkte mir dieses kleine Präsent. Als ich es zuerst ablehnen wollte, wurde sie sehr traurig. Also nahm ich dieses liebe Geschenk an, was sie schließlich sehr freute. Ich hätte auch nie gedacht, daß ein Päckchen Kaugummi ein Kindergesicht so sehr zum Leuchten bringen kann. Dieser Unterschied. Was bedeuten mir schon diese Kaugummis, für dieses kleine Mädchen, meine mir schon richtig ans Herz gewachsene Freundin, sind sie ein Geschenk aus einer anderen Welt."

Kaugummis habe ich heute nicht dabei (auch keine Glasperlen). Immerhin kann ich frische Gurken und ein paar Würstchen zum gemeinsamen Abendessen mit Denis beitragen, mit dem ich im Zug von Jekaterinburg nach Irkutsk das Abteil teile. Der 36-jährige Denis ist auf dem Heimweg vom Krankenhaus in Jekaterinburg nach Angarsk (kurz vor Irkutsk am Angara-Fluß). „Mein Knie macht Probleme. Aber die Spezialisten in Jekaterinburg haben mich erst einmal wieder nach Hause geschickt. Ich soll im September wieder kommen, dann werden sie operieren."
Wie ich einem Telefonat entnehmen kann, das Denis mit seiner Frau führt, hat man ihm auch geraten, ordentlich an Gewicht abzunehmen (20, 30 kg), aber das scheint den tatsächlich recht massigen Mann nicht besonders zu inte-

ressieren. Er hat jedenfalls reichlich Essen und Trinken dabei, so auch eine Flasche Wodka, von dem ich sogleich ein paar Gläschen abbekomme.
Wie stets dreht sich das Gespräch nur kurz um Politik („Putin, Trump, Merkel und dieser neue Franzose, wie heißt der gleich, ja, danke, Macron, die sitzen zusammen und entscheiden. Wir können doch nur zuhören und sollen dann glauben, was man uns im Fernsehen erzählt." So sprechen wir also über Sport.
„Im Fußball seid ihr Deutschen die besten, aber wir können besser Hockey spielen." Russen meinen natürlich Eishockey, wenn sie von Hockey sprechen. „Früher waren wir noch besser, da konnten höchstens die Kanadier mithalten."
Auch meine Reise ist natürlich Thema. „So etwas ist für uns nicht möglich. Das wäre viel zu teuer. Ich war einmal kurz in China und einmal mit der Familie in der Türkei, bei Antalya. In unserem Hotel waren nur Deutsche und Russen. Probleme gab es keine, alle wollten sich ja nur erholen, ausruhen und gut essen und trinken."
Wir zeigen uns Fotos von unseren Frauen und Kindern, davon haben wir ja jeder reichlich auf unseren Handys (Fotos meine ich natürlich, Frauen und Kinder haben wir je eine, bzw. zwei). Müßig, zu erwähnen, dass Denis mich schon nach ein paar Stunden zu sich nach Hause einlädt, ein Gästebett stehe bereit. Wir tauschen unsere Telefonnummern aus und verabreden, dass ich mich per *WhatsApp* melde, falls ich auf der Rückreise wieder über Irkutsk komme und Zeit haben sollte, Denis zu besuchen. Jetzt habe ich aber erst einmal keine Zeit, denn Irkutsk und der Baikalsee warten.

Irkutsk

„Sehr hübsch wirkt der Anblick von Irkutsk, wo die Stunde Aufenthalt uns die Möglichkeit gewährt, zu Fuß oder mit einem Wagen die Anlage der Stadt wenigstens in allgemeinen Umrissen kennen zu lernen." Nun, lieber Zabel, da nahmen wir uns vor 40 Jahren schon etwas mehr Zeit, Irkutsk zu erkunden, auch wenn die von Intourist angebotene Stadtrundfahrt ebenfalls nur zweieinhalb Stunden dauerte:

„Um 10:00 Uhr startete schon unsere Stadtrundfahrt, welche zwar nur sehr kurz (mangels herausragender Sehenswürdigkeiten) aber sehr interessant und vor allem lustig war. Mit uns von der Partie waren Ali und Stephan aus Berlin-West, sowie ein großer blonder Recke und Thilo aus Deutschland-Ost, letztere waren auf dem Heimweg von ihren Semesterferien in einer Studentenbaubrigade, die beim Bau der BAM (Baikal-Amur-Magistrale) mithalf. Ludmila, eine ganz besonders liebe Studentin (und mit uns in Funktion als Reiseleiterin) und schließlich noch ein Ami, dem die ganze Führung übersetzt werden musste, vervollständigten unserer Gruppe."

Trotz der eher überschaubaren Anzahl bedeutender Bauten: Irkutsk ist eine quirlige, sympathische Stadt, die auf jeden Fall einen Zwischenstopp von ein, zwei Tagen auf dem Weg zum Baikalsee lohnt, dem eigentlichen Ziel der meisten Reisenden, die es hierher führt.
Auch vor 40 Jahren war das schon so: „Kaum von dem rund fünfstündigen Ausflug (Anmerkung des Autors: zum

Baikalsee, davon später mehr) zurückgekehrt, verließen Ali, Stephan und wir das Hotel auch schon wieder, um uns auf die in der Sowjetunion mitunter sehr beschwerliche Suche nach einem Restaurant zu begeben. Aber wir hatten Glück. Vom Hotel Angara (so heißt der Fluß quer durch Irkutsk) die Lenin-Straße entlang, dann in die Karl-Marx-Straße eingebogen und schon standen wir vor einem prima Schnellbedienungsrestaurant und waren auch prompt die einzigen Westeuropäer, die dort aßen. Spottbillig und für Kantinenessen sogar noch ausgesprochen schmackhaft."

Ich hätte gerne wieder im Hotel Angara übernachtet, aber leider ist es ausgebucht, denn hier übernachten heute die Teilnehmer der Rallye Paris-Peking. Mehrere Dutzend der von mir als Laie geschätzt etwa 30, 40 Jahre alten Autos parken direkt vor dem Hotel und werden von begeisterten Touristen und Einheimischen fotografiert. Ich schlendere die Lenin-Straße entlang zur Karl-Marx-Straße und entdecke dort tatsächlich ein Restaurant, allerdings kein Selbstbedienungsrestaurant, sondern das eher höherklassige Restaurant Figaro, in dem man von europäischen Köchen zubereitete Speisen genießen kann. „The times they are a - changin'", würde wohl der Literaturnobelpreisträger Bob Dylan dazu singen.

Und wie ging der Abend damals weiter: „Es war Samstag und alles, was Beine hat, schlenderte durch die Straßen. Die Jungen hielten nach Mädchen Ausschau und umgekehrt. So hatten auch wir bald vier russische Mädels an unserer Seite, welche mit uns durch das nächtliche Irkutsk spazierten. Die internationale Hand-Fuß- und Gesten-

Sprache funktionierte einwandfrei. Muß für die vier Mädels wohl was ganz besonderes gewesen sein, mit uns Westlern auszugehen, sie schienen mir über ihre Begleitung ganz schön stolz gewesen zu sein. Wir waren auch in einer Art Tivoli mit Riesenrad und tollem Tanz. Kaum waren wir auf der Tanzfläche, schienen alle anderen Tänzer nur noch auf uns zu achten. Gerade was Pop und Tanzen angeht streben die meisten Jugendlichen der Sowjetunion sehr nach westlichen Vorbildern. Sie waren aber wohl gar nicht fähig dazu, so blödsinnig ausgelassen herum zu hampeln wie wir. Einzelne Versuche wirkten doch sehr gehemmt. Schade. Es ist ganz und gar nicht mein Wunsch, dafür bewundert zu werden, schön akrobatisch schwachsinnig tanzen zu können. Der Abend war aber sehr schön, er endete mitten in der Nacht mit einem Spaziergang in sehr angenehmer, klarer Luft. Artig verabschiedeten sich die vier Mädels, die uns so viel gezeigt hatten, schließlich vor unserem Hotel von uns."

Ich habe keine große Lust, zu überprüfen, ob sich das Balz- und Tanzverhalten der russischen Jugendlichen seit damals verändert hat, würde aber meinen Rucksack samt Inhalt dafür verwetten, dass dem so ist. Altersentsprechend ziehe ich es vor, gut zu Abend zu essen und mich dann zum Schreiben ins Hotel zurück zu ziehen. Morgen werde ich ihn dann für drei Tage besuchen, den legendären Baikalsee.

Baikalsee

„Drei Stunden fahren wir dann noch am Ufer der Angara einher, bis wir den Baikalsee erreichen, der wegen seiner Lage und Landschaft sowie seiner originellen Verkehrseinrichtungen ein selbständiges Glied im Rahmen der sibirischen Bahn bildet und infolgedessen eine besondere Betrachtung verlangt."

Nun, lieber Zabel, heute fährt man mit dem Auto oder Bus von Irkutsk an den Baikalsee, allerdings nicht mehr nach Port Baikal, sondern zum Dorf Listvianka auf der gegenüberliegenden Seite der Angara, des einzigen Flusses, der nicht in den Baikalsee hinein, sondern aus ihm heraus fließt. Aber lesen wir, was Zabel schrieb:

„Es war vier Uhr des Morgens. Wir hatten bereits in Irkutsk unsere Koffer gepackt und uns in die Ecke des Coupés gedrückt, um ein wenig Schlaf zu finden, als der Kondukteur nach drei Stunden die Tür öffnete und die Station Baikal meldete.

Die Gepäckträger fanden sich in unserem Zuge ein, banden unsere Sachen mit Stricken zusammen, legten sie sich auf die Schulter und schritten damit eilig über den Bahnsteig. Schlaftrunken, wie wir waren, hatten wir Mühe, ihnen im Dunkel der Nacht zwischen aufgestapelten Waren und anderen Hindernissen zu folgen.

... Wir schritten einige Minuten vorsichtig den Schienenstrang entlang, gingen dann darüber hinweg und erstiegen eine hohe, hölzerne Brücke, auf der wir eine Wendung nach rechts machten.

Vor uns lag ein Ungetüm aus Stahl und Eisen von riesigen Dimensionen, aus dem vier dicke, vom Rauch geschwärzte

Schornsteine hervorragten. … Mächtige, tiefschwarze Wolken wirbelten daraus empor, blieben eine Weile in der dicken Luft hängen und zerteilten sich langsam im Nebel. Wir befanden uns auf dem langen Promenadendeck des Trajektdampfers *Baikal*, der uns über den gleichnamigen See an das gegenüberliegende Ufer nach Myssawaja bringen sollte, wo ein anderer Eisenbahnzug auf uns wartete, um uns durch die Mandschurei zu fahren." Ja, die südliche Umrundung des Baikalsees von Port Baikal über Sludjanka wurde erst 1904 fertig gestellt, so dass Zabel und seine Mitreisenden eine nach der langen Bahnreise durchaus willkommene Schiffspassage auf dem Eisbrecher Baikal über den Baikalsee antreten mussten, die, so wie Zabel schrieb, „weder bei der Hin- noch bei der Rückreise mit irgend welchen Schwierigkeiten verknüpft war."

1977 fuhr die Bahn schon seit 38 Jahren von Irkutsk direkt nach Sludjanka. Die Gleise entlang der Angara waren demontiert und die Strecke von Port Baikal bis Sludjanka hatte kaum noch eine Bedeutung (heute verkehrt hier eine touristisch genutzte Bimmelbahn). Wir fuhren daher mit einem Auto an den See, nach Listvianka:

„Die Fahrt an den Baikalsee! Der Ami blieb zuhause, dafür kamen noch vier Polen (3w, 1m) und eine Freundin von Ludmila mit. Das Auto war natürlich viel zu klein, dafür war aber auch die Straße miserabel. Winter-Frost-Straße kaputt, so die Erklärung. Stimmung demzufolge hervorragend. Viel Flachs, aber auch viele neue Informationen über die UdSSR. Wetter: sehr warm, ich hatte in diesem Jahr noch kein schöneres Wetter als hier in Sibirien. Fast 100 km hin (Anmerkung des Autors: na ja, jetzt noch knapp 70, aber vielleicht war die Straße damals ja kurvenreicher), tolle Landschaft (bergig und fast alles bewaldet) und dann waren wir am See. Das Besondere am Baikalsee: seine Länge (ca. 360 km), seine Tiefe (stellenweise mehr als 1 km), sein Wassergehalt (ca. 20% des gesamten Süßwassers der Erde) und: nicht viel mehr. Sicherlich gibt es viele schöne Stellen am Baikalsee, aber um mich wirklich visuell zu befriedigen, ist er viel zu groß, beinahe schon ein Meer. Ali hat sogar in ihm gebadet (Temperatur am Rande: 12 Grad)."

Dieses Mal erreiche ich Listvianka nach einer wunderbar unterhaltsamen Fahrt mit meinem Freund Vladimir im Kleinbus (Sie erinnern sich?). Ich checke im Hotel ein und gehe sofort über die Straße an den engen Sandstrand, denn heute will ich machen, was ich vor 40 Jahren versäumt habe: Schwimmen im Baikalsee. Nun ja, recht kühl, aber angesichts der strahlenden Sonne und der Hitze durchaus erfrischend.

Am nächsten Tag fahre ich mit der Fähre rüber nach Port Baikal, kann aber weder Vladimir, noch irgendwelche Spuren von Eugen Zabel entdecken. Das restaurierte Bahnhofsgebäude sieht so aus, wie es wohl auch zu Zabels Zeiten ausgesehen haben muss, aber das im Gebäude befindliche Museum ist leider geschlossen.

Ich setze mich auf die Wartebank vor dem Gebäude, schaue auf die Gleise und stelle mir vor, wie Zabel und seine Reisegesellschaft vor 114 Jahren früh morgens schlaftrunken diese überquert haben. Nein, das kann so nicht stimmen, denn dann wäre Zabel nicht Richtung Wasser, sondern Richtung Festland gelaufen. Na gut, dann muss er den Zug auf dem Gleis dort hinten, hinter dem jetzt ein Klohäuschen steht (dessen Nutzung ich nur mit Einschränkungen empfehlen kann), verlassen haben. Das haut dann wieder hin. Ich wäre sehr gerne dabei gewesen, mein lieber Zabel!

Ansonsten ist hier absolut nichts los, die Ruhe und die Gleise erinnern mich an den Film „Spiel mir das Lied vom Tod". Nur, dass aus der Lokomotive, die gerade anhält, nicht Charles Bronson aussteigt, sondern ein freundlich grüßender Lokomotivführer, der ganz bestimmt nicht gleich losschießen wird. Ich gehe noch ein wenig spazieren, dann bringt mich die Fähre wieder zurück über die Angara. Morgen Nacht geht es in Irkutsk wieder in den Zug, diesmal aber nicht nach Chabarowsk, sondern nach Ulan Bator.

In der Wartehalle des Irkutsker Bahnhofes lese ich in meinem alten Tagebuch, da fällt mein Blick auf die folgenden Zeilen, die ich über meine damalige Abreise aus Irkutsk geschrieben habe: „Auf auf zur zweiten Runde. Nach einigem Hin und Her haben wir wieder ein gutes Abteil bekommen. Urkomisch, wie wir es hinbogen, ohne Platzkarte (Versäumnis von Intourist in Moskau) zwei prima Plätze zu bekommen. Diskussionsteilnehmer vor dem Waggon: unsere Intourist-Managerin, die Zugschaffnerin, Franzosen und Dänen. Wir hielten uns aus der Diskussion über unsere Plätze raus, gaben ab und an fachmännische Kommentare wie zum Beispiel `njet, nix verstehen, so so, na und` u.s.w. und belegten, während alle anderen eifrig debattierten, einfach zwei Plätze. Und, siehe da, alles ok."

Diese liebenswürdige forsche Art war es wohl, die uns Berliner Jungs seinerzeit in Deutschland nicht überall besonders beliebt machte, sei es drum. Heute geht alles klar und ich freue mich, dass ich sogar die beiden Hamburger Deern Anna und Kathrin, ihres Zeichens durch und durch HSV-Fans und gerade auf dem Weg nach Peking, wieder getroffen habe. Wie schon von Jekaterinburg nach Irkutsk, haben wir jetzt den gleichen Zug von Irkutsk nach Ulan-Bator. Das ist heute so wie damals, man trifft sich unterwegs meist nicht nur einmal.

Mongolei

3485 km ist sie lang, die Grenze zwischen Russland und der Mongolei. Und wie hoch ist sie, diese Grenze?

Wüste Gobi

„Heute lernt niemand mehr Russisch bei uns. Die Jungen haben kein Interesse an Russland und seiner Sprache, und die Alten haben ihr Russisch entweder vergessen oder wollen nicht mehr Russisch sprechen." Der mongolische Reiseführer der deutschen Reisegruppe, auf die ich beim Herumkraxeln in den Granitfelsen von Baga Gasarin Tschuluu treffe, spricht gerade über die Beziehungen zwischen Russland und der Mongolei. Ich bleibe kurz stehen und lausche, denn endlich habe ich eine Gelegenheit, mal einen Mongolen zu verstehen. Nach allem, was dieser Reiseführer erzählt, sind die Mongolen sehr froh, nichts mehr mit den Russen zu tun zu haben. Glaubt man diesem Mann, dann ist sie wohl sehr hoch, die Grenze zwischen der Mongolei und Russland.

Nur zu gerne würde ich mit Ege über dieses Thema sprechen, doch Ege versteht nur ein sehr rudimentäres Englisch (Stop please, make Foto, want eat, want sleep tent, want sleep jurte, usw.) und kann ansonsten gar keine der Sprachen, die mir mehr oder weniger geläufig sind, also

auch kein Russisch. Ege fährt mich mit seinem Geländewagen fünf Tage lang durch die Wüste Gobi und ist ein ausgezeichneter Fahrer und Kenner der Gegend. Kaum zu glauben, wie er sich hier auf den Pisten zurechtfindet, der Mann hat einfach Erfahrung und zeichnet sich ansonsten durch eine stoische Ruhe aus, wie man sie bei uns äußerst selten, hier aber häufiger antrifft.
Manchmal macht er mich ganz schön nervös, wenn ich z. B. auf ein schönes Plätzchen am Fluss hinweise, wo man doch prima zelten könne, er aber nur lächelnd den Kopf schüttelt und auf die Uhr weist. Ist wohl noch zu früh zum Zelten. Und so kommt, was kommen musste: Am Ende muss ich mein Zelt mitten auf einer windigen Ebene aufbauen, auf eher weniger weichem Untergrund als am Fluss vorhin.
Ansonsten hat es hat auch etwas Gutes, stundenlang, ohne mehr als ein paar Worte zu wechseln, durch die Wüste zu fahren. Die Gedanken machen sich selbstständig und plötzlich wundert man sich darüber, wie man denn nun gerade jetzt, hier in der Wüste, darauf kommt, dass es eigentlich mal wieder an der Zeit wäre, sich die Haare schneiden zu lassen.
Während ich diese Zeile schreibe, sitzt Ege vor der Jurte, die wir uns heute gönnen, und raucht. Gestern Nacht musste der Arme im Auto schlafen, weil ich unbedingt zelten wollte. Hatte er etwa versucht, mich kurz vor der Dunkelheit doch noch in ein Jurten-Camp zu fahren? War ja ganz romantisch, das Zelten in der Wüste, aber auch sehr hart. Für mich, weil ich keine richtige Luftmatratze hatte und für Ege, weil er sich im Auto nicht richtig ausstrecken konnte. Umso mehr freut sich Ege, heute in einer

Jurte schlafen zu können, und auch ich werde hier besser schlafen.
Und außerdem habe ich das Glück, hier im Camp auf Möngke zu treffen, eine 17-jährige Mongolin, die als Travel-Guide mit einem Paar aus der Schweiz unterwegs ist. Sie spricht prima Englisch, hat gerade ihr Abitur auf einer internationalen Schule gemacht und will ab Herbst Biochemie und Volkswirtschaft studieren, interessante Kombination.
„Wir haben exzellente Beziehungen zu Russland“, klärt Möngke mich auf. Warum ich denn dann hier in der Wüste Gobi zwar schon viele Ausländer, aber noch keine Russen gesehen habe, versteht Möngke selber nicht so ganz. „Letztes Jahr hatten wir auch Exkursionen mit Russen, aber in diesem Jahr kommen sie nicht in die Wüste. Vielleicht haben sie mehr Interesse an Meer und Strand als an Wüste. Nach Ulan Bator kommen aber viele Russen.“
Da hat Möngke wohl recht, denn gleich nach meiner Ankunft dort liefen mir einige über den Weg. Möngke führt aber auch historische Gründe an, die das exzellente Verhältnis ja wohl erklären sollten: „Die Russen haben uns damals geholfen, unsere Unabhängigkeit behalten zu können.“ Meine dumme Frage, wer die Unabhängigkeit denn wann bedroht habe, antwortet Möngke: „natürlich die Chinesen, damals, ich glaube in den 90ern.“ Ganz sicher ist sie sich da nicht, aber dass Russland ihr sehr gut gefällt, daraus macht sie kein Hehl: „Meine Zwillingsschwester hat ihr Abitur an der russischen Schule gemacht und will jetzt in Moskau studieren. Sie war gerade mit unserer Mutter in Russland und beide waren ganz begeistert. Sie haben auch

erzählt, dass dort alles so modern ist und die Menschen sehr freundlich zu ihnen waren."
Ich freue mich mit ihr, dass sich die Mongolen und die Russen so gut verstehen. Ist ja auch gut so, nachdem die UdSSR die Mongolei wie einen Satellitenstaat behandelt und in ihr bis in die 90er hinein Truppen stationiert hatte. Und angesichts der exzellenten Beziehungen heute steht auch nicht zu befürchten, dass das nächste Treffen zwischen Wladimir Putin und Tsachiagiin Elbegdordsch, dem derzeitigen Staatspräsidenten der Mongolei, genauso übel endet, wie das Treffen im Jahre 1935 in der mongolischen Botschaft in Moskau zwischen Stalin und Peldschidiin Genden. Nach reichlichem Alkoholgenuss trat erst Stalin wegen der kritischen Haltung des mongolischen Präsidenten (der bezeichnete die Politik der UdSSR als roten Imperialismus) dessen Gehstock weg, wofür sich Genden dann revanchierte, indem er Stalins Pfeife zerbrach. Wahrscheinlich war es vornehmlich der Verlust der geliebten Pfeife, der Stalin veranlasste, Genden 1937 als angeblichen japanischen Spion erschießen zu lassen.

Ulan Bator

Wenn man nach fünf Tagen aus der Wüste nach Ulan Bator zurück kommt, dann kommt einem die Hauptstadt der Mongolei noch merkwürdiger vor als vor dem Ausflug. Irgendwie ist Ulan Bator immer noch eine große Jurte, mal schnell aufgebaut, aber bei Bedarf auch schnell wieder abgebaut und auf Pferden und Kamelen verladen. Die

Mongolen sind und bleiben wohl Nomaden, egal, ob sie ihre Jurte in Ulan Bator aufgeschlagen haben oder in der Steppe oder Wüste.
Hier, in einer Jurte auf dem Dach des *Gana´s* Hostels, erzählt mir Pjotr, ein Web-Designer aus Krakau, der sich in der Mongolei eine Auszeit von seiner Frau und seinem Sohn Gustav gönnt, die unglaubliche Geschichte des Baron Nikolai Roman Maximilian von Ungern-Sternberg, dem Baltendeutschen, der in Diensten des Zaren stand und im ersten Weltkrieg auch in Ostpreußen in der russischen Armee gedient hatte. Nach der Revolution setzte sich von Ungern-Sternberg nach Osten ab und kämpfte auf Seiten der Weißen (dem zusammengewürfelten Haufen, der aus allen möglichen Lagern bestand, so auch aus Zaristen und Menschewiken, d.h. eher „gemäßigten" Gegnern des Zaren) gegen die Roten (die sich später Kommunisten nannten).
Transbaikalien, wo sich von Ungern-Sternberg nunmehr aufhielt, war die letzte Bastion der Weißen gegen die Bolschewiken. Seine Sternstunde schlug, als er, der sich nunmehr auf Mongolisch „Großer Sternenberg" nannte, Anfang 1921 mit ein paar tausend Mann (russischen Weißgardisten und Mongolen) und mit japanischer Hilfe die chinesischen Truppen aus der Mongolei vertreiben konnte, woraufhin er zum Khan der Mongolei gekürt wurde.

Ich vermute, ohne aber genaue Belege dafür zu haben, dass sich die gute Möngke (siehe vorheriges Kapitel) auf die Truppen des Barons bezog, als sie mir stolz erklärte, dass die Russen den Mongolen gegen die Chinesen geholfen hätten. In der Welt einer 17-Jährigen liegen die 90er

und die 20er Jahre des letzten Jahrhunderts ja vielleicht auch nicht so weit auseinander. Auch wenn mir nicht bekannt ist, dass sich die Chinesen nach dem russischen Abzug in der 90ern über die Mongolei hermachen wollten und die Mongolen das dann mit russischer Hilfe verhindern konnten. Vielleicht hat die gute Möngke auch nur Chinesen mit Japanern verwechselt? Das passiert uns Deutschen gewiss häufig, aber Mongolen auch? Gegen die Japaner haben die Russen, bzw. Sowjets, den Mongolen im zweiten Weltkrieg tatsächlich geholfen, daran besteht kein Zweifel.
Natürlich nahm die Sache für Baron von Ungern-Sternberg, der auch „der verrückte Baron" genannt wurde (er glaubte wohl, der wieder auferstandene Dschingis Khan zu sein), kein gutes Ende. Pjotr hat es soeben gegoogelt: Die rote Armee hat die Truppen des verrückten Barons ein halbes Jahr nach dessen Inthronisierung geschlagen. Der Baron, der obendrein nicht nur ein Kommunisten-, sondern auch ein Judenhasser war, wurde am 15. September 1921 im heutigen Novosibirsk hingerichtet.
Wie ich gerade lese, war er äußerst grausam seinen Feinden und Deserteuren gegenüber, denn die ließ er schon mal bei lebendigem Leib rösten oder in Öfen verbrennen. In seinem sehr verqueren Buddhismus sah er es als Wohltat für seine Feinde an, so früh wie möglich aus dem jetzigen Leben erlöst zu werden. So gesehen haben ja wahrscheinlich auch die Rotarmisten, die den Baron erschossen haben, nur dafür sorgen wollen, dass er möglichst schnell als guter Mensch wiedergeboren werden kann.

China

Russland hat zwei Grenzen mit seinem südlichen Nachbarn China, die durch die Grenze zur Mongolei voneinander getrennt sind: Im Altai-Gebirge im Westen gibt es eine 40 km kurze und im Osten eine 3605 km lange Grenze zwischen den beiden Supermächten.

Grenzbahnhof Erlian

Ach China, wir haben es nicht leicht miteinander! Das fängt schon auf dem Grenzbahnhof Erlian an. Unser Waggon wird gerade nach oben gehoben, denn hier erfolgt der *Reifenwechsel*, das Umstellen von der russischen auf die chinesische Spurbreite. Ich bin seit geschätzt einer halben Stunde im Gespräch mit Alfred aus dem Nachbarabteil, einem Zahnarzt aus Meiningen in Thüringen, der, im Gegensatz zu den meisten anderen ehemaligen DDR-Bürgern seines Alters (aus Respekt vor dem Alter verschweige ich, dass er bereits ein Dezennium älter ist als ich), recht passabel Russisch spricht, als mir plötzlich leicht unwohl wird.
Es steht nicht zu vermuten, dass meine plötzliche Unpässlichkeit auf ein zu schnelles Anheben unseres Waggons in luftige Höhen zurückzuführen ist. Eher auf die Hitze im Waggon und vielleicht auch ein klein wenig auf einige Gläser Bier und mehrere Becher Wodka, die ich im urigen mongolischen Speisewagen und in der Raucherecke zwischen zwei Waggons in der sehr unterhaltsamen Gesellschaft mit Katharina und Matthias aus Deutschland und

Martin und mehreren anderen Holländern zu mir genommen habe. Ich setze mich auf Brigittes Bett (mein Bett ist über dem der Hamburgerin) und merke, dass mein Puls und Blutdruck immer weiter absacken. Bevor ich selbiges tue, packt mich der hinzu gerufene Alfred und bringt mich in die angemessene Stellung: hinlegen und Beine hoch.
Brigitte und Mutter und Tochter aus Berlin wedeln mir Frischluft zu. Ja, die drei Damen vom Waggon sind voll im Einsatz, um ihren Hahn im Korb am Leben zu erhalten. Ich merke, dass sich mein Kreislauf stabilisiert und empfinde es als sehr angenehm, dass mir Alfreds bessere Hälfte den kalten Schweiß von den Armen und vom Gesicht abwischt und auch eine gelernte Krankenschwester aus der Schweiz dazu beiträgt, mein Wohlbefinden wieder herzustellen.
Es dauert nicht lange, bis meine Lebensgeister wieder kehren, und nicht viel später lese ich meinen Reisegefährten das (noch unredigierte) Kapitel vom Baikalsee vor. Es kommt ganz gut an, meine zukünftige Leserschaft scheint wieder um ein paar nette Menschen angewachsen zu sein.
Am nächsten Vormittag fahren wir durch die sehr pittoreske felsige Landschaft nördlich von Peking, vorbei an Stauseen und abenteuerlichen Brücken; so weit so gut!

Peking

Mein Premierenabend in Peking. Nach meiner ersten, durchaus zufriedenstellenden Erfahrung mit einem chinesischen Schnell-Restaurant stehe ich nicht weit vom Platz des himmlischen Friedens an einer roten Fußgänger-Ampel, als ich auf Englisch angesprochen werde:
„Are you an artist?“ Ich schaue nach unten und erblicke eine winzige Chinesin, die sogleich erläutert, warum sie mich für einen Künstler hält: „Sie haben so lange Haare!“ (Ich übersetze das englische *you* im Folgenden mit *Sie*, denn auf Deutsch hätte die Dame zweifelsohne die Höflichkeitsformel gewählt). Hinter einer dicken Brille erkenne ich zwei Augen und entschließe mich, das linke der beiden anzuschauen, da das rechte eher einen halben Meter an mir vorbei zu blicken scheint.
„Ich würde mich sehr freuen, wenn Sie etwas Zeit hätten, um sich mit mir zu unterhalten. Ich möchte mein Englisch trainieren.“ Zeit habe ich ja, also stimme ich zu. „Ich unterrichte an einer Kunsthochschule. Wenn Sie möchten, kann ich Ihnen Bilder zeigen, die meine Schüler und ich gemalt haben. Neben meinem Büro ist eine kleine Ausstellung, das ist hier ganz in der Nähe.“
Auf dem kurzen Weg zu den Räumen der Kunsthochschule, die in einem schon etwas angegrauten Hochhaus untergebracht sind (also in einem typischen, renovierungsbedürftigen Unigebäude, das etwas mitleiderregend zwischen modernen Wolkenkratzern steht), erfahre ich, dass meine neue Bekannte Lilly heißt und davon träumt, in England

leben zu können. „Aber das wird wohl ein Traum bleiben. Mein Mann und unsere beiden Söhne wollen auf keinen Fall aus Peking wegziehen, und das, obwohl die Luft im Winter hier fürchterlich ist."

Die Bilder, die ich jetzt zu sehen bekomme, sind meines Erachtens nach von sehr unterschiedlicher Qualität. Als ich auf vier nebeneinander hängende Pergamentrollen mit Tuschezeichnungen weise und sage, dass mir die sehr gut gefallen, strahlt Lilly. „Die sind von mir. Frühling, Sommer, Herbst und Winter. Sie symbolisieren auch das Leben der Menschen: Spiel in Kindheit und Jugend, Arbeit und Erfolg im Erwachsenenalter, Weisheit im Herbst des Lebens und Ruhe im Winter." Fotografieren darf ich hier leider nicht, denn „unser Professor erlaubt das nicht." Schade, einige Bilder (allerdings nicht die furchtbar kitschigen Ölgemälde, die hier auch herumstehen) gefallen mir wirklich recht gut.

Lilly zeigt mir noch ihr Malwerkzeug und ich kann kaum glauben, dass sie für bestimmte Zeichnungen keinen Pinsel, sondern einen Stab benutzt, der für mich Laien wie ein Häkelhaken aussieht.

„Haben Sie Lust, dort drüben noch einen Tee mit mir trinken zu gehen?" Als wir nach der Besichtigung der Bilder wieder die Straße betreten, regnet es in Strömen, da ist an Spazierengehen nicht zu denken. Gut, also noch einen Tee trinken und dann wird der Regen ja hoffentlich aufgehört haben.

Wir huschen über die Straße und betreten ein Restaurant. Zielstrebig geht Lilly an den Tischen vorbei zu einer Treppe, die zu einem Tee-Salon führt, der sich ein Stockwerk

tiefer befindet. „Hier ist es viel ruhiger als im Restaurant oben", erläutert Lilly, womit sie Recht hat.
Wir werden von einer freundlichen Kellnerin in ein kleines Separee geführt, wo Platz für höchstens drei kleine Chinesen mit einem Kontrabass oder zwei dicke Langnasen ist. Lilly bestellt je ein Kännchen Jasmin- und Früchtetee und ich mache den Fehler, mir nicht die Karte mit den Preisen zeigen zu lassen.

Wir nehmen unser Gespräch wieder auf, das ich inzwischen auf die chinesisch-russischen Beziehungen gelenkt habe: „Nein, mit Russen habe ich nicht viel zu tun. Die Ausländer, die zu uns kommen, sind zumeist aus den USA oder Europa. Warum fragen Sie mich denn nach Russland?" Jetzt erläutere ich Lilly mein Projekt, was sie amüsiert zur Kenntnis nimmt. „Das ist ja wirklich interessant. Aber es wäre doch viel spannender, wenn Sie China und unsere Nachbarländer bereisten. China ist doch viel schöner und wichtiger als Russland. Drei Tage in Peking, das ist doch viel zu wenig!"

Natürlich muss ich Lilly bezüglich Letzterem Recht geben: drei Tage sind für Peking wirklich sehr wenig. Aber was sie denn nun bitte von Russland und den Russen halte? Doch Lilly bleibt bei ihrer Weigerung, sich hierüber weitergehend zu äußern als: „Früher waren wir mal befreundet, dann nicht mehr, jetzt ist soweit alles in Ordnung. Vielleicht können wir zusammen mit den Russen ja die Nordkoreaner und die Amerikaner beruhigen." Diesen Wunsch kann ich nur unterstreichen, zumal ich in wenigen Tagen nach Nordkorea fahren werde. Schon hat Lilly mein Thema

wieder verlassen und schlägt mir vor, doch am nächsten Abend mit ihr in eine Zirkusveranstaltung zu gehen, ein Freund könne dort Karten besorgen.
Jetzt wird mir das Ganze langsam unangenehm, zumal Lilly soeben noch ein Glas chinesischen Weines für mich bestellt hat, den müsse ich unbedingt kosten. Ich wiederhole meinen Fehler von vorhin, und anstatt das Glas gleich zurück zu weisen, mache ich erst einmal - gar nichts. Nach der zweiten Aufforderung koste ich schließlich den Wein mit dem klangvollen Namen *chinesische große Mauer* und stelle fest, dass er nicht einmal schlecht schmeckt. Lilly möchte auch kosten, also schiebe ich ihr das Glas hin und kann nicht glauben, was sich dann abspielt: sie nimmt das Glas, setzt an und leert es in einem Zuge! Als sie der Kellnerin wieder etwas zuruft wird es mir schließlich zu bunt und ich bitte um die Rechnung.
Liebe Leser, sollten Sie jemals in einen derartigen Tee-Salon gebeten werden: Lesen Sie auf jeden Fall die Preisliste, bevor Sie etwas bestellen, oder sollte ich wohl eher schreiben, bevor jemand auf Ihre Kosten etwas bestellt? Ich schaue auf die Rechnung und vergleiche die dort aufgeführten Phantasiepreise mit der mitgelieferten Getränkekarte. Alles stimmt genau überein: Die Tees kosten jeweils 360 Yüan und der Wein 180, macht zusammen 900, plus 80 Yüan Steuer, summa summarum also 980 Yüan.
Möglicherweise sollte ich an dieser Stelle erwähnen, dass ein Euro etwa sieben Yüan entspricht. Für die nicht ganz so Schnellen unter Ihnen: Die Rechnung beläuft sich auf umgerechnet 140 Euro!
Jetzt heißt es die Ruhe bewahren. Leider reicht mein Bargeld nicht aus und ich muss mit der Karte bezahlen. Und

das in einem Land, von dem man hört, dass dort immer mal wieder Betrügereien mit Kreditkarten betrieben werden. Was bleibt mir aber übrig? Ich zahle mit Karte und bete, dass alles gut gehen möge.
Ich bin stinkesauer, versuche aber, angesichts meiner eigenen Blödheit Haltung zu bewahren und verabschiede mich nach Erreichen der Straße umgehend von Lilly. Man kann auch sagen, dass ich sie im Regen stehen lasse, was allerdings aufgrund der Tatsache, dass sie im Gegensatz zu mir einen Regenschirm dabei hat, nicht allzu unhöflich ist.

Was gibt es sonst noch zu berichten? Wenn man in nur drei Tagen in Peking zweimal versehentlich angespuckt und etliche Male angerempelt wird, wenn man auf dem Weg zur Toilette einen Mann antrifft, der mit heruntergelassener Hose sein Glied im Handwaschbecken wäscht, wenn man eine Frau sieht, die am Straßenrand hockt und durch Hose und Rock in den Rinnstein pinkelt, wenn man in einem Restaurant beim Verlassen desselben einen Blick in die Küche wirft und dann angesichts der unglaublich verdreckten Küche nur mit Mühe verhindern kann, das soeben Gegessene umgehend zu erbrechen, wenn man morgens um 10:00 Uhr nach zwei umfangreichen Kontrollen im Geschiebe und Geschubse endlich die Kasse für die Eintrittskarten zur verbotenen Stadt erreicht und einem dann dort mitgeteilt wird, dass es für den heutigen Tag leider keine Karten mehr gibt (man könne ja am nächsten Tag wiederkommen) und wenn man zwei Mal völlig eingeregnet wird und der gebuchte Ausflug an die Chinesische Mauer aufgrund des Dauerregens abgesagt wird, dann hat man entweder einfach nur sehr viel Pech gehabt oder es hätte ja auch - Murphys-Gesetz folgend – alles noch viel schlimmer kommen können. Meine Motivation hält sich momentan sehr in Grenzen, demnächst wieder mal nach China zu reisen, um zu überprüfen, welche der beiden Optionen die zutreffende ist.

Noch zwei Beobachtungen beim Bahnfahren in China (unhöflicherweise zuerst meine eigene): Im Zug von Ulan-Bator nach Peking rauchten einige Reisende zwischen den Waggons. Dagegen ist meines Erachtens nichts weiter einzuwenden. Hier, im Zug von Peking nach Pjöngjang stinkt es im ganzen Waggon jetzt schon, nach gerade einmal zweistündiger Fahrt, so verräuchert wie früher in den von meinem Baikal-Freund Vladimir so geliebten Hafenkneipen, denn die Chinesen aus den Nachbarabteilen rauchen ununterbrochen direkt im Gang, so auch vor dem Abteil, das ich mir glücklicherweise mit keinem von ihnen teilen muss. Natürlich dringt der Qualm durch die Türritzen auch in mein Abteil und ich bin *not amused*.
Da kommt mir das Zitat von meinem geliebten Zabel in den Sinn, der aus der Mandschurei zu berichten weiß: „Der Verkehr steigert sich auf dieser Bahn so überraschend, dass man den Russen andere Räume zur Verfügung stellen muß als den Chinesen, deren unangenehme Ausdünstung, namentlich wenn sie in größerer Anzahl versammelt sind, auch von Leuten ohne feinere Geruchsnerven unangenehm empfunden wird."
Wie schrieb ich doch eingangs des China-Kapitels: Ach China, wir haben es nicht leicht miteinander! Zur Ehrenrettung: Ich habe auch ein sehr nettes kleines Mädchen im Park kennengelernt, die mit mir herumalberte und mir

gehörig half, meinen aufkeimenden Frust über China und die Chinesen etwas einzudämmen. Selbstverständlich habe ich ansonsten auf meiner Reise auch noch andere sehr nette Chinesen kennen gelernt, das soll hier nicht verschwiegen werden. Sollte ich vielleicht doch mal wieder nach China fahren? China, versuchen wir es noch einmal miteinander?

Jetzt geht es aber erst einmal nach Nordkorea. Mir schwant Übles, wenn ich an die Wortgefechte der beiden verrückten Sprengköpfe auf beiden Seiten des Pazifiks denke, die derzeit per *Twitter* und sonstigen Medienauftritten ausgetragen werden.

Nordkorea

Ja, es gibt sie tatsächlich, eine Grenze zwischen Nordkorea und Russland. Mit nur 19 km Länge ist es eher ein Grenzchen, direkt am Pazifik gelegen.

Im Zug von der Grenze nach Pjöngjang

Wie war das gleich mit dem Rauchen im Waggon? Ab dem chinesischen Grenzbahnhof Dongdan habe ich Gesellschaft im Abteil, ein nordkoreanisches Paar in den 60ern mit Sohn. Die Dame trägt stolz das Abzeichen mit dem Abbild Kim Il-Sungs an der Bluse, der stiernackige Sohn, der einen ähnlichen Sticker am T-shirt befestigt hat, liegt lässig auf dem Bett über mir und steckt sich eine Zigarette an.
Meiner nicht ganz so höflichen Bitte, doch nicht im Abteil zu rauchen, kommt der Kerl vorerst nach und widmet sich seinem mitgebrachten Räucherfisch, nicht ohne Schuppen und Gräten von oben auf den Teppich regnen zu lassen. Sein Väterchen lässt sich nicht lumpen und nimmt sich auch so einen Fisch und im Nu riecht es im Abteil wie auf dem Fischmarkt. Wäre ich Raucher, würde ich jetzt Zigarettenrauch vorziehen, denn wie schrieb schon Zabel über die Chinesenstadt in Dalny:
„Der Schmutz, der überall herrschte, hatte namentlich in den Bäderläden und Garküchen, an denen wir vorbeika-

men, etwas Abschreckendes, und der Geruch von angebranntem Fett stieg uns so widerwärtig in die Nase, daß wir die Zigarette im Munde überhaupt nicht mehr ausgehen ließen."
Doch der Sandmann hat ein Einsehen und sendet drei Mützen voll Schlaf in unser Abteil, und wie auf Kommando schlafen meine drei Abteilnachbarn ein.

Wahrscheinlich haben die drei diese Tour schon öfters gemacht, sonst wäre es eher dümmlich, die jetzt vorbeiziehende Landschaft zu verschlafen. Reisfelder, gelegentlich Mais, Dörfer, Menschen auf den Feldern und Wegen, und fast stets Berge im Hintergrund. Vom Zug aus sieht das hier sehr idyllisch aus, wahrscheinlich so ähnlich, wie in China früher einmal. Ich entschließe mich, auf meinem MP3-Player französische Chansons zu dem Postkartenidyll zu hören und - werde wieder wach, als der Zug hält.
Die beiden Kims (Vater und Großvater des derzeitigen Führers) lächeln mir vom Bahnhofsgebäude zu. Dieser Publicitygag ist den Herren gelungen, ich lächle zurück und wundere mich darüber, dass ich so leicht zufrieden zu stellen bin: die Mischung aus schöner Landschaft und Musik und das leichte Schaukeln des Zuges, und aller Ärger ist vergessen. Ich nehme mir vor, ab jetzt ganz nachsichtig mit meinen Mitreisenden zu sein und halte diesen Vorsatz auch dann noch durch, als der Bursche über mir aufwacht und sich wieder eine Zigarette ansteckt. Mir wird meine geradezu konfuzianische Ruhe gedankt, indem der Kerl sofort aufsteht und seine Zigarette im Gang weiter raucht. Geht doch!

Pjöngjang

Was für eine surreale Stadt, man muss es mit eigenen Augen sehen, um zu glauben, was Menschen so alles anstellen, um eine Illusion zu schaffen (nicht nur hier, denken wir nur an Las Vegas in den USA!). Natürlich ist es nicht möglich, die Stadt und das Land Nordkorea mal einfach so und auf eigene Faust zu bereisen. Hat man aber ein Besuchs-Paket gebucht, ist das Visum reine Formsache und vor Ort wird man rundum betreut.

Am Bahnhof holen mich Frau Pak und Herr Kim ab, meine Reiseleiterin und mein Dolmetscher. Vor dem Bahnhof wartet noch ein Herr Kim, unser Fahrer, der meine Reisegruppe vervollständigt. Die beiden Kims und Frau Pak sind äußerst liebenswürdige, sehr freundliche Menschen, die sich nach Kräften bemühen, mir den viertägigen Aufenthalt in der Demokratischen Volksrepublik Korea, so der offizielle Name Nordkoreas, so angenehm wie möglich zu gestalten.

Frau Pak spricht sehr gut Englisch und Französisch, da sie ihre Kindheit und Jugend in Frankreich verbracht hat. Der Dolmetscher Herr Kim spricht sehr gut Deutsch mit leichtem, aber unverkennbarem Wiener Akzent. Meine Frage, wo er denn so gut Deutsch gelernt habe, beantwortet er eingangs mit „hier, an der Kim Il-sung-Universität“, um dann einige Zeit später doch einzuräumen, dass er in Wien zur Schule gegangen ist. Der Fahrer Herr Kim spricht wohl keine Fremdsprache, fährt dafür aber recht flott durch die Gegend.

Mir wird gleich anfangs erklärt, dass ich hier alles fotografieren dürfe, außer Soldaten, militärische Einrichtungen und Menschen bei der Arbeit. Somit gibt es außer an den offiziellen Foto-Stopps praktisch keine Möglichkeit für mich, den durchaus sehenswerten Fortschritt des Aufbaus Pjöngjangs oder die teilweise traumhaft schöne Landschaft zu fotografiren, denn mehrere Versuche, unterwegs anzuhalten und die Kamera zu betätigen, werden freundlich aber bestimmt abgelehnt (gibt es doch überall Soldaten, militärische Anlagen oder arbeitende Menschen).

Die Paraden auf dem Kim Il-sung-Platz im Fernsehen zu „bestaunen“ ist das Eine, aber diesen Platz im Realen zu sehen, steigert das Gefühl, in eine Zeitreise geraten zu sein, noch einmal beträchtlich. Vieles erinnert mich an die Sowjetunion vor 40 Jahren, so auch das sehr bescheidene, würdevolle und überaus freundliche Auftreten der Bevölkerung und die riesigen Parolen (anstelle der bei uns üblichen Werbetafeln), aber ein derartiger Personenkult, wie er hier um den „großen Führer Generalissimus Kim Il-sung“, den „Befreier von der japanischen Besatzung“ (Zitate von Herrn Kim) und dessen Sohn Kim Jong-il, dem 2013 verstorbenen Vater des jetzigen „obersten Führers“ Kim Jong-un, betrieben wird, gab es in den 70er Jahren in der UdSSR nicht.

Frau Pak und Herr Kim scheinen felsenfest von den ganzen Vorzügen der Juche-Ideologie, wie die Staatsideologie genannt wird, überzeugt zu sein. Mit Stolz und Hingabe preisen und präsentieren sie die Errungenschaften und Sehenswürdigkeiten ihres Landes. Einige der eher ungewöhnlichen Attraktionen, die wir besichtigen, strahlen die uncharmante Dröge des „real existierenden Surrealismus" aus (wie die Briefmarkenausstellung, die Buchhandlung mit den Werken der großen Führer oder die Blumenausstellung der Kimilsungiliae und der Kimjungiliae, erstere eine Begonie, ein Geschenk des seinerzeitigen indonesischen Staatspräsidenten Sukharno an Kim Il-sung und zweitere eine Bromelie, ein Geschenk eines japanischen Züchters an Kim Jung-il).

Dagegen sind insbesondere einige architektonische Attraktionen, die mir gezeigt werden, durchaus sehr beeindruckend. Zu nennen wären hier vornehmlich die Zukunftsstraßen 2011, 2015, 2017, die jeweils ein bis mehrere Kilometer lang sind und von modernen Wolkenkratzern gesäumt sind, in denen sich aber praktisch keine Büroräume oder Banken, sondern tatsächlich Wohnungen befinden. Sehenswert sind auch der Triumphbogen („elf Meter höher als der in Paris"), der Turm der Juche-Ideologie, das Parteigründungsmonument oder der Tempel der Wissenschaften.

Am meisten Spaß macht mir die Fahrt mit der U-Bahn. Endlich bin ich mal mitten im Volk und fahre nicht gut behütet im Auto an den Menschen vorbei, die unserem Auto prinzipiell die Vorfahrt einräumen. Einige der vielen Soldaten am Wegesrand grüßen unser Auto auch militärisch: es ist von weitem ja nicht zu erkennen, dass hier kein Militär, sondern ein ausländischer Tourist mit seiner Entourage vorbeibraust. Da die Passagiere der U-Bahn gerade nicht arbeiten, können sogar Fotos geschossen werden. Frau Pak fotografiert mich mit meinen Sitznachbarinnen, die angesichts der freundlichen Bitte von Frau Pak selbst-

verständlich nichts dagegen haben, mit mir zusammen abgelichtet zu werden.
Gerne wäre ich abends noch ein wenig alleine durch die Straßen geschlendert, aber Frau Pak erläutert mir, dass das nicht möglich sei, da die Menschen hier keine Ausländer gewöhnt seien und wahrscheinlich Angst vor mir bekämen.
Es versteht sich von selbst, dass ich den Menschen hier auf gar keinen Fall Angst machen möchte. Also verzichte ich auf Alleingänge.
Im gleichen Hotel wie ich (dem erstklassigen Kuryo-Hotel) wohnt übrigens der Trainer der nordkoreanischen Fußball-Nationalmannschaft, der ehemalige Bundesligaprofi und Trainer Jörn Andersen. Wie ich im Internet lese (erst nach meiner Ausreise, denn in Nordkorea habe ich leider keinen Internetzugang), darf aber auch dieser sympathische Norweger, der sicherlich genau so wie ich keinem ängstlichen Koreaner was Böses antun würde, das Hotel nur in Begleitung verlassen. Diese Info ist jedoch wohl falsch, aber hier an dieser Stelle sei noch nicht verraten, wie ich an Insider-Informationen gekommen bin, die die Aussagen der Artikel von focus-online und der Süddeutschen Zeitung über das Leben von Jörn Anderson in Nordkorea deutlich relativieren.
Gedulden Sie sich bis zum Kapitel über Chabarowsk, da werden Sie, liebe Leser, mehr über Jörn Andersen erfahren. Interessant wäre es übrigens, die Zimmer unserer Begleiter (meine wohnen im 14. Stock, das habe ich zufällig mitbekommen) zu besichtigen. Ganz so luxuriös wie mein Zimmer im 33. Stockwerk werden diese Zimmer mit Sicherheit nicht sein.

Übrigens sind wir Deutschen nach den Chinesen die größte Gruppe ausländischer Touristen. Russen kämen auch einige, aber so richtig gut angesehen sind die Russen hier wohl nicht mehr. Herr Kim muss auf Intervention von Frau Pak seine Äußerung, dass die Russen den Nordkoreanern im Korea-Krieg geholfen hätten, wieder zurücknehmen. „Ach so, ja, die Russen hatten uns Waffen versprochen, aber dann doch nicht geliefert."
Es waren also einzig die Koreaner selber (vielleicht mit klitzekleiner Unterstützung von China), die sich unter der Führung Kim Il-sungs von den Japanern schon fast befreit hatten, bis die Amerikaner einmarschiert sind und die vollständige Befreiung der Koreaner verhindert hätten.

Die Russen, so entnehme ich der *Pyongyang Times* vom 12. August, sind entweder blind oder stellen sich blind, denn sie wollen die Tatsache, dass die Volksrepublik Korea unter der Führung des geliebten Kim Jung-un gerade eine atomwaffenfähige Interkontinentalrakete abgeschossen hat, nicht anerkennen und sprächen wider besseres Wissens von einer Mittelstreckenrakete. Was für Banausen, diese Russen, halten sich wohl für was Besseres.
Raketen sind hier sowieso sehr beliebt. Sowohl im Tempel für Wissenschaft und Technik, als auch im Nationalzirkus spielen Raketen eine Hauptrolle. Der besagte Tempel steht dem ganzen koreanischen Volk offen, wie die Führerin vor Ort erläutert. „Sehen Sie nur, wir stellen hier fast 500 Computer für Recherchen zur Verfügung."
Meinem dezenten Hinweis, dass es sich bei den gezeigten Bildschirmen und Tastaturen wohl eher um Terminals als Computer handle, wird dann eher zähneknirschend zuge-

stimmt. Die gepriesene Bibliothek stellt sich bei näherem Hinsehen eher als eine Art Altpapiersammlung heraus, in der ich unter anderem auch neurologische Fachzeitschriften aus Deutschland (ein Geschenk eines Professors aus Potsdam) entdecke.

Ich lasse mir die Ausstellungshalle der medizinischen Errungenschaften zeigen und finde bei der Darstellung der genetischen Diagnostik einige Merkwürdigkeiten, die sich mit wissenschaftlichem Fachverstand nicht erklären lassen. Vielleicht ist das ja auch der Tatsache geschuldet, dass man an den Terminals hier zwar ins Intranet, aber nicht ins Internet kommt.
An den paar Terminals, die besetzt sind, schauen sich die Nutzer übrigens vornehmlich Zeichentrickfilme an. Herr Kim klärt mich auf, dass es sich hierbei um ein Quiz handelt, bei dem die Teilnehmer am Ende Fragen beantworten müssten.

Nun, ich will nicht nur kritisieren. In der Kinderabteilung, in der den kleinen Koreanerinnen und Koreanern Wissenschaft und Technik auf spielerischem Wege beigebracht werden sollen, finde ich ausgelassen spielende Kinder vor, die auf jeden Fall ihren Spaß haben.

Ein Tagesausflug nach Kesong und an die innerkoreanische Grenze führt mich an vielen auf den Feldern arbeitenden Menschen vorbei (leider, das Fotografieren ist nicht möglich), die den Boden ohne Einsatz von Maschinen bearbeiten, was einerseits sehr archaisch, andererseits aber auch sehr nachhaltig aussieht. Kurz vor der Grenze kann man einen Blick auf die Sonderwirtschaftszone erhaschen, in der Kapitalisten aus Südkorea Arbeiter aus Nordkorea ausbeuten durften, bis im April aus aktuellen politischen Gründen den Südkoreanern der Betrieb untersagt worden ist. Jetzt soll dort unter nordkoreanischer Leitung produziert werden, oder das Ganze steht leer (da widersprechen sich meine Begleiter).

Nordkorea ist anders, anders als alle anderen Länder, die ich auf meiner Reise besuche. Vieles wirkt befremdlich, teilweise abstoßend, wie der Personenkult und die Leidenschaft für Raketen. Diese geht so weit, dass die hervorragenden Artisten des Nationalzirkus als menschliche Raketen durch die Manege fliegen, vor einer großen Leinwand, auf der die Starts von Raketen gezeigt werden.
Andererseits sind es zumindest aus Sicht der Nordkoreaner gerade diese Raketen, die das Überleben ihres Landes sichern. Und so nervig das *betreute Reisen* für mich prinzipiell ist: die wenigen Menschen, mit denen ich hier zusammen treffe, sind ausnahmslos äußerst freundliche Zeitgenossen. Frau Pak und Herr Kim haben auch Humor, so dass ich mich nach fast vier Tagen freundschaftlich von ihnen verabschiede.

Ich wäre nur zu gerne wieder mit dem Zug aus Nordkorea ausgereist, nach Harbin in China und dann weiter nach Wladiwostok. Aber trotz aller Bemühungen: Das war einfach nicht zu buchen, so dass ich zum ersten Mal auf dieser Reise ins Flugzeug steigen muss, in eine alte russische Antonow-Propellermaschine. An Bord des Fliegers der Koryu Airline von Pjöngjang nach Wladiwostok sind noch drei Deutsche (von denen zwei unzweifelhaft aus Sachsen kommen), einige Russen und jede Menge Koreaner, die wie ich von lächelnden Stewardessen Hamburger (sic!) zum Frühstück serviert bekommen. Willkommen in der Globalisierung.

Russland VI: Sibirien von Ost nach West

Wladiwostok

Ich sitze in einem Strandcafé und schaue auf den Pazifik. Wladiwostok, das russische Pazifikpendant zu San Francisco, präsentiert sich in strahlendem Sonnenschein. Wie herrlich, wieder in Russland zu sein, nach dem chaotischen Peking und dem surrealen Nordkorea. Nie hätte ich gedacht, dass ich mich in Russland einmal so europäisch-wohl fühlen würde, wie jetzt in diesem himmlischen Moment.
Carpe diem, ich lebe diesen Augenblick. Von Moskau aus bis an den Pazifik habe ich in acht Reisetagen vier Grenzen überquert. Selbst wenn ich von Pjöngjang aus nicht hätte fliegen müssen: Mehr als neun Reisetage hätte ich nicht benötigt, um von der russischen Hauptstadt aus den Stillen Ozean zu erreichen.

Zabel erreichte 1903 am vierzehnten Reisetag ab Moskau in Dalny den Pazifik, ohne irgendeine Grenze passieren zu müssen, denn die Bahnstrecke durch die Mandschurei war damals russisches Hoheitsgebiet und Dalny wie auch das benachbarte Port Artur waren russische Städte.

Zabel muss diese Bahnreise sehr genossen haben: „Wer am vierzehnten Tage nach der Abfahrt von Moskau in früher

Morgenstunde den Endpunkt der sibirischen Bahn in Dalny erreicht, hat eine Fülle origineller und beständig wechselnder Eindrücke in sich aufgenommen, alle nur denkbaren Unterschiede von Land und Leuten beobachtet und an dem frischen Leben, das aus der Erde sprießt, lebhaftes Interesse gewonnen.
Wie im Traum sind die Berge und Steppen, die Wälder, Flüsse und Seen, die Stationen, Städte Niederlassungen und Fabriken, Volkstypen, wie Russen, Tungusen, Burjäten und Chinesen, in buntem Durcheinander an ihm vorbeigezogen."

Und was schreibt Zabel über Wladiwostok? „Die *Beherrscherin des Ostens*, wie diese Stadt von den Russen mit so großem Stolz genannt wird, erstreckt sich über sieben Kilometer lang an den Abhängen von Bergen hin, die von der Nord- und Westseite eine Bucht des japanischen Meeres, das *goldene Horn*, malerisch umgeben. Man hat nicht umsonst diese Bezeichnung für den Meerbusen gewählt, an dem die Stadt vor dreiundvierzig Jahren gegründet wurde. Rußland suchte aus seinem ungeheuren Ländergebiet einen Weg zum Weltverkehr auf dem Wasser und schuf sich, neuntausend Kilometer von Petersburg, an den Ufern des Stillen Ozeans einen Ersatz für den Weg zum Mittelmeer, der durch Konstantinopel versperrt ist."
Heute, mein lieber Zabel, überspannt eine Brücke das goldene Horn, die den Vergleich mit der Brücke in San Francisco nicht zu scheuen braucht. Und ohne jetzt gleich in allzu große Euphorie zu verfallen: Meine amerikanische Lieblingsstadt hat in meinem persönlichen Städteranking eine ernsthafte Pazifik-Konkurrentin bekommen (sorry

Pazifik, aber an meinen Atlantikliebling Rio de Janeiro reichen deine beiden Schönheiten dann doch nicht ganz ran).

Ich wohne mitten im Zentrum Wladiwostoks im *Optimum*-Hostel und komme mit Ana, die hier an der Rezeption arbeitet, ins Gespräch. Charmant nimmt sie meine sprachlichen Fehler in Kauf und betont immer wieder, wie hervorragend doch mein Russisch sei, was eindeutig heillos übertrieben ist.

Ana stammt aus einer kleinen Stadt, die hinter Chabarowsk liegt, „eine Tagesreise von Wladiwostok entfernt". Sie war auch schon einmal in Europa, in Moskau. „Hier fühle ich mich aber wohler, alles ist gemütlicher." Ana liebt ihre Stadt und die Arbeit im Hostel. „Die Welt kommt zu uns. Wir haben mehr Gäste aus dem Ausland als aus Russland. Koreaner liegen ganz vorne, dann kommen Chinesen und Japaner und Europäer." Als ich frage, ob denn auch Nord-Koreaner kämen, lacht Ana (sie ist viel zu freundlich, um mich auszulachen, nein, sie lacht einfach nur so) und schüttelt den Kopf. „Natürlich nicht, die kommen alle aus Süd-Korea. Da war ich auch schon einmal, es war sehr schön dort!"

Schräg unterhalb des Hostels stehen zwei Bänke, auf denen ich mich mit Roland, Kai und Christian niedergelassen habe, drei Bikern aus Deutschland, die es mit ihren Motorrädern bis an den Pazifik geschafft haben. Kai und Christian kamen bis Magadan und warten jetzt im Hostel darauf, dass ihre von dort verschifften Bikes in Wladiwostok ankommen.

Wir führen gerade spannende wissenschaftliche Experimente durch (im Kern geht es darum, herauszufinden, ob

Luft tatsächlich in der Lage ist, Flüssigkeit aus Bierflaschen zu verdrängen), als Roland feststellt, dass der glatzköpfige Mann auf dem Monument vor uns, den wir schon eine Weile lang von hinten betrachten, fast so aussieht wie der verstorbene Schauspieler Yul Brynner. Wir unterbrechen unser Experiment für einen Moment und stehen auf, um das Denkmal von vorne zu betrachten. Volltreffer, es ist Yul Brynner. Und Kai bleibt es vorbehalten, sogar noch eine Gedenktafel am Nachbarhaus zu entdecken, dem Geburtshaus des einen Siebentels der glorreichen Sieben (nicht nur Westernfans ein Begriff, oder?).

Kaum zu glauben, was man auf Reisen so alles lernen kann. Wikipedia weiß dann noch Genaueres: „Yul Brynner (russisch Юл Бринер, eigentlich *Juli Borissowitsch Briner*; * 11. Juli 1920 in Wladiwostok, Fernöstliche Republik; † 10.Oktober 1985 in New York City, New York) war ein US-amerikanischer Schauspieler russisch-mongolisch-schweizerischer Herkunft. In den 1950er Jahren zählte der kahlköpfige Darsteller zu den beliebtesten Hollywood-Stars. Als König von Siam in *Der König und ich* gelang ihm der internationale Durchbruch. Besonders bekannt wurde er durch die Rolle des Protagonisten Chris Adams im Kultwestern *Die glorreichen Sieben*. … 1985 starb Brynner an Lungenkrebs. Zuvor hatte er sich unter anderem in der Paracelsus-Klinik am Silbersee in
Langenhagen behandeln lassen.“

Ich will ja nicht darüber schwadronieren, was es doch so alles für Zufälle gibt. Hier nur so viel: In besagter Klinik wurde nur ein paar Jahre später mein Sohn geboren.

Wir nehmen mit großen Schlucken unser wissenschaftliches Experiment wieder auf und können hiermit verkünden: Ja, am Ende ist kein Töpfchen Flüssigkeit mehr in den Flaschen, sondern nur noch Luft. *Quod erat demonstrandum*!

Chabarowsk/Birobidschan

„Hotelankunft 5 Uhr, kurz waschen, rasieren, 9 Uhr Frühstück, danach Exkursion durch die Stadt. Wir kennen nicht viel von der Stadt, eigentlich bloß die Gegend um unser Hotel, die Prachtstraße Karl-Marx-Allee, den sie beendenden Platz mit vielen Obelisken, den dort anschließenden Erholungspark und den Badestrand am Amur. Viel mehr wird hier in Chabarowsk auch gar nicht los sein, das ist aber auch nicht nötig. Denn das, was wir gestern so alles gesehen haben, ist herrlich. Hinzu kommt, daß hier hervorragendes Wetter ist (strahlender Sonnenschein, ca. 28-30°C) und das Chabarowsk für mich die Stadt der schönsten Mädchen ist. Noch nie sah ich so viele schöne Mädchen auf einem Haufen."

Ich stelle fest, dass sich seit meinen Aufzeichnungen Ende August 1977 doch einiges geändert hat: Erstens trägt jetzt der Abschnitt der Karla-Marksa zwischen Lenin-Platz und Komsomolzen Platz den Namen des Stadtgründers, des Grafen Nikolai Murawjow-Amurski. Zweitens finde ich nur noch einen Obelisken auf dem Komsomolzen-Platz vor, dafür steht jetzt eine Kirche mitten auf dem Platz, die

bestimmt nicht von Komsomolzen errichtet wurde. Drittens sind die hübschen Mädchen von damals jetzt alle 40 Jahre älter, was für eine Überraschung! Viertens kann man hier in Chabarowsk doch noch viel mehr entdecken, denn in dieser prosperierenden Stadt ist viel los. Ansonsten ist alles genauso wie oben von mir beschrieben.
Am Badestrand widme ich mich sofort meinem Lieblingsthema: Völkerverständigung. Auf Reisen hat man nun einmal die Gelegenheit, mit Menschen aus sehr entfernten Kulturkreisen zusammenzutreffen, so auch hier am Amurstrand: Ich treffe die beiden Sachsen aus dem Flugzeug wieder.
Nichts wie rein ins Wasser zu den beiden, denn in weiser Voraussicht habe ich Badehose und Handtuch dabei. Dirk und Dierk freuen sich genauso wie ich, dass wir nunmehr die Gelegenheit haben unsere Reiseerlebnisse auszutauschen, zuerst im Wasser, später beim Spaziergang durch die Stadt und zuletzt bei einer fröhlichen Dampferfahrt auf dem Amur.

Die beiden sehr sympathischen Reisegenossen gönnen sich die Russland/Nordkoreareise zu ihren jeweiligen 50sten Geburtstagen. Als Begleiter haben sie den ein wenig älteren Senioren Peter dabei, der beim Essensstopp auch gleich von einer flotten Dame (geschätzt: seines Alters) ins Gespräch verwickelt wird, wobei dieses aufgrund völliger Fremdsprachenunkenntnis der Dame und doch eher eingerosteten Schulrussischs des Herren eine gewisse Oberflächlichkeit beibehält und mit einem freundlichen gegenseitigen „Doswedanje“ endet.

Gut gestärkt machen wir uns auf, das Stadion des Erstligaaufsteigers SKA Energija Chabarowsk zu besichtigen, inklusive eines Fotos auf der Tribüne mit Chemnitz-Fan-Schal. Der ehemalige Matrose und jetzige Sozialarbeiter Dierk schafft es auch, während des Spaziergangs meinem Glauben an die Seriosität der Internetpräsenzen des Focus und der Süddeutschen Zeitung eine gehörige Delle zu verpassen. „Von wegen Leben wie im Gefängnis und nur mit Aufpasser rausgehen. Alles falsch." Und Dierk hat es aus erster Hand, von Jörn Andersen persönlich.
Meine neuen Freunde haben diesen ehemaligen Torschützenkönig der Bundesliga im Hotel in Nordkorea nämlich von Angesicht zu Angesicht kennengelernt, so wie auch den Trainer der U19 Frauennationalmannschaft Nordkreas, den ehemaligen Zweitliga-Spieler und späteren Trainer von Arminia Bielefeld, Thomas Gerstner.
Andersen und Gerstner seien super Typen, überhaupt nicht eingebildet. Von Gefängnis im Hotel (so schrieben die Zeitungen) könne keine Rede sein, hätten die beiden Trainer berichtet. Selbstverständlich könnten sie ohne Begleiter auf die Straße gehen. Die Medien hätten Jörn Andersens Aussagen in den Interviews völlig falsch wieder gegeben. Ich habe keinerlei Anlass, an der Richtigkeit von Dierks Wiedergabe der Dementis der Trainer zu zweifeln. Ich kann mir allerdings auch sehr gut vorstellen, dass die Ausflüge der Trainer auf Pjöngjangs Straßen durchaus nicht nur von nordkoreanischen Fußballfans beobachtet werden.

Nach dem Spaziergang geht es noch einmal an und in den Amur. Wir badenden Deutschen erwecken die Aufmerk-

samkeit eines jungen Mannes, der uns noch im Wasser mit einem deutschen „guten Tag“ begrüßt und sich später zu uns an den Strand gesellt. Der junge Mann erzählt auf Englisch, dass er Halbjude sei und in Birobidschan wohne. Wir kennen doch Birobidschan, die Hauptstadt der Autonomen Jüdischen Oblast im russischen Föderationskreis Fernost?
Na ja, von kennen kann man nicht wirklich reden, so dass der freundliche Mensch uns noch etwas auf die Sprünge hilft. „Keine 200 km von hier, immer nach Westen, entlang der Transsibirischen Bahn. Birobidschan hat auch einen Bahnhof! Viele Juden sind nach dem Zerfall der UdSSR weggezogen, nach Israel. Meine Eltern sind aber zum Glück geblieben, denn was soll ich denn in Israel? Wir haben hier doch alles. Ich werde Dolmetscher für Englisch und Japanisch. Zu uns kommen viele Japaner, wussten Sie das?“
Meine Versuche, mit „Konichiwa“ und „Ohaio gozaimas“ und „domo arigato“ Eindruck zu schinden, scheitern kläglich, denn unser junger Freund wiederholt das von mir Gesagte und irgendwie hört es sich aus seinem Mund ganz anders an. In 40 Jahren muss sich die Aussprache der japanischen Sprache demnach mächtig verändert haben, oder habe ich da was falsch abgespeichert?
Natürlich kann unser junger Freund auch Jiddisch, das erklärt auch seine freundliche deutsche Begrüßung im Wasser. „Auch wenn wir Juden nur eine kleine Minderheit in unserer Oblast sind: kommen Sie doch mal vorbei. Es freut mich sehr, dass Ihnen Russland so gut gefällt. Ich wünsche Ihnen weiterhin viel Spaß in Russland.“

Also sitze ich am nächsten Morgen im Minibus Nr. 303 nach Berobidschan. Hätte ich doch bloß auf die Fahrkartenverkäuferin gehört: „Nehmen Sie lieber den großen Bus 40 Minuten später. Der ist viel komfortabler." Nein, ich schlug den gutgemeinten Rat in den Wind, und das habe ich jetzt davon: Ich sitze auf engstem Raum zusammengedrückt und merke, dass mir der Rücken immer stärker schmerzt. Zum Glück hat die Tortur nach 3 Stunden ein Ende. Am Bahnhof muss ich aber feststellen, dass der nächste Zug zurück nach Chabarowsk leider erst in mehr als fünf Stunden abfährt und mitten in der Nacht dort ankommt. Da bleibt mir nichts anderes übrig, als ein Rückfahrticket für den Minibus zu erwerben, da es, natürlich, heute keinen großen Bus mehr zurück gibt.

Interessant und ungewöhnlich ist es in Birobidschan schon, die zweisprachigen Straßenschilder, die vielen Davidsterne und siebenarmigen Leuchter in der Stadt. Orthodoxe Juden sehe ich nicht, aber ich hatte auch kein Brooklyn-Williamsburg erwartet. Mein *lonely planet*-Reiseführer hatte mich ja schon aufgeklärt:
1991 lebten hier noch etwa 22000 Juden, jetzt noch 3000 bis 4000. Die meisten der Weggezogenen werden heute wohl in Israel leben. Trotzdem: das jüdische Leben ist unverkennbar. Es entstehen gerade neue Gebäude auf dem Gelände, bei dem es sich wohl um das religiöse Zentrum der Juden handelt. Und an vielen Gebäuden (z.B. am Theater, am Verlagshaus, an der Bibliothek, etc.) stehen Hinweistafeln, oft auch auf Englisch und Hebräisch, die an die jüdischen Mitbürger erinnern, die dort tätig waren.

Ich finde auch das Denkmal, das an den Schriftsteller Sholem Aleichem erinnert, dessen Geschichten die Grundlage für das Musical „Fiedler auf dem Dach“ bildeten. Und somit habe ich mir für den Rest meines Ausfluges einen echten Ohrwurm eingefangen: „wenn ich einmal reich wär´, dididididididididididididum,...“.
Meinen jungen Freund von gestern treffe ich leider nicht wieder, das wäre ja auch ein zu großer Zufall gewesen. Die Rückfahrt verläuft zum Glück nicht ganz so beengt, aber mein Rücken zwackt doch gehörig.

Gut, dass ich Ibuprofen dabei habe, denn jetzt, am nächsten Mittag in Chabarowsk, setzt die Wirkung der vorhin eingenommenen Tablette ein und ich bin wieder halbwegs schmerzfrei. Ich sitze im Café Mona und genieße meinen Americano, da fällt mir auf, dass die beiden jungen Männer am Tisch schräg gegenüber aussehen wie zwei Gastarbeiter, die hier einer recht interessanten Tätigkeit nachgehen.
Meine Neugierde obsiegt, denn noch einmal will ich mir so eine persönliche Geschichte nicht durch die Lappen gehen lassen. Da ich einige englische Sprachfetzen von drüben gehört habe, spreche ich die beiden auch auf Englisch an: Sorry, ich möchte Sie nicht stören, aber Sie sehen aus wie Fußballspieler.“
Bingo, ich habe mich nicht geirrt. Die beiden jungen Männer spielen seit ein paar Wochen bei SKA Energija Chabarowsk! „Nein, nein, Sie stören nicht“, sagt der Eine und verkündet auf meine Nachfrage hin sogleich: „Ich bin Serbe“, woraufhin der Andere einfällt: „und ich Bulgare.“
Schon sind wir im Gespräch.

Ich erfahre, dass die beiden jeweils mit Einjahresverträgen verpflichtet worden sind. Ich halte dem Serben meinen Russland-Reiseführer hin und Miroslav Markovic kommt auch sofort meiner Bitte nach und schreibt seinen Namen und den des Mitspielers Venci Hristov hinein sowie nach kurzem Zögern dann auch noch die jeweiligen Rückennummern: 11 und 91.

Miroslav erzählt, dass er bisher in Tschechien und Griechenland gespielt habe, Venci nur in Bulgarien. Miroslav stimmt mir zu: „Ja, das ist hier eine große Chance für uns. Die russische Premier-League ist sehr stark, hier können wir auf uns aufmerksam machen." Wir sind uns auch einig, dass die russische Nationalmannschaft sicherlich erfolgreicher wäre, wenn einige der besten Spieler im Ausland Erfahrung sammelten. „Die Russen gehen aber nicht gerne ins Ausland, das ist zwar besser für die Liga, aber schlecht für die Nationalmannschaft."

Auch wenn die Saison ja nicht so sehr erfolgreich begann, hat das 1:1 gegen Rubin Kasan vor einigen Tagen Hoffnungen geweckt. „Natürlich ist es unser Ziel, als Aufsteiger erst einmal die Klasse zu halten." Meinen Vorschlag, sich doch bitteschön für die Europaliga zu qualifizieren und dann gegen Funchal Madeira zu spielen, finden die Beiden ganz interessant, auch wenn nicht ganz klar ist, ob sie dann schneller über Moskau oder über die USA nach Madeira kämen.

Mit Interesse kommentieren sie auch meinen gelungenen Versuch, alle 12 Stadien der kommenden Weltmeisterschaft 2018 zu besichtigen. „Ja, hier werden viele neue Stadien gebaut, das haben wir schon mitbekommen." Die

Geschichte von Jörn Andersen kennen sie nicht, aber die von Kevin Kuranyi (dem ehemaligen deutschen Nationalspieler, der mehrere Jahre sehr erfolgreich bei Dynamo Moskau gespielt hat) dafür umso besser:
„Der ist hier immer noch ein Held, ein ganz hervorragender Stürmer." Ich wünsche den fast etwas schüchternen netten jungen Männern von Herzen eine erfolgreiche Saison und mache mich daran, den inzwischen kalt gewordenen Kaffee, den ich an meinem Tisch zurückgelassen hatte, auszutrinken. Na also, geht doch, ist doch ganz einfach, mit Fußballern ins Gespräch zu kommen. Das schaffen nicht nur Sachsen!

Natürlich google ich später die Ergebnisse der russischen Premier League und stelle fest, dass Miroslav Markovic am fünften Spieltag beim 2:0-Sieg gegen Antschi Machatschkala das erste Saisontor für SKA gelang und Venci Hristov beim 1:1 gegen Rubin Kazan das dritte und bisher letzte Tor für seine Mannen schoss. War schon klar, dass ich nicht irgendwelche Mitläufer kennen lerne, oder?

Auf der Transsib und der kleinen BAM von Chabarowsk nach Tynda

Auf gen Westen, bye bye Chabarowsk. Ich teile das Coupé mit dem 59-jährigen Sergej und seiner alterslosen Ehefrau Tatjana. Genau diese Art Mitreisende sind es, die das Bahnfahren in Russland zu so einem unterhaltsamen Erlebnis machen. Meine neuen russischen Freunde sind nach einem Kuraufenthalt auf der „Insel Russland" bei Wladiwostok auf dem Heimweg zu ihrem Dorf, das sich irgendwo zwischen Tommot und Jakutsk weit droben im Norden befindet, was bedeutet, dass sie in einer Gegend wohnen, wo es im kurzen Sommer oft über plus 40 Grad warm und im langen Winter über minus 50 Grad kalt werden kann. Nicht weit von Jakutsk ist auch das Dörfchen Oimjakon, wo mit minus 71,2 Grad die weltweit bisher kälteste Temperatur in einer ständig bewohnten Ortschaft registriert wurde (auf dem Plateau der Ostantarktis wurden vor kurzer Zeit per Satellit minus 93,2 Grad Celsius gemessen, aber dort wohnt eben niemand).
Sergej erzählt, dass zu Hause der Sommer jetzt vorbei sei und es schon wieder geschneit habe. Ich hätte doch wahrscheinlich genug Zeit, um sie zu ihrem Dörfchen zu begleiten? Leider nicht, denn von den 90 Tagen, die ich innerhalb von 180 Tagen in Russland sein darf, sind bereits 80 um, und in spätestens 10 Tagen muss ich Russland verlassen. Aber mal ganz ehrlich: Mir steht der Sinn auch noch nicht nach Schnee!

Jetzt wollen Sie, liebe Leser, ja wahrscheinlich wissen, wie man sich im Zug denn so die Zeit vertreibt? Mit Sergej und Tatjana ist diese Frage schnell beantwortet. Mit Essen, Essen und Essen. Die beiden haben drei Reisetaschen dabei, von denen die größte mit Nahrungsmitteln vollgestopft ist. Da das aber etwas wenig ist, wird die sich langsam auftuende Lücke im Koffer durch Nachkäufe auf den Bahnhöfen stets wieder geschlossen. Es versteht sich von selbst, dass ich meinen eigenen bescheidenen Essensvorrat nicht anrühren darf.

„Kommen Sie herunter von Ihrer Liege, setzen Sie sich, es ist Essenszeit.“ Diese Aufforderung habe ich nun schon mehrmals vernommen, und ihr selbstverständlich immer sofort Folge geleistet, ich will ja nicht unhöflich sein. Hühnchen, Schweinebraten, Kartoffeln, Krautsalat, Piroschki, Tomaten und Gurken, Melone und zum Dessert Kuchen und Schokolade, der Speiseplan kann sich sehen lassen.

Wenn wir gerade einmal nicht essen, erzählen wir uns von unseren Familien, zeigen uns Bilder, das übliche Programm also. Ich erfahre auch, dass die Massagen im Sanatorium eine wahre Freude waren (das hätte meinem Rücken auch gut getan, aber ich muss mir leider weiterhin mit Ibuprofen helfen), und das Baden im Schwimmbad, im warmen Wasser, eine Wohltat!

Tatjana hat eine deutschstämmige Mutter, aber bis nach Deutschland, nein, soweit haben es die beiden noch nicht geschafft. „Wir haben nicht genug Geld. Ich habe zwei Monate Urlaub, kann mir aber nur drei Wochen im Sanatorium leisten“, erklärt der Pensionär Sergej, der wie viele russische Pensionäre noch weiter in Teilzeit arbeiten muss, um genügend Geld für das bescheidene Leben zusammen zu bekommen. Und Tatjana fügt hinzu: „Die medizinische Behandlung unseres Enkels ist sehr teuer, auch wenn der Staat ja den größten Teil der Kosten übernimmt. Sergejs Krankheiten kosten uns auch eine Menge Geld.“ Der Enkel ist mit einer schweren spastischen Lähmung geboren und sitzt im Rollstuhl, während Sergej seine Gesundheit bei der harten Arbeit im Straßenbau ruiniert hat (und ein wenig wohl auch beim Vertreiben der Winterdepressionen mittels hochprozentiger Getränke). Doch die Beiden beklagen sich nicht, ganz im Gegenteil, sie versichern, dass sie ein sehr glückliches Leben führen und zwinkern sich dabei vielsagend zu.

Und dann kommt die unvermeidliche Frage, die ich schon so oft in Russland gestellt bekommen habe: „Das muss ja furchtbar sein, jetzt mit den vielen Muslimen in Deutschland, oder?“ Meine Gegenfrage, wie es denn in Russland so sei, mit den Muslimen, wird von Sergej mit einer eindeutigen Geste beantwortet, die am ehesten mit „Kehle durchschneiden“ zu übersetzen ist. Für Sergej sind die Begriffe *Moslem* und *Terrorist* praktisch synonym und er steht mit dieser Ansicht in Russland wahrlich nicht allein. „Haben Sie die Nachrichten gesehen, das Attentat in Barcelona? Das ist doch barbarisch, wie kann ein junger Mann so etwas tun, mit einem Auto einfach andere Menschen töten?“

Ja, was führt Menschen dazu, so zu handeln, und was kann man tun, um so etwas zu verhindern? Diese Fragen muss man tatsächlich stellen. „Rübe ab“ ist allerdings nicht nur politisch nicht die korrekte Antwort. Und während ich hier oben auf meiner Liege sitze und dieses Kapitel schreibe, das Sie gerade lesen, fallen mir auch keine einfachen Antworten auf diese Fragen ein.

Die 1218 Kilometerchen bis Skoworodino vergehen wie im Fluge, dort verlässt unser Zug die Transsibirische Trasse und biegt auf die *kleine BAM* ein. Erster Stopp hier in dem Örtchen mit dem netten Namen *Sturm*. Nach nur 210 km auf der kleinen Baikal-Amur-Magistrale erreicht der Zug schließlich Tynda, 28 Stunden und 21 Minuten nach der Abfahrt aus Chabarowsk.

Tynda

Tynda, die Hauptstadt der BAM. Ich sitze in der sehr großzügigen Bahnhofshalle und schaue auf den Schriftzug „КОМНАТЫ ОТДЫХА“, der mit großen goldenen Buchstaben auf den Eingang zu den Ruheräumen hinweist. Bis hierher haben mich Sergej und Tatjana während der Haltezeit unseres Zuges heute Nacht noch gebracht, nachdem ich ihnen erzählt hatte, dass ich aufgrund der nächtlichen Ankunftszeit (na ja, 22:56 Uhr Ortszeit) des Zuges wenig Lust habe, noch in der mir ja völlig unbekannten Stadt ein Hotel zu suchen und ich stattdessen die Gelegenheit nutzen wolle, die mehr oder weniger gepriesenen Ruheräume in den Bahnhöfen endlich einmal auszuprobieren.

Das war eine sehr gute Entscheidung. Als ich der freundlichen Angestellten an der Rezeption meinen Reisepass reichte, erzählte sie mir sogleich, dass sie als Kind in der Garnison in Wüstrow in *Ostdeutschland* gelebt hatte. Interessanterweise sprach sie von *Wüstrof* und nicht von *Wüstro*, wie das Städtchen bei uns nun einmal ausgesprochen wird. Sehr eng scheint der Kontakt zu den Einheimischen demnach nicht gewesen zu sein, aber die Dame war damals auch noch ein Kind oder sie hat ein Geheimmittel gegen das Altern gefunden und erfolgreich angewandt. Aber jetzt schweife ich ab.

Ich habe gut und preiswert geschlafen und warte jetzt darauf, dass der Regen aufhört und ich im Trockenen die Stadt besichtigen kann, die vor allem als Knotenpunkt zweier Bahnlinien bekannt ist: der in Ost-West-Richtung verlaufenden BAM und der sie kreuzenden AJAM (Amur-Jakutische-Magistrale), deren südlichsten Abschnitt (besagte kleine BAM) ich gestern absolviert habe. Sergej und Tatjana fahren derzeit immer noch weiter auf der AJAM nach Norden, bis ihr Kurswagen gegen 14:00 Uhr Tammot erreicht haben wird.

Der Bahnhof ist der Star von Tynda, soviel ist sicher. Trotzdem freue ich mich natürlich sehr, dass der Regen aufhört und ich mich über die lange, mit Rohrleitungen geschmückte Fußgängerbrücke auf den Weg in die wahrlich sehr sowjetisch anmutende Stadt machen kann. Asche über mein Haupt, Ulyanowsk, Du hast hier eine große Konkurrentin bekommen, was den Titel „sowjetischste aller Städte Russlands“ anbelangt.

Von Bauarbeiterbrigaden aus Moskau errichtet, heißen die Straßen hier *Krasnaja Presnaja* oder *Arbat*, sehen nur etwas anders aus als ihre gleichnamigen Pendants in der Metropole. Aber auf Schönheit kam es hier auch nicht an, schließlich ging es darum, von hier aus den Bau der BAM zu koordinieren. Schon 1930 hatte man begonnen, eine Bahnlinie nördlich der Transsib zu bauen, um die Reichtümer dieses Gebietes (Holz und Bodenschätze) erschließen zu können. Durch den zweiten Weltkrieg kam es zu einem vorübergehenden Ende der Bautätigkeit.
Als sich in den 70er Jahren die Beziehungen zu China immer weiter abkühlten, entschloss man sich 1974, die BAM als Ausweichtrasse zur sehr nahe der chinesischen Grenze verlaufenden Transsib nunmehr doch fertig zu stellen.

Im BAM-Museum, das ich nach einiger Suche schließlich finde, erzählt mir die pensionierte Englisch-Lehrerin Svetlana, dass insbesondere im westlichen Bau-Abschnitt der BAM auch Komsomolzen und internationale Baubrigaden eingesetzt wurden. Nun, immerhin zwei der Studenten aus den sozialistischen Bruderländern, die hier zum Aufbau des Sozialismus beitrugen (und neben der Ehre, die das einbrachte, auch mit einer gehörigen Portion Abenteuer belohnt wurden) hatte ich ja 1977 in Irkutsk getroffen. Gewohnt haben die Arbeiter damals zumeist in den *Fässern des Diogenes*, wie die 9 Meter langen halbrunden Container genannt wurden, in denen bis zu 40 Arbeiter schliefen. Einer der Container ist im Hof des Museums zu besichtigen, mit einigen Original-Einrichtungsgegenständen, bis hin zu einer echten Tube BAM-Zahnpasta, die mir Svetla-

na lachend in die Hand gibt. „Die kann man leider nicht mehr benutzen, sie ist eingetrocknet."
In einem Gang im Museum zeigt mir Svetlana eine Stelltafel, auf der Bilder vom größten und berühmtesten Konzert zu sehen sind, das es je in Tynda gegeben hat. Und wer hat 1979 dort vor mehr als 25000 Zuschauern gespielt? Nein, es waren nicht die Beatles, die sind nicht bis hierher gekommen. Es war der rote Elvis, der amerikanische Sänger Dean Reed, der auf seiner 19-tägigen BAM-Tournee hier die Massen begeisterte. Und wieder einmal gibt es viele Leser (aus dem Westen), denen dieser Name nichts sagt, während die älteren Ostdeutschen sich bestimmt an diesen *revolutionären* Amerikaner erinnern, der 1986 unter nie ganz geklärten Umständen in der DDR verstarb.

In einem Raum des Museums wird auch an die Gulag-Häftlinge erinnert, die in den 30er Jahren beim Bau der kleinen BAM eingesetzt wurden und von denen viele dabei ihr Leben ließen. „Schauen Sie auf diesem Foto in die Gesichter zweier dieser armen Teufel, dort entdeckt man eine unglaubliche Trauer und Hoffnungslosigkeit." Schnell weiter in den Raum, in dem die Fotos der Fertigstellung der Trasse im Jahre 1984 gezeigt werden, denn hier wurde groß gefeiert, mit Champagner-Trinken aus Bauhelmen. Der Stolz auf die erbrachte Leistung ist den Arbeitern und auch den Funktionären anzusehen und ich kann diesen Stolz voll und ganz verstehen: Respekt, meine Herren (und wenigen Damen), tolle Leistung!

Auf der BAM und der Transsib von Tynda nach Novosibirsk

Es ist an der Zeit, über ein mitunter etwas anrüchiges Thema zu berichten: Toiletten im Zug. Das Wichtigste zuerst: Bis auf eine einzige Ausnahme waren bisher alle Zugtoiletten in einem Zustand, der erlaubte, dass auch verwöhnte Westeuropäer ohne Probleme ihre notwendigen Geschäfte dort tätigen konnten. Die Zugbegleiterinnen sorgen für die gewünschte Sauberkeit, das gehört wohl zu ihrem Berufsethos.

Aus gegebenem Anlass möchte ich allen Lesern, die beabsichtigen, in Russland längere Zugreisen zu unternehmen, drei für die Toilettenbenutzung hilfreiche Tipps geben:

Erstens: Wenn Sie ihr großes oder kleines Geschäft erledigt haben und dann verzweifelt versuchen, Wasser aus dem Hahn am Waschbecken zu bekommen, aber trotz Hin-und-Her-Drehens der Räder an den Warm- und Kaltwasserleitungen immer noch ohne einen Tropfen Wasser dastehen, dann fällt Ihnen vielleicht wieder ein, was ich Ihnen jetzt verrate. Schauen Sie sich mal den Wasserhahn genauer an. Sie werden unten am Hahn einen kleinen Stift entdecken. Drückt man diesen Stift nach oben, dann fließt das Wasser aus dem Hahn. Ganz einfach, ich habe auch höchstens drei Toiletten benutzt und dort insgesamt etwa 30 Minuten lang herumexperimentiert, bis ich auf des Rätsels Lösung kam.

Zweitens: Prägen Sie sich bei Beginn der Fahrt ein (oder machen Sie mit Ihrem Handy ein Foto vom Fahrplan, der in jedem Waggon aushängt), wann und wo der Zug mehrminütige bis mehrstündige Aufenthalte hat. Schon ein paar

Minuten vorher wird die Toilette in aller Regel geschlossen und erst wieder geöffnet, wenn der Zug weiterfährt (sofern nicht relativ kurz danach die nächste Station oder ein langer Tunnel kommt, denn dann bleibt die Toilette geschlossen). In manchen Zügen sind die Schließzeiten sogar an der Toilettentür angeschlagen. Wenn Sie diesen Rat beherzigen, brauchen Sie nicht wie ich morgens um 6:30 Uhr im Halbschlaf über die Gleise eines gottverlassenen Bahnhofs zu torkeln und ein übel stinkendes Bahnhofsklo aufzusuchen.

Drittens: Berücksichtigen Sie, dass sich die Toiletten direkt an beiden Enden des Waggons befinden, d. h. direkt neben der Tür zwischen Gang und Ausgang. Wenn Sie im gleichen Moment die Toilette verlassen, in dem ein anderer Fahrgast von außen die Waggontür zum Gang hin öffnet, dann kann es passieren, dass Sie mit dieser Tür kollidieren.

„Entschuldigen Sie vielmals", der Mann um die Vierzig, der mir soeben die Tür zum Gang in den sowieso noch leicht lädierten Rücken gerammt hat, als ich gerade die Toilettentür schließe, ist untröstlich. „Ich habe Sie nicht gesehen." Kann er ja auch nicht, durch die geschlossene Tür. Auch eine Art, ins Gespräch zu kommen. Und schon habe ich eine Einladung ins Nachbarabteil, in dem gute Laune herrscht.

Mein Kollisionspartner und seine beiden Kollegen arbeiten bei der Bahn, komplettiert wird die Besatzung durch eine flotte Babuschka, die ebenso wie die Eisenbahner ihr Essen mit einer klaren Flüssigkeit herunter spült. „Tschut Tschut", nur ein bisschen, das könne ich nach dem Unfall ja nicht abschlagen. Wir trinken also auf meine Gesundheit, und anstatt meinen Rücken mit einer schmerzlindernden Salbe oder ähnlichem einzureiben (lokale Behandlung) setze ich auf die systemische Wirkung mittels eines betäubenden Wässerchens. Nach dem vierten Trinkspruch (natürlich müssen wir auch auf die Gesundheit der Eisenbahner und der Babuschka, sowie auf die Russisch-Deutsche Freundschaft anstoßen) und der x-ten Entschuldigung meines schon leicht lallenden Kollisionsfreundes hat es der noch etwas weniger nüchterne glatzköpfige Kollege endlich gemerkt: „Du bist ein Spion!“ Na also, wenigstens einer, dem nicht entgangen ist, was ich hier in Russland so treibe. Ich beschließe, dass ich jetzt die Dosis des örtlichen flüssigen Allheilmittels nicht noch weiter erhöhen muss und schwanke in mein Abteil.

Am nächsten Morgen sind die Eisenbahner schon verschwunden und die Babuschka schläft ihren Rausch aus, während sich der Zug durch eine schöne Landschaft entlang eines Flusses und bewaldeter Berge schlängelt und mein Zwischenstopp, Sewerobaikalsk am nördlichen Ufer des Baikalsees, immer näher kommt. Die etwas weiter entfernteren, höheren Berge sind mit Schnee bedeckt.

Es ist frisch draußen, und im Hotel in Sewerobaikalsk entnehme ich dem Internet, dass nach dem gestrigen Temperatursturz für heute und morgen jeweils 9°C Höchsttemperatur vorhergesagt sind. Ich ziehe es daher vor, meinen ursprünglichen Plan, noch einmal im See zu baden, abzuändern und wandere stattdessen ein Stückchen die Küste entlang und genieße die Aussicht auf den Baikalsee und die hohen Berge im Hintergrund.

Mit Freude stelle ich fest, dass die gestrige medikamentöse Behandlung und die heutige Bewegung meinem Rücken sehr gut tun.

Vor der Abfahrt nach Novosibirsk entdecke ich am Bahnhof von Sewerobaikalsk einen kleinen Friseursalon und beschließe, mir dort die Wartezeit zu verkürzen. Die freundliche junge Friseurin stutzt erst etwas, als ich ihr mein Passfoto zeige und sie frage, ob sie meine Haare auf die entsprechende Länge kürzen könne. Dann jedoch nickt sie, atmet tief durch und macht sich ans Werk. Ich will ihren Arbeitseifer nicht stoppen und falle in eine leicht depressive Apathie. Immer wenn ich denke, dass die Prozedur ein Ende hat, entschließt sich die Göttin der Haarkunst, noch ein paar kleine Korrekturen durchzuführen. Am Ende habe ich einen postsowjetischen Mittelkurzhaarschnitt und kann feststellen, dass dieses Ergebnis jede Kopeke der umgerechnet 3 Euro 50 wert ist, die ich zu entrichten habe. Mehr allerdings auch nicht.
Bis Novosibirsk verbringe ich noch einmal zwei Nächte im Zug und habe die Ehre, das Abteil mit der etwa 70-jährigen Olga und ihrer jüngsten Tochter, der 35-jährigen Lena zu teilen. Später wird sich noch eine Studentin zu uns gesellen, deren Ferien sich dem Ende nähern, denn am 1. September (also einen Tag nach meiner Ankunft in Novosibirsk) beginnt das neue Studienjahr. Die Studentin fühlt sich bei uns so wohl wie das fünfte Rad am Wagen und zieht es vor, fast die ganze Fahrt über im Bett (sie hat zum Glück ein oberes Bett) zu liegen und zu lesen oder zu schlafen.

Olga ist sehr redselig und breitet binnen kurzer Zeit ihre ganze Familiengeschichte vor mir aus. Unter anderem erfahre ich, dass sie in Irkutsk geboren ist und ihr vor ein paar Jahren verstorbener Mann einen deutschen Vater hatte, der nach seiner Kriegsgefangenschaft in Sibirien geblieben sei. „Weniger aus politischen Gründen, sondern der Liebe wegen. Meine drei Töchter haben also alle ein Viertel deutsche Gene." Dem Rechenergebnis kann ich nur zustimmen und treibe das Spiel auf die Spitze, indem ich nach dem jeweiligen Anteil der deutschen Gene bei den sechs Enkelkindern von Olga frage. „Natürlich ein Achtel", kommt prompt die richtige Antwort. „Aber warte mal, Lena, Dein Mann hat doch auch irgendwelche deutschen Vorfahren? Dann muss man das ja auch rein rechnen."

Jetzt wird Lena das Ganze doch zu viel, denn sie weiß schon, was als nächstes kommen wird: die Frage, wann sie denn endlich Kinder bekommt, schließlich haben ihre beiden älteren Schwestern je drei, von denen eines sogar vor sechs Monaten selber schon Nachwuchs bekommen hat. „Mama, das interessiert Manfred doch überhaupt nicht." Na gut, dann kommen wir jetzt auf ein Thema zu sprechen, dass auch Sie, werte Leser, interessieren könnte: das Verhältnis zu Kasachstan und den Kasachen.

„Früher, zu Sowjetzeiten, bin ich auch mit dem Zug nach Alma Ata gefahren. Da wurde im Zug viel getrunken, passen Sie bloß gut auf, wenn Sie mit mehreren Männern zusammen im Abteil sitzen sollten. Die machen Sie betrunken und rauben Sie dann aus!" Außerdem erfahre ich, dass die Kasachen die Abteile mit Elektroartikeln vollstopfen, die sie in Novosibirsk gekauft haben. Das sei ja für die

Geschäfte in Novosibirsk gut, für die Mitreisenden aber schlecht, denn man fände kaum Platz zur Unterbringung des eigenen Gepäcks. Besonders aufpassen müsse ich auf Taschendiebe.
Lena wirft ein, dass auch sie gerne mal nach Kasachstan führe, nach Astana, das sei so modern, aber sie dürfe ja nicht. Und so lerne ich wieder etwas dazu: Als Armeeangehörige dürfen Lena und ihr Mann die Staaten der ehemaligen Sowjetunion nicht bereisen. „Wir könnten zwar Urlaub in Thailand machen, aber die meisten anderen Reiseländer sind für uns verboten."
In Tayschet erreicht unser Zug die Trasse der Transsib, bye bye, BAM. Die Einsamkeit entlang der BAM weicht einer deutlich dichteren Besiedlung, auch wenn diese für deutsche Verhältnisse immer noch sehr bescheiden ist. Schließlich fahren wir in Novosibirsk ein, der letzten Station meiner Reise durch Russland.

Novosibirsk

1.September 2017, mein letzter Tag in Russland. Aus den Nachrichten erfahre ich, dass die Regierungen Russlands und der USA ihr kindisches Buddelkastenspiel weiter betreiben: Weist Du meine Botschaftsangestellten aus, schließe ich Dein Konsulat, u.s.w. Dabei wissen doch schon Vierjährige, dass es nichts bringt, dem Gegenüber die Schippe an den Kopf zu werfen, wenn der einem seinen Eimer voller Sand über dem Kopf ausgekippt hat. Die Knirpse begreifen irgendwann, dass Deeskalation mehr bringt: „Willst Du mal an meinem Eis lutschen?" „Ja, hier, nimm den Bonbon." Aber eine derartige Weisheit ist von den Regierungen der beiden Großmächte wohl leider nicht zu erwarten, wobei insbesondere der orangefarbene Typ in Washington meilenweit von auch nur einem Körnchen Weisheit entfernt zu sein scheint.

Den Bewohnern Novosibirsks ist die große Weltpolitik offensichtlich schnuppe. Im Park fahren die Kleinen mit ferngesteuerten Autos herum, die größeren Kinder rasen auf den Segways durch die Gegend und einige richtig Große fahren Skateboard oder Fahrrad. Die Schüler und Studenten haben sich fein herausgeputzt und flanieren die Hauptstraße entlang. Offenbar ist der heutige Schul- und Unibeginn ein Grund zu feiern - was für eine merkwürdige Sitte, aber durchaus nicht unsympathisch.
Ich setze mich in ein Straßencafé und schreibe diese Zeilen, denn jetzt ist ein passenderer Zeitpunkt, um mein persönliches Fazit zu ziehen.

Erstens: Die Russen ticken auch nicht viel anders als wir Deutschen oder ihre Nachbarn (möglicherweise mit gewisser Einschränkung bei Chinesen und Koreanern, die eindeutig fremderen Kulturkreisen zuzurechnen sind). Die wahrscheinlich angstbedingte (und damit einem schlechten Ratgeber folgende) Islamophobie scheint mir in Russland noch deutlich stärker ausgeprägt zu sein als bei uns. Deutschen und Deutschland gegenüber habe ich hingegen kaum negative Äußerungen mitbekommen. Eher im Gegenteil, man bewundert unsere tollen Autos und unsere ökonomische Lage, die als deutlich besser eingeschätzt

wird als die der Russen. Mit anderen Worten: Es gibt keine Germanophobie in Russland (aber sehr wohl eine Russophobie bei uns).
Zweitens: Russen wollen in ihrer persönlichen kleinen Welt vor allem in Ruhe gelassen werden. Familie, Datsche, gut und viel Essen und Trinken, dann ist alles gut.
Drittens: Lenin lebt weiter. Schon bei der Ankunft in Sankt Petersburg sah ich die erste Lenin-Statue, und auch hier in Novosibirsk sehe ich ein besonders beeindruckendes Exemplar: Lenin flankiert von mit Gewehr bewaffneten Männern auf der einen Seite und einem mit Fackel und Zweig versehenen Paar auf der anderen Seite. Ich bin in fast allen russischen Städten auf Lenin-Denkmäler gestoßen, auch ohne extra nach diesen gesucht zu haben. Der Knabe ist mir im Laufe der Zeit richtig lieb geworden, denn es ist ja immer schön, einen alten Bekannten auf der Straße zu treffen.
Viertens: Die Sowjetunion ist tot. Mit 69 Jahren hatte sie ja auch ein höheres Alter erreicht als viele ihrer Einwohner. Ruhe sie in Frieden.
Fünftens: Jesus ist wieder auferstanden. Neue Kirchen sprießen fast in gleicher Anzahl aus dem Boden wie Pilze in den russischen Wäldern.
Sechstens: Die Mär vom Bären in russischen Städten und Dörfern weise ich in aller Schärfe zurück. Da hat sich wohl jemand einen selbigen aufbinden lassen. Weder auf dem Nevski-Prospekt in Sankt Petersburg, noch auf irgendeiner Dorfstraße in Sibirien ist mir ein Bär über den Weg gelaufen. Schade, eigentlich!
Siebentens: Die *russische Seele* lauert überall, insbesondere auf langen Bahnfahrten trifft man sie unweigerlich an. Es

empfiehlt sich, spätestens nach ein paar Gläsern Wodka vor ihr zu fliehen, sonst kann sie sehr anstrengend werden, diese Seele!
Achtens: Stadien bauen können sie wohl, jetzt müssen sie nur noch lernen, Fußball zu spielen.
Neuntens: Bahnfahren in Russland ist ein tolles Erlebnis, man braucht allerdings viel Sitzfleisch und ein klein wenig Russisch-Kenntnisse, sonst wird es bestimmt sehr schnell langweilig.
Zehntens: Hier überlasse ich mal wieder dem Altvorderen Eugen Zabel das Wort: „Ich wußte aus langer Erfahrung, daß die Russen, wenn Sie die Vorzüge ihrer Heimat preisen, sich in großen Worten gar nicht genug tun können, und zog von der Verklärung, in der sie auf der sibirischen Bahn alles erblickt hatten, einen gehörigen Prozentsatz ab. Immerhin blieb noch genug des Guten übrig…“
Elftens: „Früher war der Ruf ´Nach Sibirien` die schlimmste Drohung und Strafe, die man sich denken konnte. Jetzt ist er zu einem Hoffnungsschimmer für alle diejenigen geworden, die mit ihrem Schicksal unzufrieden sind und sich, losgelöst von ihrer Umgebung, von ihren bisherigen Sorgen und Erinnerungen ein neues Leben zimmern wollen.“ Ja, Zabel, auch heute noch zieht es Abenteurer nach Russland (Gerhard Schröder?). Platz ist dort genug und der eine oder andere macht auch tatsächlich sein Glück dort.
Zwölftens und letztens: „Was die Sicherheit auf der sibirischen Bahn betrifft, so wird darüber von einzelnen je nach den Erfahrungen, die sie gemacht haben, sehr verschieden geurteilt. Die meisten empfehlen für alle Fälle einen Revolver mitzunehmen und ihn entweder in der Rocktasche

zu tragen oder auf dem Tisch im Coupé liegen zu lassen, damit man ihn bei vorkommenden Fällen sofort zur Hand hat.“ Nun, liebe Leser, in Punkto Sicherheit hat sich seit Zabels Reise dann doch einiges geändert. Russland ist heute bestimmt eines der sichersten Reiseländer auf diesem Globus. Sie können Ihre Revolver getrost zu Hause lassen.

Kasachstan

6846 km, eine unvorstellbar lange Grenze trennt Kasachstan von Russland. So weit, so lang. Aber merkt man denn im Land tatsächlich, dass man nicht mehr in Russland ist?

Mit dem Zug nach Almaty

Der Zug setzt sich in Novosibirsk in Bewegung und ich habe bereits von der in meinem Abteil mitreisenden Dame erfahren, dass sie 73 Jahre alt ist, in Tobolsk wohnt und auf dem Weg zu Freunden in Almaty ist. „An den Namen Almaty habe ich mich immer noch nicht gewöhnt, für mich bleibt das Alma-Ata. Mein Mann kommt mit dem Flugzeug nach, aber ich habe Flugangst. Nun, sei es drum, dann muss ich halt ein paar Tage Zug fahren."
Immerhin braucht der legendäre Turksib, also der Zug von Novosibirsk nach Almaty fast 43 Stunden, und davor ist die Dame schon einen Tag lang von Tobolsk nach Novosibirsk unterwegs gewesen. Aber gegen Flugangst ist wohl kaum ein Kraut gewachsen, zumindest kein legales.
Beim ersten Halt bekommen wir Gesellschaft in Form einer recht klapprig wirkenden Greisin, die sich als ehemalige Universitätsdozentin herausstellt. Sie, eine ethnische Russin, ist auf dem Heimweg nach Almaty. Die beiden Damen verstehen sich sofort glänzend und schwärmen

von den alten Zeiten, als alles so viel einfacher und besser war. Ich verstehe eine gute Hälfte vom Gespräch der beiden, in dessen Mittelpunkt, wohl altersbedingt, vor allem gesundheitliche Probleme stehen. Und die seien heute nur noch mit viel Geld zu lösen, ein Skandal. Nein, früher war alles besser! Zu blöd aber auch, dass es die UdSSR mit ihrem vorbildlichen Gesundheitssystem nicht mehr gibt.
Vor dem Einschlafen lese ich noch ein paar Seiten in meinem *Central Asia*-Reiseführer und erfahre, dass Kasachstan im Korruptionsindex von Transparency International im Jahre 2012 auf einem beachtlichen 133. Platz (von 174 Ländern) gelandet ist. Ich beruhige mich damit, dass ich ja nicht vorhabe, in Kasachstan irgendwelche Geschäfte abzuschließen und lasse mich vom beeindruckenden Schnarchkonzert meiner beiden Damen in den Schlaf wiegen.

Die Ausreise aus Russland am frühen Morgen gestaltet sich problemlos, der Grenzer hat auch keine Lust, meine etlichen Ein- und Ausreisen zu studieren, um zu überprüfen, ob ich auch wirklich nicht mehr als 90 Tage in den letzten 180 Tagen in Russland war (war ich auch nicht, es sind genau 88 Tage). Ich packe den Reisepass weg und hole für die kasachische Grenze meinen zweiten Reisepass hervor. Aus organisatorischen Gründen, die ich hier nicht näher erläutern möchte, reise ich nämlich mit zwei Pässen. Im zweiten Pass sind auch die Visen für Usbekistan und Tadschikistan, so dass ich hier an der Grenze schon einmal den Pass wechseln möchte.
Und so kommt, was kommen musste: Ich mache Bekanntschaft mit der kasachischen Korruption. „Wo ist denn der

Ausreisestempel aus Russland", fragt mich die kasachische Grenzbeamtin, nachdem sie bereits alle Daten aus meinem zweiten Pass in das elektronische Erfassungssystem eingegeben hat. Nun gut, denke ich mir, diese Frage kenne ich schon von der Einreise in die Mongolei. Ich hole also meinen ersten Reisepass wieder hervor und zeige den Ausreisestempel. Die Mongolin hatte mir daraufhin freundlich lächelnd den ersten Pass wieder zurück gegeben und mir noch eine gute Reise gewünscht. Nicht so die Kasachin. „Ich kann den Pass (Reisepass Nr. 2) nicht abstempeln, ohne russischen Ausreisestempel." Reisepass Nr. 1 könne sie aber auch nicht abstempeln, da sie ja schon die Nummer vom Reisepass Nr. 2 ins System eingegeben habe.

Somit werde ich zum Fall für ihren Vorgesetzten. Dieser bittet mich ins Abteil des Chefs des Zuges, der dieses sofort für uns räumt. „Tja, jetzt gibt es ein Problem", so der Vorgesetzte. „Sie müssen eine Strafe („Straf" auf Russisch) zahlen." Ich bin mir keinerlei Fehlverhaltens bewusst, das eine Strafe rechtfertigen würde, schließlich könne man mir ja durchaus auch den ersten Pass abstempeln. „Nein, das geht jetzt nicht mehr, denn wir haben schon den zweiten Pass erfasst. Sie müssen leider bezahlen, sagen wir doch einfach Geschenk, wenn Ihnen das Wort Strafe nicht gefällt."
Mein Versuch, zu erläutern, dass es doch nicht meine Schuld sei, wenn die Grenzbeamtin meine Daten erfasst hat, bevor sie nach dem russischen Stempel gesucht hat, kommt bei dem Grenzer nicht gut an. Er gibt mir zu verstehen, dass wir das Gespräch auch außerhalb des Zuges fortsetzen könnten. Zähneknirschend zücke ich meine

Geldbörse. Den 50-Dollarschein (der für alle Fälle im Portemonnaie mitreist) sichere ich erst einmal und hole stattdessen meine restlichen Rubel hervor, umgerechnet etwa 23 Euro. Sofort greift sich der Mann die russischen Scheine, lächelt zufrieden, drückt den Einreisestempel in meinen Pass (Reisepass Nr. 2) und schaut mich dann, nun nicht mehr lächelnd, an: „Haben Sie noch Fragen?“ Nein, habe ich nicht.

Ich gehe in mein Abteil zurück, wo mich meine beiden Damen schon mit banger Miene erwarten. „Ist alles in Ordnung? Sie haben doch hoffentlich keine Probleme?“ Erleichtert atmen die beiden auf, als ich Ihnen zu verstehen gebe, dass ich meinen Stempel bekommen habe und nach Kasachstan einreisen könne. Wieder sind sich die Damen einig: „Das hätte es früher nicht gegeben.“ Da haben sie auf jeden Fall recht, denn früher gab es hier ja auch keine Landesgrenze. Und was Korruption angeht, da bin ich durchaus geneigt, den ständigen Beteuerungen der beiden zu glauben, dass es in der UdSSR besser war.

Der erste längere Halt in Kasachstan ist ausgerechnet in Semei, früher Semipalatinsk. Ja, die Stadt, in die Dostojewski verbannt war, ich erinnere mich an die Bilder aus dem Dostojewski-Museum in Sankt Petersburg. Eigentlich also vielleicht sogar ein ganz lohnender Zwischenstopp. Hätte ich noch Kleingeld, könnte ich mir auch ein paar Gurken oder Tomaten kaufen, die von Babuschkas am Bahnsteig angeboten werden.
Aber selbst wenn mir der korrupte Blödmann nicht mein potenzielles Wechselgeld abgenommen hätte: hier würde

ich auf keinen Fall lokale Nahrungsmittel kaufen. Denn was den Brandenburgern ihr Bombodrom, das war den Menschen in Semipalatinsk das etwa 200 km entfernte Polygon. Nur, dass hier keine konventionellen Bomben abgeworfen wurden, sondern – so mein Reiseführer – zwischen 1949 und 1989 insgesamt 460 Atombomben gezündet wurden. Laut UNO sollen mehr als 1,3 Millionen Menschen aus der Region von Strahlungsschäden betroffen sein. Nein, zum Glück habe ich ja vorgesorgt und habe genug Essen und Trinken dabei, das wird bis Almaty reichen.

Almaty

Das ehemalige Alma Ata war zu Zeiten der Sowjetunion ein zu Recht äußerst beliebtes Reiseziel und daran hat sich nichts geändert. Schattige Alleen, Parks, Straßencafés und die hohen Berge, die sich südlich der Stadt majestätisch erheben: Almaty ist eine Reise wert.

Nun, bevor ich mir die Sehenswürdigkeiten anschaue, steht zuerst der Gang zur Migrationsbehörde an. Da ich länger als 5 Tage in Kasachstan sein werde, benötige ich eine Registrierung, so steht es in den Reisehinweisen des Auswärtigen Amtes (und auch im Reiseführer). Touristen, die per Flugzeug ins Land reisen, bekommen am Flughafen den Registrierungsstempel auf die Migrationskarte. Wer auf dem Landwege einreist, muss sich bei der Migrationsbehörde registrieren lassen.

Ich bin als pünktlicher Deutscher natürlich schon kurz vor 9:00 Uhr, dem Beginn der Sprechstunde, bei der Behörde. Schalter drei, so wird mir gesagt, dort sei man zuständig. Der Beamte am Schalter 3 schaut sich meinen Reisepass und die Migrationskarte genau an. Ich will ihm noch die extra angefertigten Kopien davon aushändigen, doch er schüttelt nur den Kopf und gibt mir alle meine Unterlagen wieder zurück. Eine Registrierung sei nicht nötig. Ich stutze und frage nach, ob er sich da sicher sei, schließlich bliebe ich länger als 5 Tage im Land. Leicht genervt fragt der Beamte bei seinem Kollegen von Schalter 4 nach, doch auch der ist der festen Meinung, dass ich keine Registrierung benötige. Wenn das mal gut geht. Liebe Leser, was würden Sie jetzt machen? Wahrscheinlich das Gleiche wie ich: leicht irritiert ohne Registrierung von dannen ziehen, oder?

Also mache ich mich auf den Weg zum Arbat, der Fußgängerzone Almatys, um dort in einem Café einzukehren. Leider sind aber die ganze Fußgängerzone und die Nebenstraßen zurzeit riesige Baustellen, überall werden neue Gehweg-Platten verlegt und die Straßenbelage erneuert. Na gut, dann schaue ich mir halt die Zenkov-Kathedrale im Panfilov-Park an. Leider ist dieser berühmte Holzbau derzeit eingerüstet, so dass von der berühmten bunten Bemalung nicht viel zu sehen ist.

Meine nächsten beiden Ziele, der grüne Markt und das Musikinstrumentenmuseum, haben montags leider geschlossen. Müßig, zu erwähnen, dass ich mit meiner kurzen Hose auch nicht in die große Moschee darf. Warum werde ich das Gefühl nicht los, das heute wirklich so ein richtig dämlicher Montag ist?

Ich suche ein Straßencafé auf und mache Mittagspause. Die gefüllte Aubergine auf Reis schmeckt super, der Ayran dazu stillt meinen Durst. Zurück im Panfilov-Park döse ich im Schatten. Ich stelle fest, dass viele der jungen Männer, die mit ihren Freundinnen (oder Frauen) durch den Park schlendern, offenbar den gleichen Friseur haben wie Kim Jong-un: kahlrasiert über den Ohren, dafür eher lang oben drauf (also genau entgegengesetzt zu der Frisur, die ich hatte, bevor ich mich in die Hände der resoluten Meisterin in Severobaikalsk begab).
Gut ausgeruht breche ich auf und laufe weiter durch die langen, parallelen Straßen Almatys, bis mich ein immer heftigeres Zwicken und Druckgefühl im Bauch zwingt, meine Route zu ändern und das Hotel aufzusuchen (das ich glücklicherweise gerade noch rechtzeitig erreiche). Wie gesagt, heute ist ein richtig dämlicher Montag!
Über den Abend dieses miserablen Montags (Wer sang noch mal „I don´t like Mondays"?) und über den Dienstag decke ich aus olfaktorischen Gründen lieber den Mantel des Schweigens und wende mich stattdessen der nächsten Folge aus der Reihe „Gespräche mit pensionierten Universitätsdozentinnen" zu.

Am Mittwoch zieht es mich in die Berge. In der Seilbahn von Medeu (da, wo immer die Eisschnelllaufweltrekorde aufgestellt werden) nach Chimbulak sitze ich in der Gondel einer verschmitzt lächelnden Dame gegenüber, die mich noch im Hinsetzen fragt, ob ich aus Deutschland komme. Meine Antwort „Respekt, gut erkannt" kontert die Dame mit einem „Ihre Aussprache beim Kauf der Fahr-

karte hat sie verraten.“ Da muss ich wohl noch an meiner Aussprache arbeiten, so eine Blamage.
Umso besser, dass ich wieder eine äußerst angenehme Gesprächspartnerin habe, die obendrein aufmerksam registriert, ob ich denn auch alles verstehe (nicht so wie die beiden Damen im letzten Zug, die haben mich einfach munter zugetextet).
In kurzer Zeit erfahre ich, dass meine in Alma-Ata geborene Gegenüber 76 Jahre alt ist bis vor 16 Jahren als Dozentin für Konstrukteurswesen an der Universität gearbeitet hat. Das viele Rechnen hat der Dame ganz offensichtlich gut getan, denn sie ist körperlich und geistig topfit.
„Ich bin immer unterwegs; wer rastet, der rostet. Heute fahre ich hoch nach Chimbulak, um dort in den Bergen Kräuter zu sammeln (leider habe ich die Namen der Kräuter vergessen, zu blöd, denn hier täte sich vielleicht eine Marktlücke auf): „Die sind gut gegen Nierensteine. Ich hatte zwei recht schmerzhafte Steine. Der Arzt hat mit gesagt, ich soll täglich drei Liter Wasser trinken. Stellen Sie sich so einen Blödsinn mal vor. Ich wiege 45 kg, wie soll ich denn drei Liter schaffen? Also machte ich mir mit den Kräutern Tee, jeden Tag eineinhalb Liter, und siehe da, die Steine verschwanden.“
Ich gratuliere der Dame zu ihrem Erfolg und stimme ihr zu, dass der medizinische Rat von Ärzten die körperlichen Gegebenheiten der Patienten berücksichtigen sollte: eine kleine leichte Frau braucht wohl tatsächlich nicht ganz so viel Flüssigkeitszufuhr wie ein großer kräftiger Mann.
Diese lebenstüchtige Witwe („Ich beklage mich nicht, mein Mann hätte weniger arbeiten, rauchen und trinken sollen.“) kann es auch überhaupt nicht leiden, wenn andere Men-

schen ihres Alters der *guten alten Zeit* nachjammern. „Sehen Sie, ich war im letzten Jahr in Deutschland und Tschechien, habe alte Kolleginnen besucht. Auch ansonsten reise ich viel herum, vor allem in Russland, aber auch Polen. Man braucht gar nicht so viel Geld, wenn man keine großen Ansprüche stellt."

Nein, diese Dame trauert der UdSSR nicht nach, wenn man davon absieht, dass sie es schade findet, dass Russland und Kasachstan jetzt zwei eigenständige Länder sind. „Wir hätten doch auch zusammen bleiben können, denn hier bei uns leben doch viele Russen, ich bin ja auch mehr Russin als Kasachin, und in Russland leben doch auch Kasachen, wir sind doch gut befreundet."

Ja, liebe Leser, das kann man alles während einer Fahrt mit der Seilbahn erfahren. Während sich die Dame auf Kräutersuche begibt, fahre ich noch zwei Etappen mit Sesselliften weiter nach oben, bis auf 3200 Meter Höhe. Und entgegen dem gut gemeinten Rat im Reiseführer (den ich als Arzt nur unterstützen kann), sich vor Wanderungen in einer solchen Höhe doch bitte einen Tag lang zu akklimatisieren, mache ich mich sogar noch auf, die linker Hand des Talgar- Passes aufragende Anhöhe bis fast ganz nach oben zu erklimmen. Ach ja, das Leben ist so schön (wenn nicht gerade Montag ist)!

Ich muss aber leider wieder runter vom Berg, denn am Abend geht mein Nachtzug nach Astana. Ich fahre mit dem Bus raus zum Bahnhof Almaty 1. Der Busfahrer, bei dem ich beim Einsteigen den umgerechnet etwa knapp 40 Cent billigen Fahrpreis entrichte, reicht mir einen zerknautschten Fahrschein mit den Worten: „am Bahnhof zurückgeben, Bruder“. Dafür habe ich vollstes Verständnis, denn warum sollte man den Fahrschein denn nicht recyceln, das ist doch bestimmt gut für die Umwelt.

Astana

Es dürfte kaum möglich sein, zu den Bergen bei Almaty einen größeren Kontrast zu finden als die futuristische Architekturspielwiese Astana. Hier, mitten in der kasachischen Steppe, sollte die neue Hauptstadt Kasachstans entstehen, so entschied Präsident Nazarbaev im Jahre 1994. Und während sich an der politischen Front seit dieser Zeit keinerlei Veränderungen ergaben (Nazarbaev wurde bei den letzten „Wahlen“ 2011 mit 95,5% der Stimmen in seinem Amt bestätigt), ist Astana zu einer höchst beeindruckenden Großstadt angewachsen, deren Wachstum noch lange nicht beendet ist.
Manches erinnert an die Zukunftsstraßen Pjöngjangs, anderes mehr an Dubai. Wäre ich Architekturprofessor, würde ich meine Studenten nach Astana schicken, denn es gibt wahrscheinlich nur wenige Städte auf dieser Erde, die derartig viele unterschiedliche Architekturstile auf engstem Raum zu bieten hat. Müßig, eine Liste der Architekten zu erstellen, die sich hier verwirklicht haben. Sie werden kaum einen Stararchitekten finden, der hier nicht aktiv war.

Natürlich bin auch ich hier, um zu prüfen, ob diese Stadt tatsächlich seelenlos ist, wie manche Kritiker behaupten.

Sie finden mich ratlos, denn ich kann diese Kritik angesichts der endlos langen Reihen von Wolkenkratzern durchaus verstehen, bin aber andererseits auch fasziniert und kann mir vorstellen, dass die Stadt, wenn die Straßenbäume erst einmal groß genug sind, um Schatten zu spenden, einen eigenen Charme entwickeln wird.

Jetzt könnte ich zwar behaupten, dass ich die exakte Punktlandung genau geplant hatte, doch das wäre geflunkert. Es ist reiner Zufall, dass ich genau heute hier bin, am 8. September, dem nationalen Tag der russischen Föderation auf der Expo 2017 in Astana.

Ich sitze auf der Tribüne auf dem Gelände der Weltausstellung, die unter dem Motto „Future Energy" steht, und schwenke mein russisches Fähnchen, zusammen mit den anderen begeisterten Zuschauern. Denn auf der Bühne rocken die Babuschkas aus Buranowo, eine fünfköpfige Gesangsgruppe älterer Damen in Trachtenkostümen, die beim Eurovision Song Contest 2012 in Baku den zweiten Platz belegt haben. Die Damen, deren persönliche „Future Energy" keine allzu lange Laufzeit mehr haben dürfte, schmettern munter ein russisches Volkslied nach dem anderen von der Bühne, und die meisten Zuschauer schunkeln und singen mit.
Es ist wie ein großes russisch-kasachisches Volksfest, ja, die Damen verstehen ihr Handwerk und machen am Ende sogar noch Reklame für die Fußball-WM, wobei auf der Leinwand hinter ihnen ein Film abläuft, der die Damen beim Fußballspielen in einem Stadion zeigt, in dem sich richtige Fußballer gerade warmmachen für eine Partie. Der

Applaus will kaum ein Ende nehmen. Machte man hier und jetzt eine Umfrage, würde diese eindeutig ergeben, dass die kasachisch-russischen Beziehungen nicht zu toppen sind.

Auch vor dem russischen Pavillon geht die Musik ab, hier ist es eine Gruppe junger Russinnen und Russen, die deutlich modernere Stücke singen, aber der Effekt ist der gleiche: Die Zuhörer sind begeistert. Im Pavillon überraschen mich die Russen dann mit atombetriebenen Eisbrechern, was für ein tolles Beispiel für die Energie der Zukunft.

An einigen Pavillons bilden sich lange Warteschlangen, so bei den USA, China, Japan und Korea. Die deutlich längste Warteschlange allerdings treffe ich vor dem deutschen Pavillon an. Ich reihe mich ein und erfahre von anderen Wartenden, dass der deutsche Pavillon (nach dem kasachischen) der beste sei.

Nach 15 Minuten ohne erkennbaren Fortschritt wird mir das Schlange stehen dann aber doch zu langweilig und ich beschließe, auf den Besuch des zweitbesten Pavillons der Expo zu verzichten. Ich schaue mir unter anderem lieber die *power energy* unserer österreichischen und die Blumenwiesen unserer schweizerischen Nachbarn an und mache noch einen Schwenk zu den Türken.

Meine freundliche Frage, ob denn der deutsche Prinz schon da gewesen sei, wird von der netten Hostess am Eingang des türkischen Pavillons leider nicht richtig verstanden. Sie fragt nach, ob ich Deutscher sei und freut sich sehr über meine bejahende Antwort. Ja, der deutsche Pavillon ist hervorragend, dafür beglückwünscht sie mich überschwänglich. Ich bringe es nicht übers Herz, sie über den Hintergrund meiner Frage aufzuklären, schließlich war

das Mädchen im Jahr 2000 - als die Expo bei uns in Hannover stattfand und Prinz Ernst August den türkischen Pavillon anpullerte - ja wohl gerade erst geboren.
Selbstverständlich ist der kasachische Pavillon übrigens der beste. Es ist ein Globus, den man im Inneren nach einer Fahrstuhlfahrt von oben nach unten begeht und dabei – meist interaktiv - über alle möglichen Arten moderner Energiegewinnung unterrichtet wird. Nicht nur mir gefällt das anschauliche Beispiel am besten, wie man aus Elefantendung Energie gewinnt.

Auf Abwegen Teil 1: Zentralasiatische „Stans“

Ich verlasse Russland und seine Nachbarländer und begebe mich in einige Länder, die nicht direkt an Russland grenzen: Ich besuche nach Kasachstan noch weitere zentralasiatische *Stans*. Wäre das hier kein Buch, sondern eine Speisekarte, dann könnte man die russischen Städte als die Hauptgerichte bezeichnen (mit Kaliningrad als Vorspeise). Die Nachbarländer Russland wären die Beilagen und die Länder ohne Landesgrenze mit Russlands das Dessert.

Kirgistan

Kirgistan, mitunter auch als Kirgisistan oder Kirgisien bezeichnet, ist der „arme kleine Bruder“ von seinem großen Nachbarn Kasachstan. Während ich in Astana und Almaty auf den Straßen neben Russisch auch sehr viel Kasachisch gehört habe, ist mindestens in Bischkek zu meiner Überraschung nicht Kirgisisch, sondern Russisch die *Lingua franca*.

Bischkek

Nach der Hochglanzbroschüre Astana wirkt Bischkek, die Hauptstadt Kirgistans, wie ein Stapel Altpapier. Kurz und gut: sehr sympathisch! Ich streife mit Leo* durch die Parks im Zentrum der äußerst grünen Stadt und freue mich über die großen alten Bäume und das wilde Grünzeug, das überall scheinbar ungehindert wächst, wo es gerade Lust dazu hat, während Leo immer ungehaltener wird.
„Da, schauen Sie doch mal, dieses Riesenrad. Da standen vorher herrliche Bäume. Dieser ganze Vergnügungspark dort war früher ein herrlicher Stadtpark. Jetzt sind da überall Stände und Fahrgeschäfte." Leo ist ein ehemaliger Mitschüler meiner Kaliningrader Lehrerin Marina und arbeitet als sogenannter *Freelancer*, d. h. er hat keine feste Anstellung. Auch wenn er nur auf Abruf arbeitet, scheinen die Geschäfte nicht schlecht zu gehen, denn Leo fährt ein riesiges BMW-SUV. „Der war Schrott in Deutschland, hier macht man aus deutschen Schrottautos wieder gute Autos."

Ich denke mir, dass der gute Leo ein recht widersprüchlicher Typ ist. Wie verträgt sich dieses überdimensionierte Auto mit seiner Liebe für die Natur und seinem Engagement für die Umwelt? Im nächsten Park sucht Leo an den Bäumen nach den Tafeln, auf denen früher stand, wer hier alles diese Bäume gepflanzt hat, aber die Tafeln sind nicht mehr da.

„Das ist doch ein Teil unserer Geschichte, warum hat man die entfernt?“ So entgeht mir das Wissen, welchen dieser Bäume denn nun Erich Honecker gepflanzt hat und welchen Fidel Castro.

Wir stehen jetzt vor einem alten Museum, das aber momentan renoviert wird (die Renovierungsarbeiten scheinen schon vor Jahren begonnen worden zu sein und ruhen wohl gerade) und Leo deutet auf den Boden, wo mehrere Stümpfe mit beeindruckend großem Umfang darauf hinweisen, dass hier einmal sehr große, alte Bäume standen. „Es ist eine Schande, alles geht kaputt, die Bäume genauso wie die Häuser. Die Politiker sind schuld!“

Letztendlich geht die ganze Infrastruktur zugrunde, so auch der öffentliche Nahverkehr: „Früher hatten wir viel mehr Trolleybusse und die Straßen waren nicht in so einem schlechten Zustand.“

Ja, Leo ist nicht gut auf die Politiker zu sprechen. „Ich war kürzlich auf einer Tagung in der Mongolei, da ging es um die Rettung der Schneeleoparden. Es gab dort viel Unterstützung vom WWF und dem BUND und anderen NGOs, aber ob die Politiker die Versprechen umsetzen werden?“ Die Skepsis von Leo richtet sich nicht nur gegen die kirgisischen Politiker, auch von der großen Weltpolitik hält er nicht viel.

Russen, Amerikaner, jeder kocht sein eigenes Süppchen. Besonders skeptisch sieht Leo das immer stärkere Engagement von Arabern und Türken in Kirgistan, denn er fürchtet die wachsende Islamisierung. Zu Zeiten der Sowjetunion aufgewachsen, ist Leo Atheist und möchte diese Freiheit, die man im wahrsten Sinne des Wortes als Religionsfreiheit bezeichnen könnte, auch bewahren.

„Da vorne, dieses Hotel, das ist von den Türken renoviert worden. Jetzt sollen wir gut über die Türkei denken? Vergleichen wir doch mal den Umgang mit der Geschichte. In Deutschland gedenkt man der Verfolgung der Juden. Da wurde auch schon viel Geld an die Nachkommen gezahlt. Und die Türken? Sie weigern sich, anzuerkennen, dass sie mehr als eine Million Armenier auf dem Gewissen haben. Nein, die Türken können mir gestohlen bleiben."
Wir kommen darauf zu sprechen, dass nach dem Zusammenbruch der Sowjetunion ja viele Menschen Kirgistan verlassen haben, um sich, je nach ethnischer oder religiöser Zugehörigkeit, in Russland, Deutschland oder Israel eine neue Existenz aufzubauen. „Vergessen wir nicht die Holländer. Bei uns gab es eine gar nicht so kleine holländische Diaspora, aber die sind praktisch alle in die Niederlande gegangen. Natürlich ist es für unser Land schlecht, dass so viele gut ausgebildete Menschen ausgewandert sind. Ich selber war auch eine Weile lang in Russland. In Novosibirsk habe ich mal ein paar Jahre lang vergeblich versucht zu promovieren. Sicherlich wäre es ja auch ganz interessant, in einer kleinen Stadt in Frankreich oder Italien zu leben, das wäre so ein Traum. Aber hier ist doch meine Heimat, hier habe ich meine Wurzeln und meine Freunde."
Am Abend im *old Edgar*, einer open air-Bierkneipe, habe ich das Vergnügen, Leo mit dreien seiner Freunde live auf der Bühne zu erleben. Die vier Mittvierziger machen Musik, eine Mischung aus Blues, Jazz und Pop, denn so gemischt ist auch das Publikum. Ja, wenn ich Leo da mit seiner Gitarre sitzen sehe, im Einklang mit den Freunden und der Musik, dann sieht er deutlich zufriedener aus als

bei unserem Spaziergang durch die Stadt. Musik, Freunde und sicherlich vor allem auch Familie (davon kann Leo nicht genug bekommen, er hat jetzt sogar schon die dritte, stets mit einem Kind), das ist es doch, was zählt.

Issyk Kul

Ein Besuch Kirgistans ohne ein Bad im Issyk Kul wäre wie Apfelstrudel ohne Schlagsahne, also vollkommen unvollkommen. Dieser wunderschöne *heiße See*, so die wörtliche Übersetzung, ist, so steht es in meinem lieben und unersetzlichen Begleiter, dem Reiseführer *lonely planet*, nach dem Titicaca-See in Südamerika der zweitgrößte Bergsee der Erde. Heiße Quellen verhindern zwar das Zufrieren im Winter, sorgen aber noch lange nicht dafür, dass das Wasser wirklich warm ist, geschweige denn heiß. Das macht mir natürlich überhaupt nichts aus, habe ich doch erst kürzlich im Baikalsee gebadet und höre voller Freude, wie zwei ältere Russinnen sich gerade gegenseitig darin bestätigen, dass der Issyk Kul wärmer sei als der Baikalsee. Na, dann nichts wie rein ins Vergnügen.
Entweder liegen die beiden Damen völlig daneben oder ich bin vom faulen einstündigen Herumliegen am Strand total verweichlicht: Du meine Güte, ist dieser See kalt! Auch nach mehreren Minuten Herumschwimmens wird mir einfach nicht wärmer. Nein, da lege ich mich lieber noch einmal eine Stunde zum Aufwärmen in die Sonne und sinniere darüber nach, ob die beiden Seniorinnen, die inzwischen eine weitere Runde im saukalten Wasser herum

plantschen, zu dieser seltsamen Sorte Menschen gehören, die im Winter Löcher ins Eis schlagen, um sich im Wasser ein wenig von der grimmigen sibirischen Kälte zu erwärmen.

Ansonsten ist es hier einfach traumhaft schön, die Sonne strahlt auf den See und die Berge, deren Spitzen auch hier schneebedeckt sind. Ich verzichte auf weitere Beschreibungen des Issyk Kul und empfehle den älteren Leserinnen und Lesern stattdessen, ihre Bücher des genialen Kirgisen Tschingis Aitmatov wieder aus dem Regal zu holen (für die jüngeren Leser hier der Tipp: der 2008 verstorbene Aitmatov war der Superstar der sowjetischen Literaturszene und genießt völlig berechtigterweise Heldenstatus in Kirgistan) und sich noch einmal in die Welt seiner Romane zu versenken, denn besser lässt sich dieser herrliche Zipfel unserer Erde nicht darstellen.

Usbekistan

Zwar grenzt Usbekistan auch an Kirgistan, aber der verhältnismäßig bequemste Weg von Bischkek nach Taschkent (wenn man nicht fliegen will) führt mit dem Nachtbus durch Kasachstan bis zur usbekischen Grenze. Hier herrscht zwar auch an einem frühen Sonntagmorgen ein chaotisches Gedränge und Geschiebe, doch, oh Wunder, die usbekischen Grenzer bitten mich aus der drängenden Menschenmenge heraus und setzen mich an die Spitze der deutlich angenehmeren Schlange von Frauen und Familien mit Kindern. Und da ich noch auf der kasachischen Seite der Grenze für ein paar Cent die Hilfe der dort wartenden Damen in Anspruch genommen hatte, die umständlichen usbekischen Zollerklärungen auszufüllen, brauche ich für die komplette Grenzquerung (Ausreise aus Kasachstan, Einreise nach Usbekistan) keine halbe Stunde. Ich bitte hiermit um den Eintrag ins Guinness-Buch der Rekorde!
Schließlich gelingt mir noch der unglaubliche Coup, den Preis für das Taxi von der Grenze zum Hotel ins nahegelegene Taschkent von 10$ auf umgerechnet etwa 6$ herunter zu handeln. Keine Ahnung, warum sich der Taxifahrer wie ein Honigkuchenpferd freut und seinen Kollegen verschmitzt etwas zuruft, was Sprachkundige möglicherweise mit „der Trottel zahlt mir 6 Dollar, das reicht für heute" übersetzen würden.
Und jetzt noch eine Quizfrage: Was verbindet Usbekistan mit Liechtenstein? Die Lösung finden Sie ganz am Ende des Usbekistan-Kapitels.

Taschkent

Herrenabend in Taschkent. Ich sitze mit den beiden Kollegen Lars* und Horst*, Deutsch-Lektoren, im usbekischen Restaurant Anhor und genieße es, bei gutem Essen und Bier mal wieder auf Deutsch plaudern zu können. Meine Gesprächspartner sind als Lehrkräfte in der Germanistik an hiesigen Universitäten tätig. Während der 30-jährige Lars noch am Anfang seiner Universitätskarriere steht und jetzt im dritten Jahr in Taschkent unterrichtet, ist der 63-jährige Horst sozusagen *altgedient*; er lebt und lehrt seit fünf Jahren in Taschkent („noch fünf Tage, dann ist meine Zeit hier um und ich gehe für ein Jahr nach Vilnius").

Es zeigt sich in unserem Gespräch, dass die Welt wirklich klein ist. Horst und ich haben als junge Doktoranden beide fast zeitgleich eine Weile lang (ich als Westberliner täglicher Grenzgänger, in aller Verschwiegenheit) in dem berühmten wilhelminischen Universitätsgebäude in der Clara-Zetkin-Straße in Berlin-Mitte gearbeitet, in dem Robert Koch viele Jahre zuvor über die Tuberkulose-Bazillen forschte. Und es gibt einen weiteren Punkt der biografischen Überschneidung: Im Laufe des Abends kam die Sprache darauf, dass Horst vor einiger Zeit für drei Jahre in Tartu, Estland, an eben der Universität tätig war, an der mein Freund Andres Metspalu den Geheimnissen des Genoms nachspürt (Sie erinnern sich, liebe Leser?).

Unser abendliches Beisammensein kreiste aber natürlich vor allem um die Situation in Usbekistan. Der im Herbst

2016 eingetretene Wechsel an der Staatsspitze hat in der Wahrnehmung meiner Gesprächspartner zu einigen Veränderungen in der Innen- und auch in der Außenpolitik geführt.

„Karimov war immer sehr darauf bedacht, ein ausgewogenes Verhältnis zu Russland, den USA und China zu haben. Jetzt spielt Russland eine immer stärkere Rolle. So hat der gegenseitige Handel sehr stark zugenommen, die Usbeken exportieren jetzt verstärkt Früchte, Gemüse und andere Lebensmittel nach Russland, die die Russen früher vom Westen importiert haben."

Und Lars fügt hinzu: „Dafür haben jetzt russische Firmen neue Lizenzen zur Förderung von Gas in Usbekistan erhalten. Ein weiterer wichtiger Faktor ist die Arbeitsemigration. Mehr als zwei Millionen Usbeken, vor allem Männer, arbeiten in Russland. Dort leben, arbeiten und wohnen sie häufig unter sehr harten Bedingungen, aber sie überweisen viel Geld nach Hause."

Auch das Verhältnis zu Kasachstan, um das es unter den beiden *Alphatieren*, den langgedienten Präsidenten Karimov und Nazarbaev nicht zum besten bestellt war, scheint sich jetzt zu entspannen, ebenso das Verhältnis zu Tadschikistan.

Ein wichtiger Schritt zur wirtschaftlichen Konsolidierung Usbekistans war die Freigabe des Dollar- und Euro-Wechselkurses Anfang September. „Jetzt ist der schwarze Markt vorerst ausgetrocknet, aber niemand weiß, wie lange der Kurs stabil bleibt. Vor einiger Zeit konnte man beobachten, dass die Usbeken für hundert Dollar noch eine ganze Plastiktüte mit 1000 Sum-Scheinen erhielten. Jetzt gibt es sogar 50000 Sum-Banknoten, das macht es für uns viel leichter. Von einem Tag auf den anderen war ein Dollar statt 4000 nun 8000 Sum wert, was für alle Menschen mit Dollar- oder Euroeinkommen natürlich eine sehr positive Nachricht war. Allerdings steigen nun auch die Preise in einigen Bereichen, zum Beispiel für Benzin."

Über usbekische Politik aber wollen wir aus verständlichen Gründen (schließlich sind die beiden ja an usbekischen Universitäten angestellt) lieber nicht allzu viele Worte verlieren. Auch nicht darüber, dass in den letzten Jahren viele schöne alte Bäume gefällt wurden, um Parks und Plätze möglichst übersichtlich zu gestalten. Freies Blickfeld scheint wichtiger zu sein als verschwiegene, lauschige Plätzchen, die man nur schlecht einsehen kann.

Ich erwähne, dass mir beim Spaziergang durch Taschkent auffiel, dass an vielen Stellen die Sitzbänke aus den Parks entfernt wurden. „Ja, man will wohl verhindern, dass die Menschen an öffentlichen Plätzen in Gruppen zusammen kommen", soweit die Erklärung der Ortsansässigen. Ups!

Nachvollziehbar, dass viele Studenten versuchen, nach Deutschland zu kommen, wie auch Lars bestätigt: „Natürlich will ich den Studenten ja behilflich sein. Viele sprechen Deutsch auf einem sehr hohen Niveau. Aber ich kann einem usbekischen Germanistik-Studenten leider keine wissenschaftliche Karriere in Deutschland empfehlen. In anderen Fächern, in den Natur- und Technikwissenschaften sowie in der Informatik sind die Aussichten deutlich besser."

Ich bewundere meine Gesprächspartner für die viele Geduld, die sie zu haben scheinen, um mit den wahrlich nicht einfachen Gegebenheiten klar zu kommen. Und ich wage die Prognose, dass sich die Lage (wenn überhaupt) nur sehr langsam bessern wird. Oder wie ich am übernächsten Tag in Samarkand höre: „Der *Landes-Vater* ist tot, aber das System lebt weiter. Wir brauchen junge, mutige Politiker, aber die müssen wohl erst noch geboren werden.“

Samarkand

Samarkand, einer der Höhepunkte der Seidenstraße, hat mit dem Registan, einem von drei Seiten von unglaublich beeindruckenden Medressen begrenzten Platz, sicherlich das architektonische Highlight Zentralasiens zu bieten. Leider ist die Umgebung Opfer umfangreicher „städtebaulicher Säuberungsmaßnahmen“ geworden. Die Altstadtviertel sind entweder abgerissen oder hinter hohen Mauern versteckt worden.

Die Touristenströme werden zwischen einem neuen, unsagbar sterilen, großen Basar und dem prächtigen Mausoleum von Amir Timur (bei uns als Timur Lenk oder Tamerlan bekannt) kanalisiert. Alles schön sauber und unpersönlich. Die Hauptstraße „Toshkent“ hat kürzlich neue Straßenschilder bekommen und heißt jetzt „Islom Karimov Straße“. Die Medressen, Mausoleen, Moscheen sind natürlich grandios. Geschichte überall, schließlich war hier vom 14. bis zum ausgehenden 16. Jahrhundert ein, wenn nicht sogar das Machtzentrum der Erde.

Ich wohne im wunderschönen *Antica B&B*, einer Gartenoase in einem Altstadtviertel, nur einen Steinwurf vom Amir Timur-Mausoleum entfernt. Bevor ich dieses besichtige, mache ich mich noch im *lonely planet*-Reiseführer

schlau und finde dort folgende nette Geschichte über die Öffnung der Krypta Timurs im Jahre 1941 durch den sowjetischen Anthropologen Mikhail Gerasimov: „Wie alle Touristenführer erzählen, fand er an Timurs Grab eine Inschrift Timurs die besagt, dass *jeder, der dieses Grab öffnet, von einem Feind besiegt wird, der fürchterlicher ist als ich.* Am nächsten Tag, dem 22. Juni, hat Hitler die Sowjetunion angegriffen."
Zeit also für ein neues Experiment. Um 9:23 Uhr postiere ich mich am Mausoleum und folge der ersten Gruppe von Touristen (Russen), die mit ihrem Reiseführer (Usbeke) das Mausoleum besichtigen. Wie vorhergesagt, erzählt der Reiseführer seiner Gruppe die erwähnte Anekdote, mit einer kleinen Abweichung: „und am nächsten Tag begann der *Große Vaterländische Krieg*, der Zweite Weltkrieg."
Na gut, für die Russen begann der Krieg halt erst etwas später als 1939. Im Laufe der nächsten gut zwei Stunden (bis 11:47 Uhr begleite ich noch mehr als ein Dutzend größere und kleinere Reisegruppen) höre ich unterschiedliche Versionen dieser Anekdote auf Englisch, Französisch, Italienisch, Deutsch und immer wieder Russisch. Ich beginne Gerasimov zu verfluchen. Was hat der Kerl damals bloß angestellt. Hätte er die Krypta nicht geöffnet, wäre die Geschichte ganz anders ausgegangen, Millionen Menschen wäre viel Leid erspart geblieben.
Doch, oh Freude, in meine Verzweiflung hinein erzählt der nächste Reiseführer seiner Gruppe älterer Engländerinnen und Engländer eine Version dieser Anekdote, die mein gestörtes Verhältnis zu Gerasimov wieder gerade rückt:
„Zur Expedition Gerasimovs gehörte auch ein junger usbekischer Fotograf, der den Zusammenhang zwischen dem

Kriegsglück der Deutschen und dem von Stalin veranlassten und von Gerasimov durchgeführten Transport der Überreste Amir Timurs nach Moskau erkannte.
Fast zwei Jahre lang versuchte der junge Usbeke, irgendwie an Stalin heran zu kommen und ihn dazu zu bringen, die Knochen Amir Timurs wieder in sein Grab nach Samarkand zu überführen. Schließlich gelang es ihm, Gerasimov zu sprechen, der wiederum Stalins Einwilligung erhielt, den Rücktransport durchführen zu lassen. Das Flugzeug mit Amir Timurs Überresten flog über Stalingrad (allgemeines zustimmendes Gemurmel der Engländer) nach Samarkand, mit dem bekannten Ergebnis: Stalingrad brachte den Wendepunkt des Krieges" (und Amir Timur ruht wieder in Frieden in gewohnter Umgebung).
Ich bin sehr erleichtert, dass Gerasimov seinen Fehler gut gemacht hat und kann feststellen, dass endlich mal ein Experiment von mir völlig geglückt ist: Die Überprüfung der im Reiseführer aufgestellten Hypothese, dass alle Touristenführer die *Gerasimov-Anekdote* erzählen, hat sich in meiner Stichprobe zu 100% bewahrheitet. So einfach, liebe Leser, geht gutes wissenschaftliches Arbeiten!

Buchara

Kalamitäten in Buchara! Ich sitze auf einer Bank in der Zitadelle (dem Ark, einer alten *Stadt in der Stadt*) Bucharas und lese im Reiseführer die Geschichte von Stoddart und Conolly, zwei englischen Opfern des großen Spiels zwischen England und Russland um die Vorherrschaft in

Zentralasien (nein, diesmal sind die Russen nicht schuld!). Der arme Colonel Stoddart besuchte 1839 den Emir Nasrullah Khan in Buchara, um ihn über die britische Invasion Afghanistans zu unterrichten. Dummerweise hatte er aber weder Geschenke noch ein Schreiben der Queen Victoria dabei, sondern nur einen läppischen Brief des obersten britischen Generals in Indien. Verständlich, dass sich Emir Nasrullah Khan in seiner Ehre derartig gekränkt fühlte, dass er Stoddart in den Kerker werfen ließ.
Nachdem der arme Kerl schon zwei Jahre lang entsetzlich leidend in seinem Kellerloch vor sich hin vegetierte, traf endlich mit Captain Conolly ein echter Kenner der Szene in Buchara ein, um Stoddart durch geschicktes Verhandeln von seinem Leid zu erlösen. Nun, Stoddart wurde am 24.6.1842 tatsächlich von seinem Leid erlöst, aber leider gänzlich anders, als erhofft. Stoddart und Conolly mussten an diesem Tag vor der Zitadelle ihre eigenen Gräber schaufeln, bevor sie vor einer großen Zuschauerschar geköpft wurden.
Schuld an dem Desaster waren die Vorgänger der Taliban, die dem britischen Königreich eine empfindliche Niederlage in Afghanistan beigebracht hatten. Der Rausschmiss der Briten aus Kabul überzeugte den Emir davon, dass diese kein besonders mächtiges Volk seien. Obendrein blieb ein fälliges Antwortschreiben der Queen aus; eine solche Schmach konnte der Emir natürlich nicht dulden.
Was für eine traurige Geschichte. Ich lese noch, dass hier, in dem Museum, vor dem ich gerade sitze, Bilder der beiden unglücklichen Engländer zu sehen seien. Direkt hinter der Zitadelle befindet sich das ehemalige Gefängnis, in dem man auch das Loch besichtigen könne, in dem die

beiden saßen. Das klingt doch nach einer interessanten Geschichte.

Ich packe meine Sachen zusammen, gehe ins Museum, finde die Bilder der beiden und greife in meine Hosentasche, um das Handy für ein paar Fotos hervorzuholen. Doch, oh Schreck, die Hosentasche ist leer. Ja, ich hatte das Handy auf der Bank neben mir liegen, ich erinnere mich. Schnell zurück zur Bank, aber dort liegt kein Handy. Eine leichte Panik beginnt sich in mir breitzumachen. Ich räume meinen ganzen Rucksack aus, taste alle meine Taschen ab: kein Handy!
Am Eingang der Zitadelle sitzen Polizisten, nichts wie hin. Vielleicht hat ja jemand mein Handy gefunden und dort abgegeben.
Und so beginnt meine Odyssee mit der usbekischen Polizei. Auf diese Geschichte hätte ich ja lieber verzichtet, aber verglichen mit dem üblen Schicksal von Stoddart und Conolly wiegen der Verlust eines Handys und das fast zweitägige Gerangel mit der Polizei wahrlich nicht schwer.
Der erste Polizist hört sich meine Geschichte interessiert an, denkt angestrengt nach, was jetzt zu tun sei, und schaut mich lange mitleidig an. In seine Agonie hinein erscheint ein zweiter Polizist, der immerhin aktiv wird und mich bittet, mit ihm alle Wege in der Zitadelle abzulaufen, auf denen ich mein Handy verloren haben könnte. Ich beteuere, dass ich genau wisse, dass ich das Handy noch hatte, als ich auf der Bank in meinem Buch las. Das sei egal, ich könne es ja sonstwo verloren haben.
Gut, wir gehen den Weg zurück bis zur Bank. Als wir dort ankommen, treffen wir eine Ukrainerin, die im gleichen

Hotel übernachtet wie ich. Sie ruft sofort mein Handy an, es klingelt ganz normal, aber niemand geht ran. Mit Hilfe der Ukrainerin und eines etwas Deutsch sprechenden Usbeken gelingt es schließlich, den Polizisten davon zu überzeugen, dass mir das Handy tatsächlich hier auf dieser Bank abhanden gekommen ist.
„Warten Sie hier, wir kümmern uns darum." Ich setze mich mit Olga, so heißt die Dame aus der Ukraine, auf die Bank und warte. Mein Dilemma hat sich herumgesprochen und ich werde immer wieder aufgefordert, zu erzählen, was passiert sei. Nachdem ich gefühlt die Hälfte der Einwohner Bucharas vom Verlust meines Handys unterrichtet habe, wird es mir zu bunt (Olga hatte weniger Geduld und ist schon vorher gegangen) und ich gehe wieder zum Eingang der Zitadelle. Dort sehe ich, dass die Polizisten dabei sind, sich von allen Personen, die die Zitadelle verlassen, die Handys zeigen zu lassen.
„Machen Sie sich keine Sorgen, wir finden Ihr Handy." Schön und gut, aber wenn nicht? Nach einer Weile bittet mich der eine der Polizisten, mit ihm wieder in die Zitadelle hinein zu gehen. Wir gehen in den Hof, in dem früher die Stallungen untergebracht waren. Dort sitzt ein etwas finster dreinblickender Zivilist, zu dem der Polizist mich führt und vor dem er salutierend Haltung einnimmt. Der Enddreißiger wird mir als Herr S. vorgestellt.
Herr S. hört sich ebenfalls die Geschichte an. „So so, sie haben also ihr Handy verloren? Kein Problem, wir werden es orten. Wie ist der *IMEI* Code Ihres Handys?" ??? Ich verstehe nur Bahnhof. Herr S. öffnet sein Smartphone und zeigt auf einen 15-ziffrigen Code unter dem Akku. „Wenn wir den Code haben, orten wir das Handy, wenn jemand

damit ins Netz geht. Haben Sie zu Hause noch den Karton des Handys? Da steht der Code auch drauf."
Der Polizist schreibt die Telefonnummer von Herrn S. auf einen Zettel. „Rufen Sie an, wenn sie den Code haben, wir kommen dann in Ihr Hotel."
Ich eile zum Hotel zurück und schreibe auf dem Laptop eine Email an meine Frau. Die beste Ehefrau von allen antwortet nicht viel später. In einem guten Haushalt geht natürlich nichts verloren, so auch nicht der Karton des vor mehr als drei Jahren gekauften *Fairphones*. Auf dem Karton stehen tatsächlich mehrere Codes, darunter auch zwei mit 15 Ziffern. Super, ich bitte den freundlichen Chef des kleinen Familienhotels, in dem ich wohne, Herrn S. anzurufen. Man lässt mir ausrichten, dass ich im Hotel warten solle, man käme vorbei. Ich warte.
Vier Stunden später ruft die Chefin des Hotels noch einmal bei Herrn S. an, um nachzufragen, wann denn jemand käme. „Heute nicht mehr, morgen."

Am nächsten Morgen gehe ich wieder in die Zitadelle und suche Herrn S. Leider ist er nicht aufzufinden. Nach etlichen Telefonaten, um die ich die diensthabenden Polizisten bitte, erfahre ich, dass Herr S. in seinem Büro sei. Der Polizist gibt den Code an Herrn S. durch und teilt mir mit, dass ich in der Zitadelle warten solle.
Ich verkürze mir die Zeit, indem ich die Fotos meiner Freunde Stobbart und Conolly im Museum besuche. Colonel Stobbart sieht noch sehr jung aus, ein bisschen ähnelt er heutigen Britpop-Sängern. Ganz anders hingegen Captain Conolly, der mit seinem langen Bart und der

Kopfbedeckung aussieht wie ein indischer Fürst. Am Ende traf beide das gleiche Los.
Ich warte noch eine Stunde am Eingang der Zitadelle, dann beschließe ich, das ehemalige Gefängnis, heute ein Museum, zu besuchen. Als ich den massiven Bau nur sehe, wird mir schon ganz schummrig zumute. Drinnen dann kann man Zellen besichtigen, auch das Loch, in dem angeblich die Engländer eingekerkert waren. Vielleicht liege ich mit meiner Vermutung, dass die beiden mittels Hinrichtung von ihrem Leid erlöst wurden, gar nicht so falsch. Die Vorstellung, in diesem finsteren Loch, umgeben von Schlangen, Insekten und anderem Ungeziefer, eingekerkert zu sein, treibt einem den Angstschweiß aus den Poren.
Zurück in der Zitadelle wird mir zum x-ten Male mitgeteilt, dass ich nur noch ein paar Minuten warten müsse, dann käme der zuständige Beamte zu mir. Kurz vor 14:00 Uhr, also 4 Stunden nach meinem ersten Eintreffen in der Zitadelle am Morgen, kommt tatsächlich ein anderer Zivilpolizist, bittet mich in seinen Wagen und fährt mit mir zur Wache (die übrigens von außen als solche nicht zu erkennen ist).
Im Büro sitzt Herr S. und begrüßt mich mehr mürrisch als freundlich. „Wir nehmen jetzt das Protokoll auf. Hier, schreiben Sie bitte auf den Zettel, was passiert ist.“ Ich verstehe nicht ganz, was ich denn nun genau tun soll. Ich habe am Vortage Herrn S. alles doch haarklein berichtet, sogar mit Hilfe des etwas Deutsch sprechenden Usbeken. „So, Ihr Russisch ist also nicht gut genug. Dann brauchen wir einen Dolmetscher. Warten Sie auf dem Divan da in der Ecke, wir haben zu tun.“

In den nächsten drei Stunden wohne ich mehreren Verhören bei. Leider verstehe ich nur einzelne Wörter, aber aus der Art und Weise, wie die Verhöre geführt werden, ist auch ohne Sprachkenntnisse klar, dass den Delinquenten nichts Gutes blüht. Alle verbeugen sich immer wieder ehrfürchtig vor Herrn S., der mal lächelnd, mal drohend die Verhöre führt. Zum Glück sitze ich hier nicht als Angeklagter, oder bin ich gar einer?

Gegen 17:00 Uhr klopft es leise an der Tür. Schüchtern betreten zwei junge Männer das Büro, meine Dolmetscher, wie sich herausstellt. Beide arbeiten als Deutschlehrer an der Universität und sprechen halbwegs gut Deutsch. Sie teilen mir mit, was ich alles zu schreiben habe.

Besonders wichtig sind eine höfliche Anrede des Reviervorstehers und die Versicherung, dass mir das Handy nicht mit Gewaltanwendung gestohlen wurde. Ich solle schreiben, dass ich es verloren habe und darum bitten, es wieder zu finden.

In einem zweiten Schreiben solle ich dann das ganze Geschehen noch einmal ausgiebig schildern. Ich schreibe alles genau so auf, wie mir (mehr oder weniger) befohlen wird. Einer der Lehrer schreibt alles auf Usbekisch ab und ich muss dann alles unterschreiben. Dafür wird mir ein Schreiben vom Reviervorsteher ausgehändigt, auf dem auf Usbekisch wohl steht, dass ich den Verlust meines Handys gemeldet hätte.

Herrn S. interessiert noch, was ein Arzt in Deutschland so verdiene. So so, denke ich mir, jetzt kommt also die Frage nach dem Finderlohn. Ich sage was von um die 4000 Euro im Monat, worüber Herr S. lächelnd den Kopf schüttelt. Entgegen meiner Vermutung belässt es Herr S. aber dabei und fragt stattdessen noch nach meiner Email-Adresse. „Wir schreiben Ihnen, wenn wir das Handy haben. Den Versand nach Deutschland müssen Sie aber selber zahlen." Herr S. schüttelt zum Abschied meine Hand und wünscht mir noch einen schönen Aufenthalt in Usbekistan.

Um 18:00 Uhr verlasse ich mit den Lehrern die Wache. Die beiden netten jungen Männer hatten noch den Auftrag bekommen, mich zu meinem Hotel zu fahren. Einer der beiden berichtet auf der Fahrt, dass er schon einmal in Deutschland war. Der andere fragt, ob ich ihn nicht einladen könne, da er ohne Einladung kein Visum bekäme. Ich verspreche, mich zu Hause zu erkundigen, was ich für ihn tun könne. Mit viel Hallo verabschieden sich die beiden von mir, jetzt haben auch sie Feierabend und können zum Abendessen zu ihren Frauen und Kindern fahren.

Ja, Abendessen, das ist keine schlechte Idee, wenn man seit dem Frühstück nichts als eine kleine Flasche Wasser zu sich genommen hat. Die Verpflegung von Stobbart und Conolly dürfte allerdings eher noch schlechter gewesen sein. Und was ist mir schon passiert, hier im schönen Buchara, nichts als Lappalien, oder?

Aber was verbindet denn nun Usbekistan mit Liechtenstein? Erinnern Sie sich noch an meine Quizfrage vom Anfang des Usbekistan-Kapitels? Hier kommt endlich die Lösung: Usbekistan und Liechtenstein sind die beiden einzigen Binnenstaaten dieser Erde, die wiederum ausschließlich von Binnenstaaten (d.h. Ländern ohne Zugang zu einem Meer) umgeben sind. Hätten Sie es gewusst?

Tadschikistan

Vor Tadschikistan wurde ich in Russland immer wieder gewarnt, da die Tadschiken nach Ansicht vieler Russen zum Großteil Verbrecher seien. Liest man ein wenig im Internet über Tadschikistan, findet man zumeist die Einschätzung, dass es ein recht sicheres Reiseland mit einer gastfreundlichen Bevölkerung sei. Daraus zu folgern, dass die meisten tadschikischen Verbrecher als Gastarbeiter in Russland arbeiten, ist aber mit allergrößter Wahrscheinlichkeit nicht gerechtfertigt.
Der tadschikische Taxifahrer, der mich vor etlichen Wochen in Sotschi vom Hotel zum Bahnhof gefahren hatte, war ganz bestimmt kein Verbrecher. Eher schon der Russe, der mich bei der Ankunft in Sotschi vom Bahnhof zum Hotel fuhr und gehörig übers Ohr haute. Aber das ist eine andere Geschichte.

Duschanbe

Es ist mal wieder an der Zeit, das Gute hervorzuheben. Hier, im *Green House*-Hostel in Duschanbe, habe ich es wieder gefunden. Doch der Reihe nach.
Nach einer dreieinhalb-stündigen Fahrt in der bis zum Bersten gefüllten Marschrutka von Buchara nach Karshi (ja ja, mein Rücken, aber nicht nur der!) ging es nach einigem Warten auf weitere Passagiere weiter mit einem Sammeltaxi bis zur tadschikischen Grenze. Nach fünfstündiger

Fahrt endete dort die Reise mit einer skurrilen Diskussion. Der Taxifahrer wollte mir einreden, dass ich statt der vereinbarten 120.000 Sum, d. h. etwa 15 Dollar, 120 Dollar für meinen Platz bezahlen solle, ich hätte ihn wohl missverstanden. Als ich erläuterte, dass ich ihn sehr wohl richtig verstanden hätte und nicht bereit sei, mich hier von ihm mit Fantasiepreisen ausrauben zu lassen, fasste er sich schauspielreif ans Herz, beteuerte, dass es gegen seine Ehre sei, jemals irgendjemanden zu betrügen, aber 120 Dollar seien doch vereinbart.

Nun, ich blieb hart und zahlte nicht einen Sum mehr als vereinbart, unter dem Beifall einer älteren Dame, die ebenfalls bis zur Grenze mitgefahren war. Gemeinsam überquerten wir im Dunkeln die Grenze. Meine Begleiterin war sehr froh, mich zur Seite zu haben, denn beim Ausfüllen der Zollerklärung stellte sie sich als Analphabetin heraus. Ob der Zöllner das von mir ausgefüllte Formular der Dame tatsächlich lesen konnte, sei mal dahingestellt.

Wieder per Sammeltaxi ging es dann bis nach Duschanbe, wo mich der freundliche Taxifahrer, der sich über seinen usbekischen Kollegen richtig aufregte („ja, das sind Schurken in Usbekistan, bei uns passiert Ihnen so etwas nicht"), bis zum besagten Green House-Hostel brachte. Und jetzt endlich zum Guten im Menschen:

Der junge Mann an der Rezeption fragte als erstes, ob ich nach der langen Fahrt Hunger hätte. Gut erkannt, dachte ich mir, nur hatte ich leider noch keine Gelegenheit, die fürs Essengehen – oder den Essenskauf – notwendigen Somoni einzutauschen. „Geldtauschen können Sie morgen. Hier sind 100 Somoni (Anmerkung des Autors: etwa

10 Euro), die können Sie mir morgen wiedergeben." Statt der Bitte um Bezahlung der Übernachtungskosten im Voraus (ist ja gang und gäbe) hier also das Angebot eines zinslosen Darlehens.

Nicht nur wegen der überaus freundlichen Angestellten, sondern auch wegen der guten Zimmer (nach einer Nacht im Schlafsaal bezog ich ein grandioses Einzelzimmer) und vor allem wegen der hervorragenden Möglichkeit, sich mit anderen Reisenden auszutauschen (die fast alle per Fahrrad oder Motorrad entweder aus dem Pamir kamen, dem touristischen Highlight Tadschikistans, oder auf dem Weg dorthin waren), ist das Green House-Hostel äußerst empfehlenswert.

Am übernächsten Tag habe ich ein Date einem Café an der Hauptstraße Duschanbes, der Rudaki. „Die tadschikische Gesellschaft ist eine sehr fragmentierte Gesellschaft." Frau Müller*, die seit zwei Jahren an der Universität der tadschikischen Hauptstadt Duschanbe deutsche Geschichte, Literatur und mitunter sogar Phonetik unterrichtet, verweist auf das anschauliche Beispiel der am Straßenrand hockenden Männer.
„Das sind Tadschiken aus dem Süden, zumeist sehr einfache Menschen." Das glaube ich sofort, denn einen Anzugträger der Mittelklasse oder gar ein Mitglied der Oberschicht kann man sich nur schwerlich in hockender Haltung am Wegesrand vorstellen. Wenn man wie Frau Müller studierte Mediävistin ist (gut, ich gestehe, ich hätte den Begriff Mediävistik = Mittelalterforschung auch googeln müssen, wenn ihn mir Frau Müller nicht übersetzt hätte),

kennt man sich mit fragmentierten Gesellschaftsformen ganz gut aus und kann beurteilen, dass die hiesige Gesellschaft diesbezüglich besonders traditionell ist. Da konnten wohl auch die 69 Jahre in der Sowjetunion nicht viel ausrichten.

So nimmt es auch nicht wunder, dass es nach der Auflösung der Sowjetunion in Tadschikistan zuerst einmal zum Bürgerkrieg kam, der nach langem Hin und Her mit einem Friedensvertrag beendet werden konnte. Der oberste Friedensstifter, der seit einiger Zeit ganz offiziell als *Führer der Nation* bezeichnete Präsident Emomalij Rahmon, ist im Straßenbild allgegenwärtig und weist mit Parolen seinen Untertanen den richtigen Weg.

Die laut Friedensvertrag an der Ausübung der politischen Macht beteiligte islamische Partei wurde immer mehr an den Rand gedrängt, was möglicherweise dazu beigetragen hat, dass einer der charismatischsten Islamisten, Oberst Gulmurod Chalimov, sogar zum sogenannten islamischen Staat überlief (und inzwischen seinen irgendwie dann auch verdienten Platz im islamistischen Märtyrerhimmel gefunden hat).

Nach diesem Ausflug in die Wirren tadschikischer Politik wende ich mich nunmehr aber endlich wieder meinem Gespräch mit Frau Müller zu, die lächelnd die Schlagwörter *Form und Inhalt* in den Ring geworfen hat. Diese intelligente Frau hat umgehend erkannt, dass ich auf meiner Reise mehr mit *Form* als mit *Inhalt* zu tun habe. Natürlich bleibe ich auf meinen Streifzügen durch die vielen Städte und Länder meist bei der Form hängen und dringe nur selten zu den Inhalten vor.

In Tadschikistan ist mir sofort eine nur noch äußerst geringe Russifizierung aufgefallen. Seien es die baltischen Städte, seien es Almaty, Astana, Bischkek oder Taschkent, überall ist die *russische Form* offensichtlich. Hier in Duschanbe bemüht man sich nach Kräften und dazu sehr erfolgreich, alles Sowjetische und auch Russische aus dem Straßenbild zu verdrängen.

„Es sind vornehmlich chinesische Investoren, die die Straßen mit neuen Häusern bebauen. Die Neubauten sind Teil des chinesischen Seidenstraßenkonzeptes *one belt one road.* China bringt viel Geld ins Land, was von der tadschikischen Regierung gerne angenommen wird. Sie haben sogar ein ganzes Stück Land im Grenzgebiet an China verkauft."

Und der Inhalt? Genau dafür, um mehr über den Inhalt zu erfahren, sitzen wir ja hier im Café zusammen, also, was ist mit dem Inhalt?

Frau Müller hat auch hierfür ein treffendes Schlagwort: *grenzenlose Absurditäten.* Das klingt lustig (Duschanbe hat den größten Fahnenmast der Welt, das größte Teehaus der Welt, baut gerade die größte Moschee Zentralasiens – mit Geld aus Saudi-Arabien), kann aber auch sehr gefährlich werden. So kann meine Gesprächspartnerin mit ihren Studenten zwar über Themen wie „Identitätskonstruktion am Beispiel Familie, Freunde & Co" sprechen, die so wichtige Transferleistung aber, nämlich zu erkennen, dass der vom Staat gewollte Konformismus (Familie über alles) vielleicht nicht in allen Fällen ungetrübt ist und in besonders kritischen Fällen auch überwunden werden sollte, müssen die Studenten dann schon selber erbringen.

Sicherlich fiele der Blick über den Tellerrand leichter, wenn Tadschikistan noch eine stärkere Multiethnizität hätte. Die meisten Russen, Deutschen, Juden und andere Minderheiten haben Tadschikistan aber schon Anfang der 90er Jahre verlassen, zuletzt erfolgte 2016 eine größere Auswanderung von Russen. So schmort man jetzt im eigenen Saft, weitestgehend entrussifiziert, aber auch in einem schlechten Verhältnis mit dem sprachlich und kulturell so eng verwandten Nachbarn Iran.

Passend dazu spricht auch Frau Müller kein Russisch sondern Persisch, was angesichts der Tatsache, dass sie mit einem Iraner verheiratet ist, auch keine so schlechte Idee ist. Den Unterricht aber, und das überrascht mich nun doch, führt Frau Müller auf Deutsch durch. Na gut, die paar Studenten, die sie unterrichtet, stellen nun einmal auch alles andere dar als einen Durchschnitt der tadschikischen Bevölkerung.

Nach fünf erholsamen Tagen im beschaulichen Duschanbe wäre ich nur allzu gerne auf der Seidenstraße weiter gen Westen gereist, um in Usbekistan noch Chiwa zu besuchen und dann nach Turkmenistan abzubiegen. Doch leider ging das nicht, da mir das turkmenische Transitvisum verweigert wurde (siehe Kapitel Turkmenistan). Na gut, denke ich mir, dann halt mit dem Zug Duschanbe-Moskau bis nach Beyneu in Kasachstan und von dort nach Aktau ans Kaspische Meer, von wo aus Fähren nach Baku gehen. Aber was muss ich am Bahnhof erfahren? Besagter Zug quert nicht nur Usbekistan (wofür ich ja ein *multiple-entry*-Visum habe, sondern in einem Stückchen auch Turkmenistan.

Was für ein Frust. Jetzt also wieder per Sammeltaxi und Marschrutka bis Buchara und dann weiter per Bus? Nein, wenn die Turkmenen die Seidenstraße für mich gesperrt haben und die örtlichen Umleitungen recht unbequem sind, dann hilft nur weiträumiges Umfliegen. In Ermangelung eines Direktfluges wähle ich die Variante mit UTAIR über Moskau nach Baku (Luftlinie Duschanbe-Baku weniger als 2000 km, Flug über Moskau mehr als 5000 km, Kohlenstoffdioxid über mein Haupt).

Turkmenistan

Email der turkmenischen Botschaft, Freitag,18. August:

„Sehr geehrter Herr Stuhrmann-Spangenberg,

Hiermit teilen wir mit, daß Ihr Antrag für Transit Visum durch Turkmenistan ist von Migrationdienst von Turkmenistan leider nicht genehmigt!

Mit freudlichen Grüßen,
Konsul“

Lieber Herr Konsul, das ist aber doof für uns alle. Doof für mich, dass ich nicht, wie geplant, Turkmenistan durchqueren und dann mit der Fähre von Turkmenbaschi über das Kaspische Meer nach Baku fahren kann. Noch doofer aber für Sie, denn jetzt kann meine verehrte Leserschaft nicht nur darüber nachsinnen, warum mir denn wohl das Visum verweigert wurde, sondern auch noch so richtig herzhaft über Ihr merkwürdiges Deutsch lachen. Am besten gefallen mir übrigens Ihre *freudlichen* Grüße.

Wieder zu Besuch bei russischen Nachbarn: Im Kaukasus

Aserbaidschan

Das Dutzend russischer Nachbarländer ist voll. Aserbaidschan hat eine 284 km kurze Grenze mit Russland, d.h. ich bin wieder in einem direkten Nachbarland gelandet, meine Nummer 12.

Baku

Baku empfängt mich mit Kälte und Regen, aber dafür kann ich die Azeris ja nun wirklich nicht verantwortlich machen. Abgesehen vom beschränkten Wetter ist Baku ganz nach meinem Geschmack. Mal wieder eine richtige Großstadt mit allem drum und dran. Die Promenade am Meer lüde zum Sitzen und Lesen oder Träumen ein, wenn die vielen Bänke trocken wären.

Also ab in die Altstadt, rein ins Miniaturbücher-Museum. Ganz offiziell im Guinness-Buch der Rekorde verzeichnet, ist dieses Museum nichts für sehschwache Besucher. Miniaturbücher haben naturgemäß eine Miniaturschrift. Voller Freude finde ich in der Ausstellung u. a. auch die alten Deutsch-Englisch-Wörterbücher von Langenscheidt (Sie erinnern sich an die kleinen roten Büchlein, liebe ältere Leserschaft?), aber auch viele andere interessante Werke, teilweise mit persönlicher Widmung (der Star: ein Büchlein über Fidel Castro mit dessen Widmung. Kaum zu glauben, dass der gute Mann, der so unendlich lange Reden halten konnte, seine Widmung auf einer Miniseite unterbrachte).

Kulturell gesättigt streune ich noch eine gute Stunde lang durch die Gassen der Altstadt, bis mich der real existierende Hunger in eine der Tavernen an der Stadtmauer treibt. Ich suche diejenige aus, die am vollsten ist, voller Azeris, super (hat sich schließlich bewährt, dort Essen zu gehen, wo viele Einheimische hingehen). Dumm nur, dass sie so voll ist, dass es keinen freien Tisch gibt. Von wegen dumm: viel besser so! Eine freundliche Dame (etwa Mitte fünfzig) hat mein Dilemma erkannt und zeigt auf den freien Stuhl an ihrem kleinen Tisch.
Noch zweimal freundlich angelächelt und das Gespräch kann beginnen. Meine Gegenüber kommt gerade von der Arbeit und wartet hier auf ihre Tochter und die kleine Enkeltochter. „Hier kann man gut und halbwegs preiswert essen, besser als in der Fußgängerzone, wo meine Tochter mit mir shoppen will. Haben Sie auch eine Tochter?“ Ja, habe ich, aber shoppen gehe ich mit der schon lange nicht mehr. War auch nicht gerade erholsam, ich beneide die Dame daher nicht, aber sie scheint sich auf die anstehende Einkaufstour im Dreigenerationenmodus zu freuen.
Soweit zum Thema Konsum, sprechen wir lieber über Reisen. „Ja, ich war schon ein paar Mal in Deutschland. Früher, in der DDR, in Dresden, Leipzig, Berlin, jetzt vor ein paar Jahren in Hamburg. Es hat mir sehr gut gefallen.“
Meine Frage, ob denn auch viele Deutsche nach Baku

kämen, ist schnell beantwortet: „Nein, die fahren wohl lieber in die Türkei, oder?“
Na ja, momentan eher nicht, aber Aserbaidschan und Baku haben sich als Alternative zur Türkei und Istanbul bei uns noch nicht rumgesprochen. Schade eigentlich, denn vieles hier erinnert mich an das alte Istanbul, in dem ich vor 30 Jahren arbeitete (das es so weltoffen und doch gemütlich aber leider nicht mehr gibt). Die Restaurants und Cafés, die Promenade am Wasser, die Altstadt mit den freundlichen, unaufdringlichen Souvenirhändlern und vor allem: die allermeisten Frauen tragen weder Schleier noch Kopftuch. Eine Äußerlichkeit, ich weiß, aber auch ein Zeichen einer weniger strengen Religiosität.
Und oben drein eine interessante Beobachtung für ein neues Experiment, das ich am nächsten Tag durchführe: Ich zähle, wie hoch der Anteil der Frauen mit Kopftuch (verschleierte Frauen sehe ich nicht) ist und komme bei insgesamt 300 Frauen auf 5% (im Park vor der Nationalbibliothek sind es 8/100, in der Altstadt 5/100 und vor dem Bahnhof 2/100). Machen Sie dieses Experiment mal in Istanbul oder Berlin! Ansonsten ist mir durchaus bekannt, dass Aserbaidschan ein autokratischer Staat ist. Die Menschen auf den Straßen wirken aber offen und modern, so auch meine Gesprächspartnerin im Altstadtrestaurant.
„Natürlich kommen viele Russen zu uns. Das war früher, in der Sowjetunion, auch nicht anders. Die Russen lieben nun einmal unser Wetter und unsere alte Kultur. Sprachlich kommen sie auch gut bei uns zurecht, da wir Älteren ja alle Russisch sprechen. Die Jüngeren können besser Englisch, aber auch immer noch genug Russisch, um den russischen Touristen weiter helfen zu können.“

Selbstverständlich ist die freundliche Dame sehr froh, dass Aserbaidschan jetzt ein eigenständiges Land ist. „In der Sowjetunion war zwar alles gemütlicher und billiger, aber wir waren nicht frei. Freiheit ist sehr, sehr wichtig!“ Nein, hier sitzt mir nun wirklich keine Sowjetnostalgikerin gegenüber. Mit Russland und Georgien gäbe es keine Probleme, ganz im Gegenteil, man verstehe sich prächtig.
„Aber Armenien, mit denen sind wir wegen Berg Karabach im Krieg, auch wenn jetzt schon lange nicht mehr geschossen wird. Die halten einfach einen Teil unseres Landes besetzt, völkerrechtswidrig, aber keiner kümmert sich darum!“
Inzwischen hat die Dame ihre Rechnung bezahlt und winkt nach draußen. „Da sehen Sie, meine Tochter und meine Enkeltochter. Ich wünsche Ihnen noch einen schönen Aufenthalt in Aserbaidschan und eine gute Heimreise.“

Da ziehen sie von dannen, die drei. Viel Spaß beim Shoppen, den werden sie haben. Die Familie sieht nicht gerade arm aus, eher Teil der breiten Mittelschicht. Und der geht es wohl recht gut hier, in Baku.

Aber wie geht es den anderen? Wo kann man den (männlichen) Durchschnitts-Einwohner am besten beobachten? Natürlich im Fußballstadion! Da trifft es sich bestens, dass am Abend das WM-Qualifikationsspiel gegen die Tschechen ansteht, im sogenannten Olympiastadion (davon träumt man hier, Olympiade).
Zwei Siege nur - heute Abend (warum nicht, die Tschechen liegen auf Platz vier, Aserbaidschan auf Platz drei der

Gruppe) und in ein paar Tagen gegen Deutschland (na ja, beim Gruppenprimus wird es nicht ganz so leicht) - und zwei Niederlagen des derzeitigen Tabellenzweiten Nordirland, und Aserbaidschan könnte sich als Gruppenzweiter noch für die Weltmeisterschaft qualifizieren. Für Spannung ist also gesorgt. Doch wo bleiben sie denn, die Zuschauer?
Ich nehme knapp eine Stunde vor Spielbeginn meinen Platz im Stadion ein und bin außer den Ordnern noch fast ganz alleine. Das liegt aber nicht an den Preisen, denn Karten gibt es für dieses Spiel schon ab umgerechnet einem Euro!
Zehn Minuten vor Beginn der Partie (also beim Spielen der Nationalhymnen) sind noch ein paar Zuschauer zu mir gestoßen. Prima, dann brauche ich mir das Spiel nicht alleine anzuschauen.
Die haben hier echt die Ruhe weg. Mit Beginn des Spiels kommt die zweite Hälfte der geschätzt 10000 Zuschauer (in das fast 70000 Zuschauer fassende Stadion) und beginnt umständlich, die richtigen Plätze zu suchen (und mitunter auch zu finden). Immer wieder gibt es zumeist freundliche Diskussionen um die richtigen Plätze.
Die letzten Zuschauer kommen in Minute 30 hinein und treffen im Aufgang auf die Zuschauer, die sich draußen bei *Grill-König* schon einmal die original-deutsche Halbzeitwurst holen wollen. Mit anderen Worten: Es herrscht ein ständiges Kommen und Gehen, das Spiel wird eher nebenbei verfolgt.
Darin unterscheiden sich die Zuschauer nur unwesentlich von ihren Landsleuten, die in kurzen Hosen auf dem Platz herumlaufen. Verständlich, dass unser guter Berti Vogts

hier 2014 die Nerven verlor und seinen Job als Nationaltrainer an den Nagel hängte.
Bis auf wenige Ausnahmen wirken die Männer und Jungs neben mir (Frauen und Mädchen sind eine sehr kleine Minderheit) äußerst friedlich, nur ein krakelender Glatzkopf quittiert den ausgelassenen Jubel der wenigen über uns sitzenden Tschechen nach den beiden Treffern des Auswärtsteams mit ausgestreckten Mittelfingern. Mein Sitznachbar freut sich darüber, dass ich Deutscher bin („sehr starkes Team, Deutschland wird wieder Weltmeister, auf jeden Fall.“).

Friedlich geht es dann trotz der 1:2-Niederlage mit der U-Bahn zurück in die Innenstadt. Auch hier werde ich dafür beglückwünscht, dass ich Deutscher bin. „Sie haben die beste Fußball-Nationalmannschaft. Aber was ist mit den Bayern?“ Da kann ich den besorgten Fragesteller, einen freundlich lächelnden Mann meines Alters, beruhigen, denn nach der Entlassung des bei den Bayern eher erfolgslosen Italieners Carlo Ancelotti wird mit Jupp Heynckes der Erfolg zurückkehren, ganz sicher!
„Ja, Ihr Deutschen, ihr steht ja immer wieder auf, selbst nach dem Krieg habt Ihr es geschafft.“ Oh Gott, ich ahne schon, was jetzt kommt. Tatsächlich, ich irre nicht: „Hitler war auch stark. Er hat vielleicht ein paar Fehler gemacht, aber er war stark, sehr stark! Schade, dass die Russen den Krieg gewonnen haben, unter Euch Deutschen wäre es uns hier in Aserbaidschan bestimmt viel besser gegangen als unter den Kommunisten.“
Das sind dann so die Momente, in denen ich heilfroh bin, wenn ich es irgendwie schaffe, ohne zu explodieren das

Gespräch zu beenden. Der liebe Gott hat ein Einsehen und lässt die U-Bahn in die Station *28. Mai* einfahren, meinem Zielbahnhof. Ich ringe mir noch ein „doswedanje" ab und jetzt nichts wie raus hier. Warum bloß ist dieser Mist in so vielen Köpfen? Wie kriegt man ihn da raus? Manchmal ist es wirklich zum Verzweifeln. Zumal es kaum ein Land auf dieser Reise gab, in dem ich nicht irgendwann die Mär vom starken Hitler erzählt bekommen habe. Und jetzt geht es per Nachtzug nach Georgien, da kam ja auch so ein *starker Mann* her!

Georgien

Die Grenze zu Russland ist offiziell 723 km lang, aber russische Soldaten sind auch in den beiden abtrünnigen Gebieten Abchasien und Südossetien stationiert, deren Souveränität außer von Russland noch von vier weiteren Staaten (weltweit) anerkannt wird.

Tiflis

Ich muss gestehen, dass ich mich (vielleicht ein wenig eitel) auf Tiflis ganz besonders gefreut habe. Hier war es mir 2011 vergönnt, auf der 2. Südkaukasischen Konferenz für seltene Krankheiten und Medikamente einen Vortrag mit dem etwas umständlichen Titel „ORPHANET AND

OTHER INITIATIVES -NETWORKING OF RARE DISEASES IN EUROPE“ zu halten. Es ging letztlich darum, wie durch qualitätsgesicherte Informationen im Internet und durch internationale Zusammenarbeit die Situation für Menschen mit seltenen Erkrankungen verbessert werden kann.

Beim Kongress-Dinner gesellte sich seinerzeit auch die in den Niederlanden geborene und in Georgien lebende Sandra Roelofs zu uns an den Tisch der ausländischen geladenen Redner. Wir Ärzte und Wissenschaftler waren damals äußerst beeindruckt von dem Engagement, mit dem sich Frau Roelofs in Georgien bemühte, den Patienten und Familien mit seltenen Erkrankungen zu helfen.

Diese beeindruckende Frau, die sich Anfang der 90er Jahre in einen georgischen Studenten verliebte, diesen heiratete und mit ihm später nach Georgien zog, wollte ich auf dieser Reise unbedingt wiedersehen. Aber leider, leider, schrieb mir Sandra (so unterschrieb sie ihre E-Mail) ein paar Tage vor meiner Einreise nach Georgien, dass sie derzeit nicht in Tiflis sei und mich daher nicht treffen könne. So blieb mir nichts weiter übrig, als mich für die freundliche E-Mail zu bedanken und ihr und ihrer Familie viel Glück und alles Gute zu wünschen.

„Ja, Sandra hat sich mit ihren vielen Aktivitäten zwar manchmal etwas verzettelt, sie hat aber sehr viel bewirkt für das ganze Thema der seltenen Erkrankungen in Georgien“, erläutert mir Dr. Oleg Kvlividze, der Mitbegründer und Sprecher der Georgischen Stiftung für genetische und seltene Erkrankungen (GeRaD). „Man kann sagen, dass sie mit ihrem Engagement die Saat gelegt hat, die jetzt langsam aufgeht. Das ist schon ein bisschen paradox: Jetzt,

unter der neuen Regierung, bekommen wir mehr finanzielle Mittel als unter der Regierung von Micheil Saakaschwili, obwohl sich die neue Regierung kaum für unser Thema interessiert."
(Dazu passend Sandras späterer Kommentar per E-Mail: „Ich sagte immer: unsere Regierung hat mehr GULI (heart) und diese hat mehr PULI (money) :-)")
Der Hautarzt Dr. Kvlividze ist ein Hansdampf in allen Gassen, denn neben seiner Tätigkeit bei GeRaD und der Leitung der Abteilung für Dermatologie am Universitätsklinikum Tiflis hat er auch noch eine Firma gegründet, die sich mit dem Versand von Probenmaterial zur genetischen Untersuchung ins Ausland und mit der Beschaffung von Medikamenten und Spezialdiäten für Patienten mit seltenen Erkrankungen befasst. Obendrein sitzt er als Berater und Experte in einer Vielzahl von nationalen und internationalen Gremien.
Umso erfreulicher, dass Oleg Zeit fand, mich zum Abendessen in eines der berühmten georgischen Restaurants einzuladen, in denen eine Spezialität der georgischen Küche nach der anderen aufgefahren wird, bis man wirklich nicht mehr Papp sagen kann und mit Bedauern die etlichen noch halbvollen Platten und Teller abtragen lassen muss.
„Zur medizinischen Versorgung zu Zeiten der Sowjetunion kann ich wenig sagen, ich war ja damals noch ein Student. Anfang der 90er Jahre weilte ich für meine Doktorarbeit in Moskau, als dort der ganze Umbruch stattfand. Es war eine aufregende Zeit. Natürlich ist es in der Sowjetunion auch irgendwie einfacher gewesen. Der ganze Weg war vorgezeichnet. Wer sich an die Regeln hielt, konnte

genau voraussehen, wie es mit dem eigenen Leben weiter gehen würde.
Dann war auf einmal alles anders, auch bei uns in Georgien. Jeder musste für sich selber sorgen. Das ging dann auch mit viel Korruption einher, bis die Menschen die Nase voll hatten und es zur Revolution kam."
Die Nase voll hat Oleg auch jetzt, im wahrsten Sinne des Wortes. Er sucht nach seinen Nasentropfen, dumm, die hat er wohl im Auto liegen gelassen. Also muss es erst einmal ohne die Tropfen gehen. „Die Regierung von Saakaschwili (Anmerkung des Autors: Nach der Rosenrevolution, die zum Sturz des damaligen Präsidenten Eduard Schewardnadse führte, wurde Micheil Saakaschwili im Januar 2004 zum neuen Präsidenten gewählt) hat dann konsequent mit der Korruption aufgeräumt. In seinen beiden Amtszeiten wurde viel modernisiert, sozusagen verwestlicht. Vielleicht war Saakaschwili für Georgien zu früh dran. Die Menschen sind in erster Linie Georgier. Natürlich, Europäer, aber mehr Südeuropäer, während Saakaschwili westeuropäisch ausgerichtet war. Die neue Regierung ist georgischer. Na ja, dafür haben wir, wie gesagt, jetzt mehr finanzielle Unterstützung für unser Anliegen als vorher."
Ich will Oleg nicht in Verlegenheit bringen und frage nicht weiter nach, warum man Saakaschwili denn nach Ende seiner Amtszeiten wegen Machtmissbrauchs anklagte. Saakaschwili ging dann in die USA ins Exil, bis er vom ukrainischen Präsidenten Poroschenko erst als Berater und dann als Gouverneur nach Odessa geholt wurde, wo er wohl zu sehr gegen die Korruption vorging, in Ungnade fiel und das Land verlassen musste.

Den Nachrichten entnehme ich, dass Saakaschwili inzwischen in Begleitung von Julija Tymoschenko wieder in die Ukraine eingereist sei. „Ja, und nach Ansicht meiner ukrainischen Freunde wird Tymoschenko die nächste Wahl gewinnen und dann Saakaschwili zum Minister machen", soweit Oleg.
Jetzt interessiert mich aber noch, was Oleg zu den Beziehungen zu Russland und zu Stalin zu sagen hat.
„Mit Russen haben wir keine Probleme, ganz im Gegenteil, wenn im Restaurant Russen am Nachbartisch sitzen, holt man sie vielleicht sogar zu sich an den Tisch und trinkt gemeinsam. Mit den politischen Beziehungen ist das natürlich ganz anders. Immerhin hatten wir Krieg wegen Abchasien und Südossetien. Im täglichen Leben spielt das kaum noch eine Rolle bei uns. Ich kann mich gut an Abchasien erinnern, die Schwarzmeer-Küste dort ist schöner als bei Batumi. Aber für meine Kinder ist das unbekanntes Land. Man hat sich daran gewöhnt, dass diese Gebiete nicht mehr zu Georgien gehören, auch wenn man sich das offiziell nicht eingesteht.
Und was soll ich zu Stalin sagen? Er ist kein Volksheld bei uns, aber auch kein Teufel. Manche Georgier sind stolz, dass einer von uns so ein mächtiger Führer war."
Oleg fährt mich schniefend zum Hostel zurück, auch im Auto finden sich seine Nasentropfen nicht an. Aber gleich wird er in einer Apotheke Nachschub holen, wenn er mich erst einmal hier an der Rustaveli, der auch jetzt, um 23 Uhr, noch bestens frequentierten Hauptflaniermeile von Tiflis, abgesetzt hat. Danke für den unterhaltsamen Abend und gute Besserung, Oleg!

Und dann sehe ich sie doch noch, Sandra. Im Nationalmuseum von Georgien, in der Abteilung *Sowjetische Okkupation von 1921 bis 1991*. Hier, wo übrigens die stalinistische Periode als besonders grausam für die Georgier dargestellt wird, finden sich auch Verweise auf die russische Okkupation Abchasiens und Südossetiens. Gleich am Eingang zu der Ausstellung wird man mit einem Video vom Krieg um die abtrünnigen Gebiete empfangen. Im Video spricht Präsident Saakaschwili von einer Rednertribüne zum Volk. Und schräg hinter ihm, hinter ihrem Ehemann, da steht sie, Sandra Elizabeth Roelofs, die damalige First Lady Georgiens. Wahrscheinlich hat sie einfach deshalb keine Zeit für mich, weil sie ihrem derzeit staatenlosen Ehegatten hilft, in der Ukraine politisches Asyl zu beantragen. Wie ich ihr schon schrieb: Viel Glück, Sandra!

Auf Abwegen Teil 2: Armenien und Moldawien

Noch fehlen zwei ehemalige Sowjetrepubliken, die nicht direkt an Russland grenzen: Armenien und Moldawien.

Armenien

Durch eine herrliche Berglandschaft bringt mich der Minibus von Tiflis nach Jerewan, in die Hauptstadt Armeniens. Sollten Sie, liebe Leser, jemals diese wunderbare Strecke befahren: Rechnen Sie damit, dass Sie etliche Stunden später in Jerewan ankommen als gedacht. Das kann schon damit beginnen, dass der Minibus nicht wie vorhergesagt um 10:00 Uhr, sondern erst um 14:00 Uhr aus Tiflis abfährt (schließlich muss er ja voll sein).
Unterwegs kann es dann zu Verzögerungen kommen, weil erstens Mitreisende noch an Obstständen halten lassen, um sich mit Unmengen frischen Obstes einzudecken, zweitens der Fahrer ein paar kleinere Reparaturen am Minibus durchführen muss (irgendwas mit den Bremsen stimmt nicht) und drittens an der Grenze ein nettes chinesisches Paar noch Visa beantragen muss (die sie nach einer Weile auch erhalten).
Keine Sorge, wir Deutschen brauchen keine Visa für Armenien, dürfen aber ausgiebig Fragen darüber beantwor-

ten, was wir denn in Aserbeidschan zu suchen gehabt hätten.

Jerewan

David Petrosyan ist ein alter Haudegen, gestählt in vielen Schlachten. Damit meine ich aber nicht unbedingt seine Zeit im Militärdienst in der DDR, sondern eher seine Tätigkeit als Militärkorrespondent und Journalist, die er häufig auf Kriegsschauplätzen verbracht hat, z.B. in Nagorny-Karabach. Genau der richtige Begleiter für die Genozid-Gedenkstädte in Jerewan, oder? David schaut mich skeptisch an. „Warum wollen Sie denn unbedingt über den Genozid schreiben, das ist doch traurig. Schreiben Sie lieber über was Schönes. Armenien ist doch wunderschön!"

Ja, warum also der Genozid? Vielleicht, weil mein Großvater mütterlicherseits mir viel über seine Zeit im ersten Weltkrieg im Osmanischen Reich erzählt hat, wo er als Elektroingenieur für die Instandsetzung und –haltung der Telefonleitung von Konstantinopel nach Jerusalem zuständig gewesen war, mit dem Standort Aleppo. Dort wurde er unfreiwilligerweise Zeuge des Genozids.

Einige deutsche Soldaten hatten seinerzeit sogar mit den Leichnamen von Armeniern posiert, die von den Osmanen (oft waren es Kurden) ermordet worden waren. Bilder davon sind im Genozid-Museum zu besichtigen. Mein Großvater erzählte mir, dass er seinerzeit einen fast verdursteten armenischen Jungen in der Wüste fand und ihn

erst mit ins Lager und dann später als persönlichen Boy zu sich nahm. Dieser Junge revanchierte sich für die Lebensrettung, indem er seinerseits gegen Kriegsende meinem Großvater das Leben rettete, als dieser von Banditen überfallen wurde, die es auf die Kasse abgesehen hatten.
Wie auch immer sich diese Geschichte nun genau abgespielt haben mag; mir als Gymnasiasten war die Erzählung meines Großvaters damals Anlass genug, Franz Werfels 40 Tage des Musa Dagh zu lesen, den historischen Roman über den Völkermord an den Armeniern.
Und jetzt stehe ich hier mit David an der Gedenkstätte und überlege mir, was ich auf Davids Frage denn nun antworten soll. Vor uns liegt der langsam welkende Gedenkstrauß eines deutschen Bundestagsabgeordneten, von hinten nähert sich wieder eine Gruppe Touristen, Holländer. Ausweichend antworte ich, dass wir uns doch zuerst einmal die Ausstellung im Museum anschauen sollten, vielleicht fänden wir dort neben all dem Schrecklichen auch etwas Schönes. Und siehe da, die Macher der Ausstellung haben meinen Wunsch erfüllt. Mit einem Wort: Aurora.

Bevor wir bei Aurora ankommen, zeigt sich wieder einmal, dass profundes Halbwissen nicht immer die schlauesten Fragen hervorbringt. Angesichts etwa 1,4 Millionen ermordeter Armenier wird ja wohl jeder heute lebende Armenier einen Teil seiner Familie beim Genozid verloren haben, so auch David? Der schüttelt aber den Kopf und klärt mich auf: „Armenien war doch geteilt. Der Westen gehörte zum Osmanischen Reich. Dort haben nur sehr wenige Armenier den Völkermord überlebt und diese Überlebenden haben sicherlich den Großteil ihrer Familien verloren. Der Ostteil Armeniens gehörte erst zu Persien und später als Provinz Armenien zum russischen Zarenreich. Meine Familie stammt aus Jerewan, also aus dem *russischen* Teil Armeniens. Wir haben keine Verwandten verloren."

So ist das mit der Weltgeschichte. Der größere Teil des armenischen Siedlungsraumes lag im Osmanischen Reich, ein eher kleiner Teil bildete dann ab 1922 die armenische Sowjetrepublik und existiert erst seit 1991 als eigener Staat Armenien.

Nachvollziehbar, dass die Armenier dem heutigen Russland gegenüber insgesamt eher positiv eingestellt sind. David hat mich mit Fakten hierzu ausgestattet: Laut einer seit mehreren Jahren laufenden wissenschaftlichen Studie der APRGROUP (Advanced Public Research Group, NGO)[7], die mit Unterstützung des norwegischen Helsinki-Komitees durchgeführt wurde, sprachen sich zuletzt 2017 etwa gleich viele Armenier für einen Beitritt Armeniens in die EU (33%) wie in die EAEU (32%) aus. EAEU steht für Eurasische Ökonomische Union, die 2014 von Weißrussland, Russland und Kasachstan gegründet wurde (und der seit 2015 auch Armenien und Kirgistan angehören).

Es finden sich allerdings durchaus bemerkenswerte Unterschiede der jeweiligen Zustimmungsraten, wenn man den Bildungsstand der Befragten berücksichtigt: 50,3% der Armenier mit Volksschulabschluss favorisierten die EAEU und nur 38% die EU, während 0% (in Worten: null Prozent) der befragten Akademiker für die EAEU und 40% für die EU votierten. Je 20% der Akademiker würden ent-

---

7http://aprgroup.org/images/CU_or_EU_eng/Presentation_EU-EEU_Eng_2017_Q.pdf

weder keiner oder beiden Organisationen angehören wollen.
Die Befürworter einer Bindung an Europa sind tendenziell jünger, weiblich, Stadtbewohnerinnen und verfügen über ein höheres Einkommen, während die eher Russland-orientierten Armenier eher älter und männlich sind, auf dem Land leben und ein geringeres Einkommen haben.

Und was sagt David zur politischen Lage und zu Politikern? Wir kommen auf das Schlagwort *starker Mann* zu sprechen. Waren Hitler und Stalin starke Männer? Sind Putin und Erdogan starke Männer? „Starke Männer? Ich kann Ihnen einen wirklich starken Mann nennen: Willy Brandt, das war ein starker Mann! Leider zeigen die Politiker heute nicht mehr so eine Stärke, wie sie Willy Brandt in Polen gezeigt hat."

Falls diese Zeilen irgendwie zu Erdogan dringen sollten: Zeigen Sie Stärke, Recep Tayyib, erkennen Sie den Völkermord an den Armeniern an. Das würde Ihnen einen größeren Platz in den Geschichtsbüchern sichern als das Bauen eines neuen Sultanpalastes in Ankara (von der Unterdrückung der Kurden und der des Rechts auf freie Meinungsäußerung mal ganz abgesehen).

Doch was hat es denn nun mit Aurora auf sich? Schon fast am Ende der Ausstellung angelangt, da lächelt sie den Besucher an: Aurora Mardiganian! Über Auroras Leben als Mädchen aus einem wohlhabenden armenischen Elternhaus im Osmanischen Reich des beginnenden 20. Jahrhunderts, die Ermordung ihrer Familie, den 1400 km lan-

gen Todesmarsch und die gelungene Flucht nach Tiflis und dann weiter bis in die USA - darüber ließe sich ein ganzer Roman schreiben. Genau das tat Aurora auch mit Hilfe des Drehbuchautors Harvey Gates. Ihr Buch *Geraubtes Armenien* wurde schließlich unter dem Titel *Auktion der Seelen* verfilmt, wobei im Film Aurora Mardiganian sich selbst spielt.
Nach dieser faszinierenden Frau, die schließlich 1994 im Alter von 93 Jahren in Los Angeles verstarb, ist auch der Aurora-Preis zur Förderung der Menschlichkeit benannt.
Ja, David hat Recht, es macht mehr Spaß, über das Schöne zu schreiben, als über das Schreckliche. Noch jeweils ein Beispiel gefällig: Es ist wunderschön zu sehen, wie viele Menschen in Jerewan herzlich und offen lachen. Die Armenier und Armenierinnen sind die Lach-Champions meiner Reise, eindeutig! Aber warum bloß, liebe Armenier, warum seid Ihr auch die Rauch-Champions? Ständiges Paffen in den Restaurants, Taxen, Minibussen: Nein, da müsst Ihr mal was ändern, also wirklich!

Ausflug nach Sewan und Tsakhkadzor

Ich bin ein Glückspilz! Der liebe Reise-Gott hat es so eingerichtet, dass ich nicht nur Jerewans 2799sten Stadtgeburtstag erleben darf (Rom, dieses junge Ding, ist erst 2770 Jahre alt), sondern auch gerade rechtzeitig zum wissenschaftlichen Seminar eintreffe, das hier am Institut für Physiologie anlässlich des 135. Geburtstages des mittleren

der drei Orbeli Brüder, Prof. Leon Orbeli, ausgerichtet wird.
Ruben Orbeli, der ältere Bruder Leons, war ein berühmter Archäologe (er begründete die sowjetische Unterwasser-Archäologie), während der jüngere Bruder Joseph Orbeli kein geringeres Museum leitete als die Eremitage in Leningrad.
Leon Orbeli war seines Zeichens Nachfolger des berühmten Prof. Pawlow (der mit dem Hund) auf dem Leningrader Lehrstuhl für Physiologie. Keine ganz unbedeutende Familie also, die Orbelis.

Genauer gesagt, bin ich gerade rechtzeitig zum Post-Seminar-Ausflug angekommen, zu dem mich Professor Rouben Aroutiounian einlädt, mit dem ich mich am Abend zuvor noch auf ein Bier treffe. Er ruft zwischen Bier und Gulasch bei Frau Professorin Naira Avyazian an, der Chefin des Instituts für Physiologie der hiesigen Universität, und der Deal ist unter Dach und Fach. Ich sage zu, einen kleinen Artikel über das Seminar für den Newsletter der Deutsch-Armenischen Gesellschaft zu schreiben, und die gute Naira Avyazian stimmt meiner Teilnahme am Ausflug zu.

Das Besondere dabei ist schnell erzählt. Unter anderen nehmen nicht nur der Enkelsohn und die Ur-Ur-Enkeltochter von Leon Orbeli an dem Ausflug teil, sondern obendrein auch der Enkelsohn des Nobelpreisträgers Konrad Lorenz (der mit den Gänsen). Konrad Lorenz war als Kriegsgefangener in Armenien und Leon Orbeli soll seinen ganzen Einfluss geltend gemacht haben, um die

Entlassung von Konrad Lorenz aus sowjetischer Lagerhaft im Jahre 1948 zu erreichen.

So sitze ich in recht illustrer Gesellschaft im Auto, das der ebenso freundliche wie forsche Fahrer nach Sewan an den gleichnamigen See lenkt: Natalia Orbeli als einzige Frau an Bord darf vorne sitzen und Dr. Ricardo Draghi-Lorenz sowie der armenische Polit-Künstler Edgar Amroyan und ich teilen die Rückbank.
Schnell haben Ricardo und ich festgestellt, dass uns nicht nur unser ähnliches Alter verbindet (Ricardo hat mit 50 aufgehört, die Jahre zu zählen, dürfte aber noch ein paar Jährchen jünger sein als ich), sondern u. a. auch der Entschluss, den durchaus erfolgreich ausgeübten Beruf eines Tages an den berühmten Nagel zu hängen, um noch einmal etwas Neues auszuprobieren. Ricardo war als Psychologe an der Universität in Surrey, England, tätig und beabsichtigt jetzt, das Konrad-Lorenz-Museum in der Nähe Wiens zu leiten. „Es muss leider erst noch eine gerichtliche Auseinandersetzung gewonnen werden. Die Familie ist sich uneins."
Unser Fahrer trainiert offensichtlich für das nächste Formel-1-Rennen, fügt sich dann aber Ricardos Bitte („Entschuldigen Sie bitte, könnten Sie vielleicht etwas langsamer fahren"), so dass unser Auto als letztes die Anlegestelle am Sewan-See erreicht, von der aus unsere Gesellschaft zur Schiffstour aufbricht.
Ich schenke mir hier die Aufzählung der Namen der russischen und armenischen Professoren, die alle an Bord sind. Glauben Sie mir einfach einmal, dass beim Untergang des Bootes etliche höchst renommierte Lehrstühle an den

besten Universitäten Russlands und Armeniens neu zu besetzen gewesen wären.
Auch wenn ich somit an Bord des Bootes und bei der anschließenden Besichtigung des Klosters Sewanawank (sowie bei der folgenden Führung durch das Brüder-Orbeli-Museum in Tsakhkadzor mit abschließendem reichhaltigen Büffet) viele mehr oder weniger wissenschaftliche Gespräche führen darf: Die Bekanntschaft mit Ricardo ist nicht nur das heutige Highlight. Je länger wir uns unterhalten, umso näher kommen wir beide, Aus- bzw. Umsteiger, uns.
Ich erzähle Ricardo, dass mein Vater aus Ostpreußen stammt, wohl wissend (danke, Wikipedia), dass Konrad Lorenz von 1940 bis 1941 den Kant-Lehrstuhl an der Universität Königsberg inne hatte. Ob der Zugschaffner Bruno Stuhrmann dem Professor Konrad Lorenz wohl eines Tages die Fahrkarte kontrollierte? Auch von der fünfjährigen Internierung meines Vaters in Estland berichte ich Ricardo und erwähne, wie sehr es mich berührt hatte, als ich vor zwei Jahren die dortige Gedenkstätte besuchte.

So nimmt es nicht wunder, dass ich am Ende Ricardo und Edgar noch zu einem für Ricardo höchst emotionalen Abstecher begleiten darf: Wir fahren zur Aluminiumfabrik in der Nähe Jerewans, in der nach Kriegsende tausende Kriegsgefangene arbeiten mussten und dort u. a. von dem Mitgefangenen Prof. Konrad Lorenz und dem angehenden Arzt Werner Straube medizinisch betreut wurden.
Konrad Lorenz hatte damals recht schnell das Vertrauen der Lagerleitung gewonnen und durfte sich relativ frei außerhalb des Lagers bewegen (was zu vielen Begegnungen

mit den armenischen Nachbarn führte, die schnell spitz bekamen, dass hier ein nicht nur berühmter, sondern auch sehr guter Arzt im wahrsten Sinne des Wortes für einen Apfel und ein Ei konsultiert werden konnte.

Leider dürfen wir das Gelände der nunmehr zu einem russischen Konzern gehörenden Aluminiumfabrik nicht betreten. Edgar hat allerdings noch den wahren Höhepunkt parat: eine neben der Fabrik befindliche Gedenkstätte, die vor einigen Jahren dort errichtet worden war, wo sich der Lagerfriedhof befand. Die dort aufgestellten Kreuze rufen bei Ricardo sicherlich ähnliche Gefühle hervor, wie ich sie in Estland hatte. Ricardo ist gedankenversunken, kann kaum sprechen und stößt beim Verlassen der Gedenkstätte mit dem Kopf an das relativ niedrige Tor, bleibt aber unverletzt.

Ich will jetzt hier wirklich nicht meckern, aber ein etwas höheres Tor wäre doch sicherlich drin gewesen, oder, Oliver Kahn? Ja, Sie lesen richtig: Edgar hat es aus erster Quelle (dem Wächter der Gedenkstätte, der heute aber nicht vor Ort ist). Finanziert wurde die Anlage der Gedenkstätte angeblich vom ehemaligen Torwart der deutschen Fußball-Nationalmannschaft, dessen Großvater ebenfalls in Armenien in sowjetischer Kriegsgefangenschaft gewesen sein soll. Ob das stimmt?
Im Internet finde ich (bei eher oberflächlicher Suche) nichts darüber. Es wäre jedoch durchaus typisch für Oliver Kahn, die Finanzierung einer Gedenkstätte nicht an die große Glocke zu hängen. Man tut Kahn unrecht, wenn man ihn auf seine berühmten Aussprüche „weiter, immer

weiter“ und „Eier, wir brauchen Eier“ reduziert. Schweife ich jetzt etwa ab?

Ricardo genießt am Abend noch die armenische Gastfreundschaft Edgars und dessen Familie, während ich mich zum Schreiben ins Hostel zurück ziehe. Wir drücken uns noch einmal herzlich, der Psychologe Ricardo und ich. Wir sind uns in diesen paar Stunden wohl recht nahe gekommen, und dafür will ich dem lieben Reise-Gott hiermit auch meinen aufrichtigen Dank zollen.

Von Jerewan nach Kischinau

Laut Internet kommt man am schnellsten mit dem Flugzeug von Jerewan in die moldawische Hauptstadt Kischinau. In Ermangelung eines Direktfluges allerdings mit Umsteigen in Istanbul, Kiew oder Moskau. Sie ahnen es schon, liebe Leser: Ich fliege noch einmal über Moskau? Oder doch lieber eine kürzere Strecke über Istanbul oder Kiew?

Falsch geraten. Fliegen kann doch jeder, ich wähle die Variante Straße/Wasser/Straße. So fahre ich noch einmal mit dem Minibus nach Georgien. Erst nach Tiflis und am folgenden Tag weiter nach Batumi, beides in strömendem Regen. Der Reise-Gott ist mir dann jedoch wieder wohl gesonnen und lässt für meinen Tag in Batumi die Sonne abermals scheinen. Batumi kann man, muss man aber nicht gesehen haben. Im Sommer steppt hier an der Strandpromenade sicherlich der Bär, jetzt ist man damit beschäftigt, die Buden und Restaurants winterfest einzupacken.

Weiter geht es auf dem Wasser. Die Fahrkarte für die Fähre von Batumi nach Chornomorsk bei Odessa in der Ukraine bekommt man ganz einfach: Wenn man am Hafen in Batumi herausgefunden hat, dass es dort keine Tickets gibt, darf man anschließend das kleine Büro der georgischen Dependance der Fährgesellschaft im Türkenviertel nahe der Moschee suchen.

Hat man das Büro schließlich gefunden, meldet man sich dort für die Überfahrt an und bekommt ein Papier in die Hand, mit dem man zur nahegelegenen Bank geht. Dort wird man nach 20-minütigem Eintippen aller nur möglichen Daten aus dem Reisepass (ich vermute, dass ich hier ein Konto eröffne) wieder vor die Tür geschickt, um den passenden Betrag in Leira vom Geldautomaten abzuheben. Zurück in der Bank, werden die Scheine von der freundlichen Bankangestellten einzeln betrachtet und die Beträge in den Taschenrechner eingegeben (zwei Hunderter, ein Fünfziger, ein Zwanziger und ein Fünfer, um das zu berechnen, bedarf es durchaus eines Taschenrechners), danach die Scheine noch einmal durch die Geldzählmaschine gegeben, natürlich zweimal, doppelt hält besser, und dann wird ausgerechnet, wie viel Wechselgeld einem denn zusteht (der Fahrpreis von 110$ beträgt umgerechnet 273,23 Leira).

Genau, es sind 1,77 Leira, die mir zustehen, das hat die zweimalige Berechnung dieser höchst komplizierten Rechenaufgabe dann auch ergeben. Jetzt brauche ich nur noch mit der Einzahlquittung zurück zum Büro zu gehen,

wo man mir die Fahrkarte umgehend ausstellt. Wie gesagt, ein ganz einfaches Verfahren.
Und wann checkt man am nächsten Tag auf der Fähre ein? In der zweiten Tageshälfte, so die präzise Angabe. Ich solle doch einfach mittags mal anrufen, dann erfahre ich Näheres.

Der junge Mann an der Rezeption des Hotels Marseille (sehr günstig direkt an der Hafenstraße gelegen) ruft beim Auschecken um 12:00 Uhr für mich dort an (mein Handy ist ja, Sie erinnern sich, in Usbekistan geblieben) und teilt mir mit, dass ich in einer Stunde am Hafen sein solle, dann könne ich schon an Bord gehen. Na ja, das mit der einen Stunde nehme ich nicht ernst und bin völlig überrascht, dass ich nach 15-minütigem Warten um 14:00 Uhr tatsächlich (als Zweiter!) an Bord gehen kann.
Eine prima Gelegenheit, auf dem Deck in Ruhe ein wenig zu arbeiten und dann zu sonnen!
Die Überfahrt nach Chernomorsk bei Odessa soll um 21:00 Uhr beginnen und etwa 36 Stunden dauern. An Bord wird man mit Frühstück, Mittag- und Abendessen versorgt (da hätte ich es mir sparen können, Proviant für die Reise einzukaufen), alles im Fahrpreis enthalten (außer alkoholischen Getränken, die kosten extra).
Und wieder meint es der Reise-Gott gut mit mir: als um 19:00 Uhr zur Passkontrolle in den Salon gerufen wird, bin ich immer noch alleine in der Zweitbett-Kabine (und das werde ich auch bleiben). Aus der Nachbarkabine kommt eine ebenso kommunikative wie füllige Ukrainerin, und während wir gemeinsam zum Salon gehen, erzählt sie mir sogleich, wie hungrig sie sei, schließlich habe sie seit mit-

tags nichts mehr gegessen. Im Salon kann man sie beruhigen, nach der Passkontrolle gingen die georgischen Grenzbeamten von Bord und das Restaurant würde geöffnet.
Ja, es gibt reichlich zu essen („Ich habe einen guten Appetit, hmm, sogar Süßigkeiten zum Nachtisch“, Originalton meiner Kabinen- und Tischnachbarin), nicht nur am ersten Abend, sondern auch am nächsten und übernächsten Reisetag. Sie lesen richtig: wir kommen nämlich nicht am übernächsten Morgen nach der Abreise an, sondern erst 24 Stunden später, also nach insgesamt 60 Stunden.
„Der Hafen in Chernomorsk ist belegt, wir müssen warten“, so lautet die plausible Erklärung. Nun, meiner Tischnachbarin ist es recht, denn, wie gesagt, die Verpflegung ist mehr als reichlich.
In Chernomorsk angekommen, organisiert Ludmila, so heißt meine Nachbarin, sogleich ein Sammeltaxi zum Busbahnhof nach Odessa (dort hatte mein für eine Nacht reserviertes Hotelzimmer vergeblich auf mich gewartet), wo wir uns voneinander verabschieden. Sie fährt zu Mann und Kindern in ihr Dorf bei Mykolajiw, und mich bringt der Bus (der schon zum Einsteigen bereit steht) in dreieinhalb Stunden nach Kischinau.
Summa summarum habe ich also von Jerewan nach Kischinau die Kleinigkeit von gerade einmal sechs Tagen und vier Stunden gebraucht, warum hätte ich denn dann fliegen sollen?

Moldawien

Nicht nur, dass Moldawien das kleinste Land ist, das nach der Auflösung der Sowjetunion übrig geblieben ist- obendrein hat sich auch noch der östlich des Flusses Dnister gelegene Teil um Tiraspol als Transnistrien vom Rest des Landes abgespalten, was 1992 zu einem Krieg mit mehr als 1000 Toten führte.
Auch wenn Transnistrien nicht als eigener Staat anerkannt ist, bildet es so etwas wie eine selbstständige politische Einheit (sorry, diesen Begriff habe ich aus dem real existierenden Sozialismus entwendet, stamme ich doch ebenfalls aus einer - nach Ansicht der DDR - selbstständigen politischen Einheit). Der Status quo ist momentan in Stein gemeißelt, was auch mit der politischen Großwetterlage zu tun hat.

Kischinau

Passend zur überschaubaren Größe der Republik Moldau, so die offizielle Bezeichnung Moldawiens, ist auch die Hauptstadt Kischinau keine riesige Metropole. Doch, wie das ganze Land: klein aber fein. Es versteht sich somit fast von selbst, dass in der Sowjetunion Moldawien eine der reichsten Republiken war und in Kischinau die ersten Mikrochips für die beginnende Computerindustrie der UdSSR produziert wurden. Wie gesagt, klein aber fein.
Mit etwas Wehmut in der Stimme berichtet mir Serghei Munteanu, dass dieser Zweig des damaligen relativen

Wohlstandes leider nach der Wende eingegangen sei. Die gegenüber der Computerindustrie noch viel bekanntere Einnahme-Quelle Moldawiens, der Weinanbau, boomt aber auch heute noch.

„Unser Wein war schon in der Sowjetunion sehr beliebt und begehrt. In Russland wurde dann vor einigen Jahren sogar viel mehr moldawischer Wein verkauft, als in Moldawien hergestellt werden kann.“ Ob bei dieser wundersamen Weinvermehrung die moldawische Kirche ihre Hände im Spiel hatte (ein gewisser Jesus soll wohl schon vor 2000 Jahren eine Rezeptur für die Umwandlung von Wasser in Wein gekannt haben), kann nur vermutet werden. Wahrscheinlicher ist da schon die Annahme, dass geschäftstüchtige Bösewichte reichlich Wein gepanscht haben, was dann auch für Russland ein willkommener Anlass war, im Jahre 2013 im Zuge der Assoziierungsgespräche Moldawiens mit der EU ein Weinembargo zu verhängen (die offizielle Begründung hierfür waren Spuren von Plastikweichmachern im Wein).

„Boykott hin oder her, es finden sich immer Wege, unseren Wein nach Russland zu exportieren.“ Serghei hebt sein Glas köstlichen Merlots des gagausischen Weinproduzenten „Terra del Vino“ und wir stoßen auf die Gesundheit und den moldawischen Wein an.

Gagausien war übrigens auch kurzzeitig abtrünnig, jedoch konnte dieser Konflikt schon 1994 durch einen Vertrag friedlich beigelegt werden, der den Gagausen eine gewisse Autonomie innerhalb Moldawiens einräumt. „Ja, schade, dass eine solche Lösung im Falle Transnistriens nicht geglückt ist, aber wahrscheinlich verdienen zu viele einflussreiche Menschen an dem Konflikt“, so Serghei.

Meine Bekanntschaft mit Serghei ist wieder einer dieser Glücksfälle meiner Reise. Wir trafen uns im Juni auf dem Boot von den Solowedski-Inseln nach Kem. Serghei hatte mit seinem Petersburger Freund einen Ausflug dorthin unternommen und mich mit seiner Telefonnummer und Email-Adresse versorgt. Im Oktober solle ich mich dann unbedingt bei ihm melden, vielleicht käme ich ja sogar rechtzeitig zum Weinfest.

Nun, für das Weinfest Anfang Oktober komme ich deutlich zu spät, aber, wie tröstlich für mich und bedauerlich für Serghei und alle anderen Besucher des Festes: „In diesem Jahr war das Weinfest leider völlig verregnet." Mit Regenwasser verdünnter Wein ist eh nicht so mein Ding, da ziehe ich den guten Tropfen hier im Restaurant im Zentrum Kischinaus, in das mich Serghei eingeladen hat, eindeutig vor.

Zum Wein gibt es Tschorba (eine Suppe mit Fleischeinlage), Salat und als Hauptgericht Hackfleischröllchen mit Maisklößchen, die ähnlich wie die italienische Polenta schmecken. Irgendwie ist Moldawien nicht nur sprachlich ein kleines Italien des Balkans. Und auch hierzu passend: Wie Rom hat auch Kischinau Hügel, nur halt deren fünf statt sieben.

Serghei ist ein nicht nur in Moldawien berühmter und preisgekrönter Architekt mit einem Faible für Naturbauten. Und siehe da, mit ihm als Stadtführer kommt mir sogar die Stadtrandsiedlung Rishkanovk, in die mich Serghei führt, viel weniger trostlos vor, als sie auf den ersten Blick wirkt.

„Dort, links, sind Plattenbauten. Die Fliesen an den Häusern, das sind moldawische Muster. Die Platten waren zwar überall in der UdSSR ähnlich, die Ausschmückung aber folgte oft einheimischen Motiven. Hier, rechts, sind Häuser aus massivem Stein. Naturstein, der hier in unserer Region abgebaut wurde. Die Menschen waren damals sehr glücklich, hier eine moderne Wohnung mit eigener Küche und eigenem Bad zu bekommen.

Um die Häuser herum sind überall Bäume, Grünflächen, einzelne Gärtchen. Der ganze Stadtteil hier wurde in den Jahren 1975 bis 1980 errichtet, mit Schulen, Kindergärten, Wohnhäusern, Geschäften und dem Boulevard."

Das Denkmal für die Gefallenen des Afghanistankrieges kam dann später dazu, denn auch moldawische Soldaten wurden am Hindukusch getötet (d. h., sie starben in dem Krieg, in dem der Westen die sogenannten Freiheitskämpfer ausrüstete, deren Söhne und Enkel heute teilweise als Terroristen einer so unrühmlichen Tätigkeit nachgehen).

Serghei zeigt mir aber auch die nur einstöckigen, teils sehr idyllischen, wenn auch leicht heruntergekommenen Straßenzüge der Altstadt („in dem Haus dort hat Pushkin gewohnt"), den großen Boulevard, der bis zum Fluss hinunter führt („der wurde von Alexei Schusev geplant, dem in Kischinau geborenen Architekten, der u. a. auch das Lenin-Mausoleum in Moskau gebaut hat"), die Hauptstraße mit dem (kleinen) Triumphbogen und dem (großen) Regierungsgebäude („aus architektonischer Sicht gebe ich dazu keinen Kommentar ab"), den großen Markt („hier kann man alles kaufen, von Kondomen bis zu den neuesten Elektroartikeln", mir persönlich gefallen die riesigen Berge aus Knoblauchknollen besonders gut) und zu guter Letzt den Valea Morilor-Park.

Auf dem Weg zum Park erzählt mir Serghei, dass die Anlage des Parks 1950 vom damaligen Ersten Sekretär des Zentralkomitees der KPdSU der Moldauischen Sowjetrepublik initiiert wurde, Leonid Breschnew.
„Die Ruine dort drüben, das war der Amtssitz von Breschnew. Er residierte dort von 1950 bis 1952. Heute will - oder kann - sich keiner mehr daran erinnern, dass es Breschnew war, der diesen schönen Park mit See, Strandbad, Grünanlagen und einer Treppe mit 218 Stufen anlegen ließ." Womit die Treppe 18 Stufen mehr hat als die berühmte Potemkin-Treppe in Odessa. Danke für diese unheimlich wichtige Information, Wikipedia.
So kommt es, dass ich gegen Ende meiner Reise wieder bei Leonid Breschnew angekommen bin, der 1977, bei meiner ersten Reise durch die UdSSR, bereits seit knapp 13 Jahren als Nachfolger des Ukrainers Chruschtschow Parteiführer der KPdSU war.
Breschnew nahm schon 1966 den Titel des Generalsekretärs des ZK der KPdSU an und wurde 1976 zum Marschall der Sowjetunion ernannt, bevor er ab 1977 obendrein noch Vorsitzender des Präsidiums des obersten Sowjets, d. h. offizielles Staatsoberhaupt wurde.
Die Breschnew-Ära gilt als das goldene Zeitalter der Stagnation der UdSSR, was angesichts des Durchschnittsalters der damaligen Parteiführer (mehr als 70 Jahre) kaum verwunderlich ist. Dass eine solche Gerontokratie nicht überlebensfähig war, ist aus heutiger Sicht geradezu selbstverständlich, konnte aber 1977 weder von mir, noch von viel klügeren und mächtigeren Zeitgenossen vorhergesagt werden.

Nein, wie hätte ich damals wissen können, dass ich 40 Jahre später durch Moldawiens Hauptstadt wandern werde, vorbei an Reklameschildern, die auf Englisch und Moldawisch zum *Work and Travel* in den USA einladen?
Freiheit, diese Freiheit ist es, die auch die moldawischen Studenten und Studentinnen genießen, mit denen ich im Café in ein kurzes Gespräch komme. Das Geld für die Reisen, die sie planen, verdienen sie halt nicht zuhause, sondern im Ausland. Auch so kann man weit herum kommen, man braucht nur etwas Mut. Ich stimme den jungen Menschen zu, die übrigens alle hervorragend Englisch sprechen, dazu etwas Italienisch. Eine von ihnen fängt sogar auf Deutsch an, vor mir ihre Zukunftspläne auszubreiten. Kinder, wenn das der Breschnew noch erlebt hätte!

Ukraine

Schwer zu sagen, wie lang die Grenze zwischen Russland und der Ukraine tatsächlich ist. Dazu müsste man sich u. a. auch darauf festlegen, ob die Krim jetzt zu Russland, oder noch zur Ukraine gehört. Gehen wir mal von einer etwa 1576 km langen Grenze aus. Lang genug für reichlich Konfliktstoff.

Kiew

Per Nachtbus von Kischinau durch Transnistrien nach Kiew zu reisen ist etwas für Menschen, die eine Leidenschaft für ständige Grenzkontrollen haben. Doch wer hat das schon? Außerdem ist es sehr kalt (auf den Regenpfützen ist eine dünne Eisschicht), als ich unausgeschlafen durch die Mutter der russischen Städte laufe und natürlich viel zu früh zum Einchecken am Hotel ankomme. Ja, nicht Moskau, sondern Kiew wird als die Mutter der russischen Städte bezeichnet, denn als es im Kiewer Rus schon eine mit Kirchen gesäumte Handelsmetropole am Dnjepr gab, war dort, wo heute Moskau ist, noch Urwald. Richtig ist aber auch, dass vor Kiew schon Weliki Nowgorod zwanzig Jahre lang die erste Hauptstadt des Altrussischen Staates war.

Zum Schluss meiner Reise gönne ich mir noch einmal eines der früheren *sowjetischen* Hotels, das *Dnipro* in der

Nähe des Maidan. Für 30 Euro pro Nacht, Spezialrabatt, ohne Frühstück. Also heißt es Rucksack abgeben und wieder raus zum Maidan, der inzwischen von der Sonne beschienen wird.
Mein erster Eindruck ist bestürzend. Alles voller ukrainischer Fahnen und riesiger Stellwände mit den Fotos ukrainischer Soldaten. Am Rand des Maidans eine lange Reihe von Fotos, die an die Toten der Revolution vor fast vier Jahren erinnern, dem sogenannten Euromaidan.
Als geborenes Weichei bekomme ich immer ganz zittrige Knie und einen flauen Magen, wenn ich mit Gewalt konfrontiert werde. Und auch wenn am Maidan schon lange keine Barrikaden mehr stehen: hier, im Herzen der Revolution der Würde, muss ich mehrmals tief durchatmen. Ich wandere hoch zum Sophienkloster, in dessen himmlischer Ruhe ich meine selbige wieder zurück gewinne. Was war es, was mich am Maidan so aus der Fassung gebracht hat?
Im Hotel lese ich noch einmal den Wikipedia-Artikel zum Euromaidan und einiges mehr zum Thema. Ich begreife jetzt besser, welch wichtige Rolle dieser Ort für die heutige, postrevolutionäre Ukraine spielt. Nun wäre es ja besonders interessant, sich die ganze Sache von einem der damaligen Protagonisten aus erster Hand erzählen zu lassen, oder? Natürlich, Sie ahnen es bereits, liebe Leser, auch hier ist mir das Glück beschieden, eine ganz besondere Stadtführung zu bekommen.
Um 16:45 Uhr treffe ich Yurij Nosovsky in der Lobby meines Hotels. Ich habe Yurij samt Ehefrau Swetlana und Freund Andrei in Georgien beim Wandern am wunderschönen Berg Kazbeg kennengelernt. Die drei versorgten mich dort nicht nur mit *Butterbrot*, sondern auch mit höchst

anregender Konversation und der Einladung, mich doch unbedingt zu melden, wenn ich in Kiew sei.
Yurij will mir die Innenstadt zeigen und hat dafür noch einen Begleiter engagiert, den ehemaligen Maidan-Aktivisten und Kriegsfreiwilligen Yurij Rudenko. Dieser hat seine traumatischen Kriegserfahrungen bearbeitet, indem er das Buch „Психи двух Морей“ schrieb, was ich für mich am ehesten mit „Die Bekloppten zweier Meere“ übersetze.
Yurij Rudenko ist ein äußerst sympathischer, 34 Jahre junger ehemaliger Absolvent der Luftfahrt-Universität, der uns auf dem Maidan in einer Mischung aus viel Russisch und wenig Englisch erzählt, was sich hier vom November 2013 bis zum Februar 2014 wann und wo genau abgespielt hat.
„Am Anfang war es ja eher so ein Studentenprotest gegen die Weigerung der Regierung, das zuvor mit der EU ausgehandelte Assoziierungsabkommen zu unterzeichnen. Am 29. und 30. November protestierten wieder vor allem Studenten, bis diese friedliche Demonstration durch die *Berkut,* eine Spezialeinheit der Polizei, gewaltsam aufgelöst wurde.“
Die Verachtung, die Yurij für das damalige Vorgehen der Polizei immer noch empfindet, ist ihm deutlich anzusehen.
„Vorne, in den ersten Reihen, standen junge Rekruten. Mit denen haben die Studenten noch geflachst, man gab sich Zigaretten, alles war friedlich, bis auf einmal so ein Gerangel losging. Da waren Provokateure am Werk. Dann griff die *Berkut* an. Damit hatten die Demonstranten nicht gerechnet, sie wurden ziemlich verprügelt.“

Wir stehen am Monument der Gründer Kiews und Yurij Nosovsky macht ein paar Fotos von Yurij Rudenko und mir. Die beiden Yurijs bemühen sich nach Kräften, unseren Spaziergang trotz des ernsten Themas entspannt und unterhaltsam zu gestalten. Unterhaltsam ist das Ganze auf jeden Fall, aber Entspannung kommt erst auf, als wir uns in ein Café zurückziehen.
Mir schwirrt der Kopf von den Schilderungen Yurijs, der uns detailliert gezeigt und beschrieben hatte, wie es ab dem ersten Dezember am Maidan weiter ging, mit Protesten von einer Million Menschen, dem Zeltlager, den Barikaden, den ersten schweren Auseinandersetzungen mit fünf Toten Mitte Januar, den schweren Kämpfen ab dem 18. Februar, die bis zur Unterzeichnung des Abkommens zwischen der Opposition und der Regierung am 21. Februar 100 Todesopfer forderten.

„Am 22. Februar ist Wiktor Janukowytsch (Anmerkung des Autors: der damalige gewählte Präsident der Ukraine) aus Kiew geflohen, erst nach Charkiw und später nach Russland. Die Revolution hatte gesiegt, aber jetzt begannen der Krieg im Osten der Ukraine und die Besetzung der Krim. Ich habe mich dann als Freiwilliger gemeldet und bin in den Kampf gezogen."

Nach der Kaffepause laufen wir zum Regierungssitz, der *Werchowna Rada.* Dort gibt es seit einer guten Woche wieder ein Protestcamp, von den Organisatoren als eine Art „Maidan 2.0" geplant, von den beiden Yurijs allenfalls als „Maidanchen" belächelt.

„Wenn es eine Volksbewegung wäre wie 2013/2014, dann wäre hier viel mehr los. Aber hier sitzen doch nur ein paar hundert Leute rum." Da haben die beiden Recht. Auch wenn das Zeltlager mit brennenden Regentonnen, Feldküche, Fahnen und Plakaten und ganz viel Polizei darum herum durchaus revolutionär aussieht: Mehr als einige hundert Menschen sind nicht übrig geblieben von den ursprünglich etwa 6000 Demonstranten, die hier vor einigen Tagen noch der Rede Micheil Saakaschwilis zujubelten, in der er unter anderem einen Anti-Korruptions-Gerichtshof, offene Wahllisten und ein Ende der Immunität für Abgeordnete forderte.

Ja, liebe Leser, Sie lesen richtig: Wieder einmal werde ich (indirekt) mit dem ehemaligen georgischen Staatspräsidenten Micheil Saakaschwili konfrontiert, der hier von seinen Anhängern liebevoll Mischa genannt wird.

Die beiden Yurijs halten es wohl eher mit dem von Saakaschwili so heftig kritisierten Präsidenten Poroschenko und geben mir zu verstehen, dass das Camp hier möglicherweise von Russland finanziert sei, um die Ukraine zu destabilisieren.

Im Internet finde ich später hierzu seitens des russlandnahen Portals Sputnik eine ganz andere Vermutung: US-amerikanische *Neocons* (Neokonservative), die mit der Politik Poroschenkos unzufrieden seien, werden hier als wahrscheinliche Unterstützer Saakaschwilis genannt. Diese Vermutung erscheint naheliegend, hatte doch Saakaschwili schon in Georgien einflussreiche amerikanische Berater und warum sollte Saakaschwili ausgerechnet aus Russland Geld bekommen, wo er doch noch wegen Abchasien und Südossetien gegen Russland Krieg führte? Oder sind die

Russen so clever, genau deswegen jetzt Saakaschwili finanziell zu unterstützen, weil doch niemand ernsthaft glauben würde, dass sie jetzt Saakaschwili Geld geben, um die Ukraine zu destabilisieren?
Vielleicht sind ja auch beide Vermutungen unzutreffend und Saakaschwili erhält seine Unterstützung von mehr oder weniger reichen Ukrainern, die die immer noch in der Ukraine vorhandene Korruption bekämpfen wollen? Suchen Sie, liebe Leserschaft, sich die Erklärung aus, die Ihnen am plausibelsten erscheint, oder kontaktieren Sie Micheil Saakaschwili persönlich. Laut seiner *facebook*–Seite bekommen Sie innerhalb einer Stunde eine Antwort.

Unser Spaziergang führt uns schließlich zu einem ganz besonderen Projekt, zur Pizzeria Veterano. Diese wurde gegründet, um Veteranen ins normale Arbeitsleben zu reintegrieren. „Hier arbeiten nur ehemalige Kämpfer, die durch ihre Arbeit als Koch oder Kellner wieder ins normale Leben zurückfinden."
Yurij Rudenko begrüßt herzlich den muskulösen jungen Mann mit kurzgeschorenen Haaren und martialischen Tattoos, der uns freundlich lachend zu einem freien Tisch begleitet. Ja, dieser junge Mann scheint hier tatsächlich sehr gut aufgehoben. Ich bekomme mit, wie er freundlich und geduldig dieses Reintegrationsprojekt ausländischen Touristen auf Englisch erläutert.
Glauben Sie mir, diese Pizzeria ist wirklich außergewöhnlich. Auf den Tischen liegen hunderte von Patronenhülsen unter Glasplatten. Die Wände sind mit Fahnen, Standarten und Kunstwerken aus Patronenhülsen dekoriert, an der Wand am Eingang hängt ein Maschinengewehr (natürlich

kein echtes – wahrscheinlich). An einem Tisch in der Ecke sitzen zwei ebenfalls kahlgeschorene Muskelpakete mit ihren Freundinnen, eine davon im gut hierher passenden militärischen Tarnanzug. Andere Gäste sehen ganz normal aus.

Ich bin ja kein Psychologe und habe nicht die geringste Erfahrung mit Reintegrationsarbeit. Aber ich werde trotzdem das unheimliche Gefühl nicht los, dass hier nicht nur Reintegration gelebt wird, sondern – wenigstens von einigen Gästen – auch Kriegs-Nostalgie. Natürlich ist es sehr wichtig, die Veteranen in die Gesellschaft zu re-integrieren, möglicherweise ist das hier genau der richtige Ansatz. Yurij Rudenko erzählt, dass er hier auch sein Buch präsentiert hat. „Auch Präsident Poroschenko hat hier schon gegessen."

Vor meinem Hotel verabschieden wir uns von Yurij Rudenko, der noch ein Exemplar seines Buchs für mich signiert. Ich werde es mit großem Interesse lesen, ganz bestimmt. Yurij Nosovsky, der mir dieses und noch ein weiteres Buch schenkt, macht noch eine kleine Spritztour mit mir, rüber über die Brücke auf die andere Seite des Dnjeprs. „Von hier aus hat man einen sehr schönen Blick auf Kiew, wenn man über die Brücke zum Zentrum zurück fährt."

Ja, Yurij hat Recht, es ist ein sehr schöner Blick auf Kiew, diese Stadt der sieben Hügel, mit den großartigen Kirchen und Klöstern, sowjetischen und ukrainischen Denkmälern, großen Boulevards und gemütlichen Gassen. Kiew, Mutter der russischen Städte, ich wünsche Dir Frieden, Dir und dem ganzen Land!

Ankunft in Berlin

Die Reise endet mit dem Heimflug von Kiew nach Berlin nach 6 Monaten und 46057 Kilometern (zum Vergleich: am Äquator einmal um die Erde wären es 40057 Kilometer) dort und genau so, wo und wie sie begonnen hatte: in Berlin in der Kälte.
Ich habe so viele Menschen treffen und Geschichten sammeln können, dass ich mit großer Freude meine Aufzeichnungen in das hier vorliegende Buch verwandeln konnte. Und ich verbeuge mich im Geiste vor dem Altmeister Eugen Zabel, dessen Worten ich nichts mehr hinzuzufügen brauche:
„Ein wahres Glück, daß von mir an jedem Tag Aufzeichnungen gemacht waren, denn ich hatte so viel erlebt, daß selbst ein gutes Gedächtnis kaum imstande war, zu unterscheiden, wo und wann die interessanten Einzelheiten sich abgespielt hatten. Unwillkürlich mußte ich Vergleiche anstellen zwischen der umständlichen Art, wie man früher nach Sibirien reiste, und der jetzigen Einrichtung, durch Asien bis an den Stillen Ozean zu fahren. Vor wenigen Jahrzehnten lag darin noch eine Expedition voll Gefahren und Schrecknissen, vor einem Dezennium war diese Reise immer noch eine ernste Strapaze, und jetzt ist sie eigentlich nur eine längere Vergnügungsfahrt zu nennen."

Danksagung

In erster Linie danke ich allen Menschen, die ich unterwegs traf und über die ich hier schreiben darf. In den allermeisten Fällen sind diese mit ihren richtigen Namen genannt. Aus unterschiedlichen Gründen gab ich den folgenden Personen geänderte Namen: Ruslan aus Kaliningrad, Dalia aus Vilnius, Sascha und Vera aus Minsk, Nina aus Sankt Petersburg, Igor aus Wolgograd, Leo aus Bischkek, Lars und Horst aus Taschkent, Herr S. aus Buchara und Frau Müller aus Duschanbe.

Für die Hilfe beim Herstellen von Kontakten danke ich Matthias Düsterhöft, Marina Ivanova, Raffi Kantian, Olga Levitskaya, Thomas Liehr, Simon Purk, Nicola Voehringer und Conny Zeidler.

Mein ganz besonderer Dank gilt meiner Frau Astrid und unserem Sohn Bastian für Durchsicht und Lektorat des Manuskripts.

ISBN 978-3-7467-1543-8
00001
9 783746 715438
www.epubli.de